PÄDAGOGISCHER FORTSCHRITT?

von
Dietrich Ansorge, Hans Bolewski, Gottfried Bräuer, Roland Eckert,
Walter Eisermann, Johannes Flügge, Hanna-Renate Laurien, Werner S. Nicklis,
Horst Rumpf

Herausgegeben
von
Johannes Flügge

1972

VERLAG JULIUS KLINKHARDT · BAD HEILBRUNN/OBB.

AUTOREN

OSt.-Dir. Dr. Dietrich Ansorge, Hamburg, Gymnasium Oberalster

Akademiedirektor P. Dr. Hans Bolewski, Loccum, Evangelische Akademie

Prof. Dr. Gottfried Bräuer, Ludwigsburg, Pädagogische Hochschule

Dr. Roland Eckert, Tübingen, Universität, Soziologisches Seminar

Prof. Dr. Walter Eisermann, Braunschweig, Pädagogische Hochschule

Prof. Dr. Johannes Flügge, Berlin, Freie Universität, Institut für Erziehungswissenschaft

Staatssekretärin Dr. Hanna-Renate Laurien, Mainz, Kultusministerium

Prof. Dr. Werner S. Nicklis, Braunschweig, Pädagogische Hochschule

Prof. Dr. Horst Rumpf, Innsbruck, Universität, Institut für
Erziehungswissenschaft

1972. 5. Ii. Alle Rechte vorbehalten
Gesamtherstellung: Aumüller KG Regensburg
Printed in Germany 1972
ISBN 3 7815 0174 4

Vorwort

Die in diesem Bande vereinigten Arbeiten sind auf einer Tagung in der Evangelischen Akademie Loccum im Juni 1971 vorgetragen und den Gesprächen in einem großen Kreis von Pädagogen zugrunde gelegt worden. Obwohl es an pädagogischen Neuerscheinungen auf dem Buchmarkt wirklich nicht mangelt, hielten die Referenten und der Verleger die Veröffentlichung für gerechtfertigt, nicht weil hier neue Lösungen für aktuelle Probleme angeboten werden, sondern weil das öffentliche Angebot aktueller Problemlösungen neue Fragen aufwirft oder zur Neuformulierung alter Fragen nötigt.

Es ist hier also nicht unmittelbar die Weiterentwicklung erziehungswissenschaftlicher Theorien beabsichtigt, sondern Resonanz und Entgegnung auf erziehungs*wissenschaftliche* und bildungs*politische* Intentionen aus verschiedenen Orten innerhalb der Erziehungs- und Bildungs*arbeit*. Nicht die Darstellung »des neuesten Standes der Forschung«, den es in der Erziehungswissenschaft ohnehin nicht gibt, sondern die Befragung einiger gegenwärtig wirksamer oder mit großem Anspruch auf Wirkung auftretender Tendenzen war das Thema der Tagung. Deshalb sollte in der Tatsache, daß viele vorzügliche Publikationen oder Realisierungen vorbildlicher Bildungseinrichtungen hier unerwähnt bleiben, kein Versäumnis gesehen werden.

Was den Beiträgen zu diesem Bande gemeinsam ist, beruht nicht auf einem verabredeten Konzept, sondern auf den kritischen Bedenken, zu denen jeder Autor für sich angesichts einiger öffentliche Geltung beanspruchender pädagogischer Tendenzen veranlaßt war. Zum Teil ist der Wortlaut des mündlichen Vortrages, nach Manuskript oder Band, wiedergegeben, zum Teil wurden die Manuskripte nachträglich noch überarbeitet und ergänzt. Insbesondere hat Roland Eckert nachträglich Bezüge auf die anderen Referate eingearbeitet, so daß sein Referat aus der Sicht und Übersicht der Soziologie hier sinngemäß die Reihe eröffnet. Den Abschluß bildet, wie auf der Tagung, das thematisch reiche Referat von Hanna-Renate Laurien aus dem Verantwortungsbereich eines Kultusministeriums.

Berlin, im Januar 1972

Johannes Flügge

Inhalt

Inhalt

Roland Eckert

Die Schule im Widerspruch der Gesellschaft

— Bemerkungen zum Problem der Schulmotivation —

I. Schulkrise und Reformdiskussion

Die Zeiten, in denen ein Lehrer sicher und gelassen seinem Tagewerk nachgehen konnte, sind vorbei, und zwar nicht erst, seitdem »aufsässige« Schüler mit Parolen der Neuen Linken hantieren. Seit vielen Jahren spüren nur allzuviele Pädagogen, daß die Schüler unter Zwang einen Lehrstoff aufnehmen, der ihnen innerlich fremd bleibt. Die Reaktionen der Lehrer sind vielfältig: der eine schickt sich in sein Los als »Pauker«, der andere verzweifelt über einer »materialistischen« Jugend, ein dritter gibt sich betont modern und ist stets über die neuesten Sportwettkämpfe, Autotypen und Schallplatten informiert. Für ihn wurden die traditionellen Bildungsinhalte zum Schmuggelgut, das gut getarnt den Schülern »nahegebracht« werden muß. Ein vierter setzt auf eine Reform der Unterrichtsorganisation oder der Lehrplangestaltung, die die Schüler wieder auf das Schulgeschehen zurückführen soll. So in Deutschland. In den USA flüchten Schüler wie Lehrer in großen Zahlen aus dem Schulsystem, dessen Probleme, allen Reformanstrengungen zum Trotz, ständig gestiegen sind.

Während sich hierzulande die Lehrer in irgendeiner Weise mit einer neuen Unterrichtssituation einrichten müssen, verändert sich auch die Pädagogik als Wissenschaft: während sie sich traditionellerweise als philosophische Reflexion und Systematisierung einer erzieherischen Praxis verstanden hatte, erweitert sie sich nun durch die Hereinnahme von empirischer Psychologie und Sozialforschung. Sie bringt damit bereits die Überzeugung zum Ausdruck, daß die Krise der Schule mit den herkömmlichen Mitteln nicht mehr zu beheben ist. Fast alle Beteiligten sind sich daher einig: das Verhältnis von Schule und Gesellschaft ist ein anderes geworden, ohne daß die Schule selbst sich entsprechend geändert hat.

Gleichzeitig ist mit der Erkenntnis, daß die Schule nicht lediglich eine Bildungseinrichtung, sondern zugleich auch eine »Zuteilungsapparatur von Lebenschancen« (Schelsky) [1] ist, die gesellschaftspolitische Bedeutung des Schulwesens wieder in den Blick gekommen. Es ist daher nur folgerichtig, wenn die Debatte über die Zukunft der Schule nicht mehr so sehr um irgendein Wesen des »pädagogischen Bezugs« kreist, sondern von vornherein die gesellschaftlichen Funktionen der Schule — tatsächliche und wünschenswerte — umgreift. So hat sich eine umfangreiche pädagogische Literatur in den letzten Jahren dem Versuch gewidmet, die Aufgaben der Schule neu zu bestimmen und gleichzeitig die organisatorischen und didaktischen Konsequenzen aus dieser Neubestimmung zu ziehen. In den »Empfehlungen der Bildungskommission des Deutschen Bildungsrates« und insbesondere im »Strukturplan für das Bildungswesen«[2] hat die Reformdiskussion zu einem überraschenden und eindrucksvollen Konsens der verschiedenen beteiligten gesellschaftlichen Gruppen geführt. Mag man auch Zweifel daran haben, wie tragfähig der Konsens dann ist, wenn es um die Verwirklichung der Empfehlungen geht, mögen auch bereits vornehmlich linke, aber auch rechte bildungspolitische Interessenten zum Angriff geblasen haben — so stellt der Strukturplan immerhin eine Plattform sachlicher Diskussion dar, wie sie in kaum einem anderen Bereich der Gesellschaft hergestellt werden konnte.

Erstaunlich ist jedoch, daß Reformdiskussion und Reformplanung eines nicht geliefert haben: eine empirisch fundierte Analyse der gesellschaftlichen Bedingungen der Schulkrise. Die Diskussion wurde von drei Gesichtspunkten beherrscht. Auf Grund der soziologischen Analysen von Schelsky, Popitz[3] und Dahrendorf[4] wurde der Widerspruch zwischen der Norm der Chancengleichheit und der Wirklichkeit des dreigliedrigen Schulsystems problematisiert. Die Pädagogen — so etwa Heinrich Roth[5] — konstatierten den zunehmenden Widerspruch zwischen den traditionellen Lehrplänen und den Entwicklungen in Gesellschaft, Wissenschaft und Technik. Psychologen schließlich — so unter anderen R. Tausch[6] — stellten den traditionellen Unterrichtsstil in Frage und fragten, wie ein höheres Maß an Selbständigkeit des Schülers erreicht werden könne.

Diesen Gesichtspunkten gegenüber ist indessen die Frage, was Schule in der modernen Gesellschaft überhaupt leisten könne, und welche außerschulischen Faktoren zu ihrer Krise beigetragen haben, nur selten thematisiert und kaum irgendwo systematisch behandelt worden. Andreas Flitner und Günther Bittner haben bereits 1965 darauf hingewiesen: »Die Schule ist notwendig ein Bezirk der Ausbildung und des Lernens und damit auch der Absonderung von Zügen des allgemeinen Lebens, die in zunehmendem Maße auch den Schüler in Anspruch nehmen. Dieses allgemeine Leben der Gegenwart, das auf der Straße, über die Massenmedien, durch die industriell organisierten Freizeitformen der Schüler okkupiert und vom Elternhaus oft gar nicht abgeschirmt wird, tritt selbstverständlich in eine ständige Konkurrenz zur Schule und zur dortigen Bildungswelt«[7]. Doch Carl Ludwig Furck stellt im gleichen Jahr lapidar fest: »Eine auf Grund des gegenwärtigen Standes der verschiedenen Wissenschaften ... erarbeitete Studie über die auf den Schüler einwirkenden und seine Schulleistungen bedingenden Faktoren fehlt«.

In der alsbald einsetzenden Flut pädagogischer Literatur wird das Motivationsproblem entweder schulimmanent als Funktion der Unterrichtsorganisation behandelt oder durch mehr oder minder explizite Annahmen übergebügelt, daß die jeweils vorgeschlagenen Änderungen in der Schulorganisation, dem Lehrplan und der Didaktik zugleich das Motivationsproblem lösen würden. Wenngleich die verschiedenen Reformprogramme unterschiedliche Sachannahmen und Zielvorstellungen entwickeln, stimmen sie doch im großen und ganzen in der Überzeugung überein, daß es möglich sei, der Miserabilität der gegenwärtigen Schulwirklichkeit zu entrinnen. In der »zweiten pädagogischen Bewegung« (v. Hentig)[9] leuchtet Schule geradezu auf als das Land der unbegrenzten Möglichkeiten. Nun soll die Wünschbarkeit der Lernziele, wie sie z. B. Hartmut v. Hentig für die Gesamtschule definiert hat, hier gar nicht bezweifelt werden. Und ganz sicher kann die Reformdiskussion nur in dem weiten Horizont des Wünschenswerten fruchtbar werden. Und ebensosehr muß sich das Selbstverständnis und die Rolleninterpretation des Pädagogen im Rahmen von Zielvorstellungen artikulieren, die die Beschränkungen des *jeweils* Möglichen überschreiten. Nichtsdestoweniger wäre es unbillig, die Reduktion des Gewünschten auf das Mögliche, die untrennbar Teil eines jeden Verwirklichungsversuches ist, allein den Schmerzen der Praxis zu überlassen. Es ist daher im Sinne einer gesellschaftlich verantwortlichen Wissenschaft unerläßlich, die sozialen Bedingungen und damit den »Spielraum« von Schule zu analysieren.

Wenn in dem folgenden Versuch, die Lage der Schule in der Gesellschaft realistisch zu bestimmen, dem professionellen Optimismus der Lehrer widersprochen wird, so tritt darum doch die Notwendigkeit der Reformanstrengungen nur deutlicher hervor. Es kann auch keineswegs darum gehen, die Utopie der Schule nach dem Maßstab ihrer augenblicklichen politischen Verwirklichungschancen zu stutzen, vielmehr sind auf einer allgemeineren Ebene die Bedingungen der Möglichkeit des Gewünschten zu bedenken. Invariant sind dabei nicht ephemere politische Konstellationen, sondern allenfalls die gesellschaftlichen Bedingungen, innerhalb derer die Frage nach dem Wünschenswerten überhaupt sinnvoll gestellt werden kann. Es sind dies eben die Invarianzen, die v. Hentig als »Sachzwang« bezeichnet und dem veränderbaren »Systemzwang« gegenübergestellt. Dieser Begriffsbildung möchte ich mich hier nicht anschließen, weil es im wissenschaftlichen Kontext — anders als im Leben des Menschen — keine schlechthin vorgegebenen Invarianzen geben kann. Mensch und Gesellschaft sind wandelbar, und darum sind die Invarianzen, die für eine spezielle Fragestellung gelten, immer erst eigens zu erforschen. So ist es im folgenden keine Spielerei oder eine modische Verbeugung vor Paul Goodman oder Ivan Illich, wenn die Frage gestellt wird, warum denn Schule überhaupt sein müsse. Denn erst dann, wenn diese Frage mit dem Hinweis auf bestimmte Erfordernisse der hochdifferenzierten Gesellschaft beantwortet ist, erst dann, wenn der Differenzierungsgrad dieser Gesellschaft mit dem Hinweis auf die sozialen Kosten seiner Reduktion »gerechtfertigt« ist, ist der invariante Rahmen erforscht, der »Sachzwang« erklärt, innerhalb dessen sich die Frage nach der Realisierbarkeit unserer Wünsche entfalten kann. Erst dann ist auch das vorgetragene Argument auf jeder Ebene kritisierbar.

Auf diesem Wege ist es erforderlich, das eigene Bewußtsein zu überlisten. Denn die gesellschaftliche Veranstaltung der Schule ist uns verdinglicht, ist uns selbstverständlich. Wir machen uns kaum mehr klar, daß die Institution Schule nicht notwendig zur menschlichen Existenz gehört, sondern lediglich das Produkt ganz bestimmter Gesellschaftsformen ist. Es ist keineswegs selbstverständlich, daß Kinder auf die Schule gehen müssen, um sich »später« und »im Leben« zurechtfinden zu können. Das einzige, was bereits auf der Grundlage der menschlichen Natur vorgegeben ist, ist der generelle Vorgang, den die moderne Soziologie als Sozialisationsprozeß bezeichnet. Das schulische Lernen ist nur ein Teil dieses Vorgangs und ist nur in dem — nun zu erläuternden — Gesamtzusammenhang »Sozialisationsprozeß« in seiner Besonderheit und in seinen besonderen Problemen zu verstehen.

II. Sozialisation

Der Mensch ist in der abendländischen Tradition seit Aristoteles als ein soziales und geistbegabtes Wesen gekennzeichnet worden. Diese Bestimmung ist von der modernen empirischen Anthropologie in mancher Hinsicht bekräftigt, aber doch auch in ihren ganzen Konsequenzen erforscht und neu interpretiert worden. Danach besagt die Kategorie der Sozialität nicht nur, daß der Mensch nun einmal nicht für sich allein lebt, sondern auch und vor allem, daß er bis in seine einfachsten Gefühlsimpulse, Vorstellungen und Handlungsvoraussetzungen hinein durch soziale Beziehungen getragen wird. Und danach besagt die Kategorie der Rationalität nicht nur, daß sich der Mensch verstehend und urteilend zur Welt verhalten kann, sondern auch und vor allem, daß ihm die Welt überhaupt erst in einem (sozialen) Lernprozeß real und präsent wird. Während das Tier in der Regel durch Instinkte (das heißt durch Bewegungsfiguren, die auf Grund von Auslösereizen nach einem angeborenen Schema ablaufen) in seine Umwelt eingepaßt ist, sind die Instinkte des Menschen zu einem diffusen Antriebspotential entdifferenziert, das erst an bestimmten Objekten und Symbolen orientiert werden muß, damit Handlungsabläufe zustande kommen können. Das »Ich« oder die »Person« des Menschen ist nicht als ein fertiger Entwurf bereits bei der Geburt vorhanden, sondern wird erst nach und nach aufgebaut: im Medium sozialer Beziehungen und in der Übernahme der Kultur, das heißt der Bedeutungen, die in einer Gesellschaft bestehen. Sozialisationsprozeß heißt also: Aufbau der Person im Medium sozialer Beziehungen durch Übernahme der Kultur.

Wenn wir den Sozialisationsprozeß von dieser seiner fundamentalen anthropologischen Notwendigkeit her verstehen, ist er nicht mehr als eine bloße Maßnahme denkbar, in der die Gesellschaft einem ursprünglich autonomen Individuum ihre Werte und Normen aufzwingt und damit konformes Verhalten sicherstellt. Sozialisation ist die Voraussetzung jeglichen Handelns, sowohl konformen wie nonkonformen Handelns. Auch »abweichendes Verhalten« ist nur auf der Grundlage von bereits erlernten Werten und Verhaltensweisen möglich. (Distanz oder Protest gegenüber den Werten der Gesellschaft kommen nicht dadurch zustande, daß man überhaupt keine Werte von der Gesellschaft übernimmt, sondern dadurch, daß man einzelne spezifische gesellschaftliche Werte gegen andere, in der Gesellschaft dominierende Werte setzt.)

Insofern Sozialisation notwendige Bedingung der Existenz des einzelnen Menschen ist, ist sie auch die Voraussetzung von Gesellschaft. Hier kommen aber einige neue Gesichtspunkte ins Spiel, die in der Folge wichtig werden. Nachdem Menschen geboren werden, altern und sterben, muß eine Gesellschaft ihre Kultur ständig an jüngere Mitglieder und Nachkommen weitergeben. Damit ist freilich nicht gesagt, daß die gesamte Kultur unverändert weitergegeben werden muß. Es muß aber immerhin soviel an Sinnverständnissen, Einstellungen, Fertigkeiten und Kenntnissen tradiert werden, daß die Nachkommen ihr Leben fristen und untereinander und mit anderen Altersstufen kommunizieren können. Ein gewisses Maß von kultureller Kontinuität ist eine Existenzbedingung von Gesellschaft; nichtsdestoweniger können sich die kulturellen Inhalte langsamer oder schneller ändern.

Ein zentrales Problem im Zusammenhang der Weitergabe der Kultur ist die Besetzung der »sozialen Positionen« (Berufe, Verwandtschaftspositionen). Denn menschliches Handeln ist in allen Gesellschaften bis zu einem gewissen Grad standardisiert. Mögliche Handlungen sind auf soziale Rollen verteilt. Von einem »Vater« erwartet man bestimmte Verhaltensweisen, von einem »Arzt« andere. Und der Vater bzw. der Arzt hält es für selbstverständlich, daß er in ähnlichen Situationen ungefähr ähnlich handelt und behandelt wird. Ohne die Zuweisung von bestimmten Handlungen an bestimmte, von einzelnen Menschen in dem Netz sozialer Beziehungen dauerhaft eingenommene Positionen wäre menschliches Handeln instabil und unvorhersehbar; es käme gar nicht eigentlich zustande, weil die Menschen sich nicht aufeinander und auch nicht auf sich selbst einstellen könnten. Jede Gesellschaft muß daher im Sozialisationsprozeß sicherstellen, daß die einzelnen Individuen befähigt und bereit sind, gewisse Aufgaben in einem so oder so gearteten System sozialer Handlungsverteilung (Arbeitsteilung) zu übernehmen.

Wie das soziale System der Arbeitsteilung jeweils beschaffen ist und auf welche Weise die Individuen in ihre Positionen gelangen, das variiert von Gesellschaft zu Gesellschaft. Es gibt lediglich gewisse biologische und anthropologische Determinanten, denen in jedem gesellschaftlichen System Rechnung getragen werden muß: Männer und Frauen, junge und alte Menschen bringen unterschiedliche Dispositionen mit. Und insofern der Mensch seine Kenntnisse und Fähigkeiten immer erst erwerben muß, können soziale Positionen zumeist nur an entsprechenden Lernprozessen ausgefüllt werden. Biologische Altersunterschiede setzen sich darum bis zu einem gewissen Grad in Wissenshierarchien um. Als gegenläufige Tendenz wirkt sich hier die Tatsache aus, daß Jugendliche für neue Lernprozesse in höherem Maße verfügbar sind. Darum verschiebt sich in Zeiten stärkeren gesellschaftlichen Wandels die Wissensverteilung im Altersaufbau einer Gesellschaft zugunsten der Jugend.

Bereits am Beispiel des sozialen Wandels zeigt sich, daß die biologischen und anthropologischen Konstanten und die Bedingungen der Existenz von Gesellschaft nicht eine bestimmte Form von Sozialisation erzwingen, sondern vielmehr Probleme darstellen, die zwar von jeder Gesellschaft gelöst werden müssen, aber von jeder Gesellschaft anders bewältigt werden können. Es handelt sich — in der Fachsprache — um Erfordernisse, denen durch verschiedene funktionale Äquivalente entsprochen werden kann. Die Form des Sozialisationsprozesses ist darum doch nicht beliebig, sondern weithin von dem besonderen Aufbau der jeweiligen Gesellschaft abhängig, deren Kultur weiterzugeben ist und in die neue Individuen einzuführen sind. Die Mannigfaltigkeit der Daseinsformen, die dem Menschen als einem instinktentbundenen Wesen prinzipiell offensteht, ist also schon immer durch den je besonderen gesellschaftlichen Zusammenhang eingeschränkt.

Für unser Vorhaben kommt es nun darauf an, die Variablen in der Struktur einer Gesellschaft herauszuarbeiten, die für bestimmte Formen des Sozialisationsprozesses, die wir als Schule bezeichnen, maßgeblich sind. Denn nur so haben wir die Chance, etwa mögliche funktionale Äquivalente (oder: konkrete historische Alternativen) bestehender Verhältnisse auszumachen, das heißt, zu erkennen, was unter gegebenen Voraussetzungen unabdingbar und was veränderlich ist. Überlegen wir — ganz abstrakt — was die einfachste Lösung des Problems der Weitergabe von Kultur und Gesellschaft an neue Mitglieder wäre![10] Es bietet sich die Form einer Gesellschaft an, die durchweg aus altersheterogenen Gruppen besteht, und in der daher die Jüngeren in kontinuierlichem Umgang mit den Älteren die kulturellen Bedeutungen und sozialen Verhaltensmuster erlernen, ohne hierfür besonderen Veranstaltungen ausgesetzt werden zu müssen. Tatsächlich gibt es Gesellschaften, in denen die Familie und die Nachbarschaft als Sozialisationsträger ausreichen. So gesehen ist es geradezu erstaunlich, daß es viele andere Gesellschaften nicht bei dieser einfachsten Lösung bewenden lassen, sondern die Jugendlichen in altershomogenen Gruppen zusammenfassen und besonderen Veranstaltungen unterziehen und also »verschulen«.

Bei den erwähnten Gesellschaften, in denen sich Sozialisation im bloßen Miteinander Älterer und Jüngerer vollzieht, handelt es sich um sehr einfache Gesellschaften, in denen das Leben das Individuum kaum über die Grenzen der Nachbarschaft oder des Verwandtschaftssystems hinausführt. Ein Überblick über eine Vielzahl von Gesellschaftsformen hat die Hypothese nahegelegt, daß die Zusammenfassung Gleichaltriger zu besonderen Sozialisationsveranstaltungen — und das ist: die »Verschulung« — in gleichem Umfang zunimmt, wie sich die gesellschaftliche Arbeitsteilung von verwandtschaftsbestimmten Regelungen ablöst und in immer spezielleren Berufspositionen multipliziert. Je mehr Positionen in der Gesellschaft für spezielle Arbeitsleistungen eingerichtet werden, um so weniger ist also die Familie (oder Verwandtschaft und Nachbarschaft) in der Lage, die erforderlichen Fertigkeiten und Kenntnisse zu vermitteln.

Der Funktionsverlust, den die Familie in dieser Hinsicht erlitten hat (sie hat andere Funktionen hinzugewonnen), resultiert jedoch nicht allein daraus, daß die Berufe selbst sich aus dem Gesichtskreis der Familie herausverlagert haben. Das Sozialisationsmonopol der Familie ist darüberhinaus deshalb gebrochen, weil sie bestimmte Einstellungen und Verhaltensweisen nicht vermitteln kann, die in der modernen Gesellschaft nötig sind. Die Familie ist das, was in der soziologischen Fachsprache als »Primärgruppe« bezeichnet wird. Ihre Mitglieder orientieren sich nicht nur an spezifischen Leistungen ihrer Partner, sondern sind in der Regel mit der ganzen Bandbreite von emotionalen, normativen und kognitiven Verhaltenselementen aufeinander eingestellt. Menschliche Beziehungen sind hier mehr oder minder auf Dauer gestellt und lassen darum jeweilige und spezifische Zwecke in den Hintergrund treten. Die spezielle und nur schwer zu ersetzende Sozialisationsleistung der Familie bei dem Aufbau personaler Kontinuität ist mit diesem unmittelbaren, dauerhaften und überzweckmäßigen Zusammenleben verknüpft.

III. Gesellschaftliche Differenzierung

Die moderne, hochdifferenzierte Gesellschaft verlangt demgegenüber in einer Vielzahl von Berufen und — fast noch mehr — in der Vorbereitung auf diese Berufe die Konzentration auf spezifische Sachfragen und Zwecke, die Abstraktion von der Fülle zwischenmenschlicher Beziehungen und die Fähigkeit, mit wechselnden Personenkreisen wechselnde Situationen zu bewältigen. Nachdem die Familie auf Grund ihrer Beschaffenheit als Primärgruppe und auch mit Rücksicht auf ihren eigenen und unersetzbaren Sozialisationsbeitrag die nötigen Konzentrations- und Abstraktionsleistungen nicht vorbereiten kann, hat die Schule hier einen generellen und tiefgreifenden Auftrag. So gesehen, dürfte es beispielsweise im Mathematikunterricht gar nicht allein um die Vermittlung spezifischer mathematischer Kenntnisse, sondern auch und ganz besonders um die Erzeugung und Routinierung einer bestimmten Form von Aufmerksamkeit gehen, die eine Vielzahl von möglichen Irritationen permanent ausschaltet. Diese Funktion der Schule im Sozialisationsprozeß ließe sich zu folgender These zuspitzen: Wir lernen in der Schule gar nicht einmal in erster Linie bestimmte Inhalte, sondern vor allem die Fähigkeit, zu lernen. Oder: Wir konzentrieren uns nicht allein, um bestimmte Inhalte zu erlernen, sondern wir lernen Inhalte, um Konzentration zu routinisieren.

Seit einigen hundert Jahren ist unsere Gesellschaft in einem vehementen Prozeß der sozialen Differenzierung begriffen. Es spricht alles dafür, daß dieser

Prozeß mit gesteigerter Geschwindigkeit weiterläuft und zu einer extrem arbeitsteiligen und mobilen Weltgesellschaft hinführt, in die immer mehr traditionelle Regionen eingeschmolzen werden. Im gleichen Zuge wird die Gesellschaft immer mehr auf wissenschaftlich gewonnene Erkenntnisse vertrauen müssen, die zudem vielfach nur durch wissenschaftlich ausgebildetes Personal anwendbar sind. Die gesellschaftlich notwendige Arbeit wird darum in immer größerem Ausmaß den Charakter des Lernens annehmen. Daher wird ein großer Teil der Arbeitszeit, der durch Automation frei wird, in Lernprozesse investiert werden müssen. Nicht nur die Verwissenschaftlichung, sondern gerade die »Verschulung« der Gesellschaft wird zunehmen.

Die hochdifferenzierte Gesellschaft und ihre sowohl spezialisierten als auch generalisierten Berufsbilder und Ausbildungsgänge sind also der invariante Rahmen, in dem die Frage nach dem Auftrag und den Möglichkeiten der Schule gestellt werden soll. Dies ist kurz zu erläutern.

Der Differenzierungsgrad wird nicht darum invariant gesetzt, weil er faktisch unabänderlich wäre. Es ist ganz im Gegenteil durchaus denkbar, daß eine militärische Katastrophe die Infrastruktur der komplexen Gesellschaft zerstört und die überlebende Bevölkerung auf andere, einfachere Gesellschaftsformen zwingt. Es ist ferner denkbar, daß die noch bestehenden einfacheren Gesellschaften, die nicht in dem Maße überlokal verflochten und darum von den Leistungen anderer Einheiten abhängig sind, auf Grund ihrer lokalen Subsistenzmöglichkeiten weniger krisenanfällig sind und darum vielleicht größere Überlebenschancen haben. Der Differenzierungsgrad wird auch nicht darum invariant gesetzt, weil er der menschlichen Existenz optimale Möglichkeiten an die Hand gäbe. Ganz abgesehen davon, daß sich Glück im Gesellschaftsvergleich kaum bilanzieren läßt, ist darauf hinzuweisen, daß der Mensch in der komplexen Gesellschaft zwar ein Ausmaß an individueller Freizügigkeit besitzt, wie kaum ein Mensch vor ihm, daß er aber gleichzeitig in Abhängigkeit lebt von politischen, kulturellen und wirtschaftlichen Prozessen, die für ihn den Charakter der Anonymität haben müssen, weil an ihnen die Handlungen unzähliger anderer Menschen beteiligt sind. Ökonomische, politische und kulturelle Superstrukturen sind der Hintergrund, auf dem die Freizügigkeit des Individuums möglich wird. Ohne die Entfremdungsproblematik insgesamt aufzugreifen, könnte man an dieser Stelle sagen: der moderne Mensch ist in einem speziellen Sinn frei und entfremdet, und diese Form der Entfremdung ist der Preis jener Form von Freiheit. Es muß daher offenbleiben, ob die komplexe Gesellschaft wirklich dazu in der Lage ist, mehr Glück zu produzieren als andere Gesellschaften.

Die hochdifferenzierte Gesellschaft ist also weder unabänderlich noch gewährt sie in Optimum an Glück. Sie wird vielmehr in bezug auf unsere Fragestellung deshalb invariant gesetzt, weil ihre Differenzierung die Basis der Leistung ist, auf der erstens die heute lebenden Menschen ernährt werden können und zweitens die materiellen und kulturellen Bedürfnisse befriedigt werden können, die diese Menschen entwickelt haben. Offen bleibt dabei allerdings, ob die Gesellschaft wirklich gut daran tut, sich der Dynamik ihrer eigenen Differenzierung blindlings anzuvertrauen und gleichzeitig das Anspruchsniveau der Menschen ins Unermeßliche steigen zu lassen.

Wir nehmen also an, daß diese Gesellschaft ihren Differenzierungsgrad aufrechterhalten muß, um die in ihr lebenden Menschen zu ernähren und halbwegs zufrieden zu stellen. Wir nehmen ferner an, daß diese Gesellschaft sowohl ökonomisch wie intellektuell Überschüsse erwirtschaften muß. Überschüsse sind nämlich die Voraussetzung dafür, daß eine Gesellschaft Kapazitäten für die geplante Veränderung ihrer selbst einsetzen kann. Wenn eine Gesellschaft keine Überschüsse erwirtschaftet, wird sie unbeweglich und hat keine Mittel für Reformen — auf welchem Gebiet auch immer — zur Verfügung. Um ihren Differenzierungsgrad zu halten und um Überschüsse zu erwirtschaften, ist diese Gesellschaft auf Menschen angewiesen, die bereit sind, entsprechend spezifische Leistungen zu erbringen und das Training auf sich zu nehmen, das zu diesen Leistungen befähigt. In diesem Sinne bleibt diese Gesellschaft eine Leistungsgesellschaft, selbst wenn der Zusammenhang zwischen Leistung, Leistungsmessung und Statuserwerb so fragwürdig ist, wie Claus Offe[11] sich zu zeigen bemüht.

Dieses modifizierte Leistungsprinzip ist nun freilich nicht unreflektiert auf den Bereich der Schule zu übertragen. Denn: erstens ist die Gesellschaft nicht auf die Leistungsbereitschaft aller angewiesen, zweitens sind Leistungen, um die es hier geht, auf verschiedensten Gebieten und in den verschiedensten Formen nötig und keineswegs durch Prüfungen und Tests insgesamt zu erfassen, und schließlich ist nirgendwo gesagt, daß die Schule unmittelbar auf gesellschaftliche Bedürfnisse gleichzuschalten sei. Wenn sich die Schule primär den einzelnen Individuen und ihren Chancen verpflichtet fühlt, dann muß offen bleiben, ob Individuen ihre Chancen im Bereich einer spezialisierten Berufsausübung denn überhaupt finden. Auch die bewußte Abkehr von dem Leistungszusammenhang der differenzierten Gesellschaft, wie er verschiedenen Jugendbewegungen zugrunde lag, ist eine legitime Erweiterung der Möglichkeiten menschlicher Selbstverwirklichung. Es kann also in der Schule nicht um eine Konditionierung der Leistung als letztem Wert gehen. Wenn aber die Schule dem Individuum einen weiten Bereich von Chancen eröffnen will, so muß sie die *Fähigkeit* zur Leistung trainieren. Denn erst dann ist das Individuum in der Lage, eine persönliche Entscheidung zu treffen und z. B. als ein Timothy Leary Harvardprofessor zu bleiben oder LSD-Prophet zu werden.

Lernfähigkeit und Leistungsfähigkeit sind nicht nur der Tribut, den Individuen an die Gesellschaft entrichten, damit diese sich erhalten und verändern kann. Sie sind gleichzeitig die Voraussetzung der individuellen Entscheidung über den Lebensweg. Wer nichts kann, kann nichts wählen. Darum ist die Erzeugung von Lern- und Leistungsfähigkeit nicht nur aus Sicht der Gesellschaft,

sondern auch aus der Sicht des Individuums Aufgabe der Erziehungseinrichtungen.

IV. Der Widerspruch

Wir können nicht von vornherein annehmen, daß eine Gesellschaft, die auf
Lernfähigkeit und Leistungsbereitschaft angewiesen ist, diese automatisch erzeugen würde. Funktionalismus dieser Art — ob er nun affirmativ oder kritisch
gerichtet ist — ist blanker Wunder- oder Verschwörungsglaube. Das Gegenteil
scheint der Fall zu sein: Eben die Gesellschaft, die sich immer mehr verschult,
erzeugt gleichzeitig Gegenkräfte, die ganz generell die Wirksamkeit der Schulerziehung beschränken. Wenn die oben aufgestellte These richtig ist, daß es in
der Schule neben der Vermittlung von Wissen (und neben einigen weiteren,
hier ausgeklammerten Aufgaben) um die Habitualisierung einer bestimmten
Form von Aufmerksamkeit geht, dann ist es eine für die Schulpraxis entscheidende Frage, ob die Erzeugung dieser Aufmerksamkeit in der modernen Gesellschaft nicht grundsätzlich erschwert ist. Lehrer, die aus Kleinstädten in Groß-
städte versetzt werden, klagen regelmäßig über »mangelnde Disziplin« und
»mangelnde Konzentrationsfähigkeit« ihrer neuen Schüler. So trivial diese
Beobachtung ist, so schwerwiegend kann sie sein: Wir müssen uns mit dem
Gedanken vertraut machen, daß in den Großstädten eine gesellschaftliche Entwicklung nur vorweggenommen ist, die in den Kleinstädten nachgeholt werden
wird. Amerikanische Verhältnisse deuten darauf hin.

Diese Annahme ist zunächst nur eine empirisch ungesicherte Trendextrapola-
tion, die sich nichtsdestoweniger theoretisch begründen läßt. Die Erscheinungen,
die den Lehrern an den Verhaltensweisen und Schwierigkeiten großstädtischer
Schüler im einzelnen vor Augen treten, lassen sich soziologisch auf zwei generelle
Trends zurückführen, die ebenfalls im Zuge fortschreitender sozialer Differenzierung wirksam werden.

Der erste Trend, vielfach als die Ausbildung jugendlicher Subkulturen[12] bezeichnet, resultiert unmittelbar aus der fortschreitenden Verschulung der Gesellschaft. In jeder Schule, jeder Hochschule werden Altersgenossen zu Gruppen
zusammengefaßt, in denen sie unterrichtet werden. In diesen Gruppen entwickeln sich nun Werte und Verhaltensweisen, die nicht notwendig mit vorgegebenen Lernzielen übereinstimmen müssen. Diese eigenen Werte und Normen
spiegeln vielmehr vor allem die psychischen Probleme der Jugendlichen wider:
die Suche nach der personalen Identität jenseits der Familie und die Erfahrung
der eigenen Person in einer Vielzahl von neuen Situationen, um hier nur Kürzel
komplizierter psychischer und sozialer Prozesse zu nennen.

Es ist in dieser Lage nicht von vornherein ausgemacht, was in dieser oder
jener Situation für den Schüler »zählt«: der Wunsch oder die Forderung der
Eltern, der Rat oder die Strafe der Lehrer oder aber die Anerkennung der
Kameraden.

Die Divergenz zwischen Schülernormen und Lernzielen ist an sich so alt wie die Schule selbst. Es wäre naiv, anzunehmen, daß die Anforderungen, die eine Lerngesellschaft an die Schulausbildung stellt, einerseits und die psychischen Dispositionen der Schüler andererseits irgendwann einmal völlig zur Deckung zu bringen wären. Es scheint vielmehr so zu sein, daß Schulnormen und Gruppennormen mit der zunehmenden Verschulung der Gesellschaft mehr und mehr auseinandertreten. Und praktisch ist bereits heute ein qualitativer Sprung erfolgt: Die Normen und Werte der jeweiligen Gruppe von Schülern stehen nicht mehr isoliert dem institutionellen Rahmen der Schulorganisation gegenüber, sondern sind ihrerseits gestützt und beeinflußt durch Kommunikationskanäle, die völlig unabhängig von Schule und Elternhaus laufen.

Ein zweiter Trend wirkt hier als Verstärker des ersten: Das Kommunikationssystem der modernen Gesellschaft hat alle lokalen und institutionellen Schranken durchbrochen und ermöglicht so auch mit einer Vielzahl von Informationsmedien und Verkehrsverbindungen den informellen Kontakt und den geistigen Austausch jugendlicher Gruppen. Eine Unzahl von Schülerzeitungen, die Möglichkeit ein Auto zu besitzen, zu trampen, telefonisch kurzfristig Abmachungen zu treffen und schließlich die Vermittlung jugendspezifischer Informationen und Inhalte durch Massenmedien haben das Sozialisationskartell von Familie und Schule endgültig gebrochen. Und diese Situation setzt sich unmittelbar in die Motivation der Schüler gegenüber den Schulaufgaben um.

Was in der historischen Jugendbewegung bereits angelegt war, scheint heute wirklich geworden zu sein; man könnte darum überpointiert formulieren: Jugendliche sind sich selbst so Gesellschaft geworden, daß ihr die schulische Vermittlung von gesellschaftlicher Realität nicht mehr als subjektive Notwendigkeit erscheint. Und bei geänderter Motivationslage können und müssen diese oder jene Lehrgehalte und Lehrformen als äußerlicher Zwang oder gar als Schikane empfunden werden, selbst wenn sie objektiv, d. h. von den gesellschaftlichen Funktionen und ihrer Bedeutung für den Lebensweg des einzelnen her sinnvoll oder notwendig sind.

Es sind freilich nicht nur die Tendenzen der jugendlichen Subkultur, die mit dem Einfluß der Schule konkurrieren. Der zweite Trend (die Ausbildung des allumfassenden Kommunikationsnetzes) trägt nicht nur jugendspezifische Inhalte an die Schüler heran, sondern zeichnet insgesamt ein (wahres oder falsches) Bild des Lebens in der Gesellschaft. Ein Bild, das gegenüber der schulischen Wissensvermittlung den Vorzug hat, nicht analytisch erfaßte Tatsachen und Zusammenhänge, sondern unmittelbare und konkrete Handlungssituationen vorzuweisen. Es ist auch dann noch gegenüber dem Schulwissen im Vorteil, wenn das Dargestellte den Jugendlichen selbst so fern und unerreichbar ist, wie die costa smeralda einer Freizeitelite.

Die moderne westliche Gesellschaft offeriert den Jugendlichen — oder zumindestens den Schülern — eine Vielzahl von Möglichkeiten unmittelbarer

Glückserfüllung. Sie hat damit das Niveau der Ansprüche, die Jugendliche an ihr eigenes gegenwärtiges Leben stellen, emporgetrieben. Sieht man von Ausnahmen ab, wie der athenischen Adelsjugend in der perikleischen Zeit oder von der deutschen Jugendbewegung im Beginn dieses Jahrhunderts, so haben Jugendliche selten derart die Chance gehabt, ihre Zeit ›nach eigener Bestimmung‹ mit Glück zu erfüllen. Und dieser Anspruch auf unmittelbares Glück wird auch von Eltern, Lehrern und Sozialarbeitern immer mehr anerkannt.

So faszinierend die Emanzipation der individuellen jugendlichen Existenz ist, die gegenwärtig — ausgehend von der bürgerlichen und besser: bildungsbürgerlichen Jugend — voranschreitet, so schwerwiegend können die Folgen für die Schule sein. Denn Schule ist eine Veranstaltung, die ihren Sinn nicht in sich selbst trägt. Schule ist kein Zweck, sondern hat einen Zweck. Wenn aber gerade das Zwecklose dem Jugendlichen sinnvoll erscheint, wenn die spontane Expression der Gefühle und die zwanglose expressive Kommunikation zentrale Glücks- und Sinnerlebnisse vermittelt, dann mögen Motivationen, die langfristig auf ferne Zwecke gerichtet sind, in der Fülle des Augenblicks verblassen. Zweifellos wird die Fähigkeit, Befriedigungen aufzuschieben, das ›deferred gratification pattern‹ in der Kindheit sozialisiert. Es ist jedoch zu fragen, inwieweit die Sozialisationseinflüsse der Peergroups hier nicht Modifikationen im Hinblick auf eine Augenblicksorientierung bewirken können. Damit muß das Verständnis und die Toleranz für die Schule schwinden, mehr noch: Schule wird vor dem außerschulisch produzierten Anspruchsniveau als Deprivation, Zwang und Fremdbestimmung erscheinen.

Man könnte an dieser Stelle einwenden, daß Erwachsene angesichts ihrer Freizeitmöglichkeiten ihrem Beruf gegenüber ebensolche Gefühle der Deprivation empfinden müßten. Wenn dem nicht so ist — und darauf scheinen die Forschungsergebnisse hinzudeuten — dann vermutlich deshalb, weil der Zusammenhang zwischen Berufsarbeit und Freizeitchancen durch das Medium des Arbeitslohns unmittelbar evident gemacht wird.

An die Stelle der Entlohnung tritt im Schulsystem die Notengebung: hier werden Leistungen — ob genau oder ungenau, ob gerecht oder ungerecht — mit dem Zahlungsmittel der Noten honoriert, das Kaufkraft für eine ungewisse und ferne Zukunft besitzt oder zumindest fingiert. Es ist verständlich, wenn dieses System für Jugendliche nicht unbedingt überzeugend wirkt. Andererseits ist aber zu fragen, ob die Zukunft überhaupt ohne das Medium des ›Noten‹-Geldes vergegenwärtigt werden kann. Ganz ohne Zweifel ist eine intrinsische Motivation (aus der Sache, aus der Gruppe) einer extrinsischen Motivation durch Notengebung überlegen. Nichtsdestoweniger ist offen und fraglich, ob das Arsenal didaktischer Finessen ausreicht, um Handlungen zu motivieren, deren Zweck weit jenseits ihrer selbst liegt.

Bevor wir nun fragen, welche Konsequenzen für die Schulorganisation und für die Didaktik aus den gesellschaftlichen Entwicklungen resultieren, sei das

Problem noch einmal in aller Schärfe fixiert: In einer Zeit, als die Schule noch als nahezu einzige Institution an eine gesellschaftliche Wirklichkeit heranführte, die von der Familie nicht mehr zu vermitteln war, hatte ein Satz wie: ›non scholae sed vitae discimus‹ gewisse Chancen, die Schüler zu überzeugen. Denn die Schule konnte ihnen als Garant eines zukünftigen »Lebens«, d. h. gesellschaftlicher Realität erscheinen. Heute dagegen bedeutet die Schule für viele Schüler zunächst einmal die Suspendierung von Wirklichkeit, die ihnen verfügbar ist: Sie müßten das meiste, was als gesellschaftliches Leben an sie herandringt, erst einmal ausklammern, um »für die Schule zu leben«. Der Schulbetrieb und die Lehrgehalte stehen heute und in Zukunft in einer permanenten »Realitätskonkurrenz« zu den Lebensformen und Bewußtseinsinhalten, die der Jugend in außerschulischen Informationskanälen vermittelt werden.

V. Wege aus dem Realitätsdefizit

Probleme, die aus der Struktur der Gesellschaft resultieren, sind nicht kurzfristig durch diese oder jene Maßnahme zu bewältigen. Der Wissenschaftler, der hier flugs Rezepte ausschreiben würde, wäre nicht mehr als ein Scharlatan. Es wird vielmehr auf mühsame Stückwerksarbeit ankommen, wie in der Theorie, so auch in der Praxis. Dennoch sollte der Soziologe, der eine Diagnose versucht hat, die Therapie nicht hämisch anderen überlassen. Auf die Gefahr hin, den Pädagogen ins Handwerk zu pfuschen und darüber hinaus auch noch den schwankenden Grund der Vermutungen zu betreten, seien daher noch einige Überlegungen angestellt, auf welchen Wegen — von Pädagogen vorgeschlagen — die Schule aus dem Schattenbereich herausgelangen könnte.

a) Empirische Unterrichtsforschung

Nachdem sich mit Hilfe der pädagogischen Psychologie ein eigener Forschungszweig auf die Analyse der schulischen Lernsituation [13] gerichtet hat und neue Ausbildungsgänge die Lehrer künftig in die Lage versetzen könnten, diese Ergebnisse theoretisch und praktisch zu rezipieren, besteht begründete Hoffnung, daß die innerschulischen Möglichkeiten, Aufmerksamkeit zu erzeugen, in Zukunft besser genutzt werden. Ich teile die Furcht vor der Technologie des Lernens, die in verschiedenen Beiträgen zu dieser Tagung geäußert wurde, nicht. Wer ein Lineal besitzt, wird darum doch nicht bloß gerade Striche machen wollen. Der Versuch, Lernsituation exakt zu analysieren, impliziert meines Erachtens nicht, daß Lehrer zum Vollzugsbeamten dieser Exaktheit werden müssen.

Die Grenzen des lernorganisatorischen Ansatzes scheinen mir vielmehr darin zu liegen, daß die außerschulischen motivationswirksamen Stimuli nicht kontrolliert werden können.

b) Politisierung, Mitbestimmung und Autonomie

Einige Konzepte versuchen der Schule ihren Realitätsgehalt dadurch wiederzugeben, daß sie die Schule als explizit politischen Raum konzipieren. Wenn »Schule als Modell der Gesellschaft« (v. Hentig) gelten soll, ist der mögliche Realitätsgewinn allerdings damit erkauft, daß die Schule sich eine Aufgabe aufbürdet, vor der sie notwendig versagen muß. Denn in einer einzelnen, und noch dazu totalen Institution kann in gar keiner Weise eine Gesellschaft repräsentiert werden, die gerade durch eine Vielzahl konkurrierender und konfligierender Institutionen und durch eine Vielzahl von einander geschiedener Sinnwelten gekennzeichnet ist. Ein derart umfassender Auftrag ist auch deshalb problematisch, weil er — einmal anerkannt — mit nahezu beliebigen Inhalten konkretisiert werden kann.

Anders kann die Beurteilung ausfallen, wenn es lediglich darum geht, Schule als Feld von Entscheidungsprozessen zu konzipieren, die von Schülern, Lehrern und Eltern getroffen werden. Ein Bereich von faktischer Mitverantwortung ist möglicherweise geeignet, die Schule flexibler den jeweiligen besonderen Bedürfnissen anzupassen und die Initiative der beteiligten Gruppen für das Schulgeschehen zu gewinnen. Gleichzeitig können auch Lernleistungen erbracht werden, die in der modernen Gesellschaft von Bedeutung sind: etwa die Fähigkeit, eigene Vorstellungen zu artikulieren und zu präsentieren, Argumente zu akzeptieren, Konflikte zu ertragen und Kompromisse hinzunehmen. Es ist allerdings nach den Erfahrungen an den Universitäten zu erwarten, daß sich durch Mitbestimmung die Motivationslage lediglich für eine kleine politische Elite verändern läßt. Und zugleich ist zu bedenken, welche Kräfte in der Austragung von Konflikten absorbiert werden, die dann aus der allgemeinen bildungspolitischen Diskussion in die Schule transportiert wären. Der Bereich dessen, was schulintern entschieden werden kann, bedarf daher von vornherein der Präzisierung[14]. Insbesondere kann das Quantum der Lernleistungen, auf Grund deren justiziable und überregional gültige Graduierungen erfolgen, nicht zwischen einzelnen Schülern und Lehrern ausgehandelt werden. In der Auswahl von Curricula der konkreten Gestaltung des Unterrichts, vielleicht auch in der Wahl des Leiters könnten Mitbestimmungsrechte der unmittelbar Betroffenen eingerichtet werden. Die Autonomie der Schule, die von einigen Reformern angestrebt wird, löst indessen nicht die Widersprüche, die in der Reformdiskussion aufgezeigt worden sind[15], sondern wälzt sie lediglich auf die einzelnen Lehrer ab. Die Geschichte unserer Hochschulen hat gezeigt, wie wenig sich die Probleme, die sich mit der Expansion des Bildungswesens stellen, »autonom« von einzelnen Institutionen lösen lassen[16].

c) Informeller Unterricht

Zahlreiche Reformpädagogen, insbesondere in den USA, setzen heute auf den informellen Unterricht, wie er in englischen Primarschulen entwickelt wurde[17].

Ein gruppendynamisch trainierter Lehrer greift vorgegebene Interessen und Motivationen auf, um sie zu verarbeiten und in Lernsituationen umzusetzen. Fixe Lehrpläne existieren nicht, dagegen aber ein reichhaltiges Arsenal von Unterrichtsmaterialien und Hilfsmitteln. Dieses Verfahren hat sich in Schulen mit besonders »schwieriger« Schülerschaft — und zwar sowohl bei Kindern der Oberschicht als auch bei Kindern aus den Slums — als ein wirkungsvolles, gelegentlich auch als das überhaupt letzte Mittel erwiesen, Schulmotivation aufrecht zu halten und Lernbereitschaft zu erzeugen.

Allerdings gibt es einige Argumente dafür, daß der informelle Unterricht kein »Allheilmittel« ist. Einmal können die vorfindlichen Interessen und Motivationen der Schüler sehr heterogen sein und sind dann nur schwer miteinander abzustimmen. Denn so sehr sich die Jugend gegenüber Schule und Familie verselbständigt hat, so sehr ist sie auch in sich nach sozialen Gruppen und Schichten, ja nach individuellen Interessen differenziert. Das Kommunikationssystem der modernen Gesellschaft begünstigt die Ausbildung von interessenspezifischen Sonderkulturen. Es vermarktet Interessen in Sport, Technik, Literatur, Musik, Sexualität — auf allen Lebensgebieten, und spezialisiert damit auch die emotionalen Bedürfnisse der Jugendlichen. Diese verschiedenen Interessen können durch innerschulische Differenzierung und Individualisierung in einer Gesamtschulorganisation teilweise aufgefangen werden, aber eben diese Differenzierung verlangt dann eine gewisse inhaltliche und zeitliche Standardisierung der Lehreinheiten, die es wiederum erschwert, die unmittelbaren und augenblicklichen Schülermotivationen aufzufangen.

Zum anderen ist zu bedenken, daß die Lebensformen und Bewußtseinsinhalte, die von den Jugendlichen jeweils als die eigenen akzeptiert sind, nicht konstant sind. Es handelt sich zu einem guten Teil um außerschulisch produzierte Interesseneinrichtungen und Realitätsvorgaben, die — getragen von dem modernen Kommunikationssystem — den Gesetzen des Marktes, den Schwankungen der Meinungsbörse, der Abnutzung von Modephänomenen unterliegen. Das vielfältige Angebot an Lebensmöglichkeiten, das die moderne Gesellschaft für Jugendliche bereit hält, schafft für diese Auswahlprobleme. Es ist dabei kaum zu vermeiden, daß kurzfristig wirkende Stimuli von Interessenten als Entscheidungs-»hilfen« eingesetzt und von Jugendlichen akzeptiert werden, und zwar nicht nur im Bereich des materiellen Konsums, sondern ebenso sehr auch im Bereich der Ideen und Überzeugungen. Diese Werbetechnik wird bei Jugendlichen noch zusätzlich erleichtert dadurch, daß sie auf der Suche nach ihrer eigenen Identität und ihren eigenen Möglichkeiten noch keine allzu festen und durch Erfahrung erprobten Präferenzen entwickelt haben. Ihre ambivalenten oder multivalenten psychischen Dispositionen können darum besonders leicht durch mehr oder minder oberflächliche Auslöserreize beeinflußt werden. Derartige Auslöserreize, die eine kognitiv und affektiv diffuse Situation zu strukturieren vermögen, beruhen aber — wie die Erforschung des menschlichen

Handelns erbracht hat — auf dem Reiz des Ungewöhnlichen und Unerhörten. Sie verlieren in der Gewöhnung ihre motivierende Kraft. Hieraus resultiert das Dilemma des Unterrichts, der die jeweiligen Motivationen des Jugendlichen berücksichtigen oder einfangen will. Die Anpassung an die jeweils wirksamen Trends ist nämlich in Gefahr, immer gerade zu spät zu kommen. Es wird hier also tatsächlich auf die Fähigkeit des einzelnen Lehrers ankommen, die jeweiligen Interessen seiner Schüler ad hoc rasch zu berücksichtigen, eine Fähigkeit, die allerdings in Graden erlernt und trainiert werden kann.

Nun kann es in der Schule auf Grund ihrer gesamtgesellschaftlichen Funktionen nicht darum gehen, die jeweiligen, außerhalb ihrer selbst produzierten Trends bloß zu verstärken. Auch dort, wo sie Trends aufgreift, muß sie ihren eigenen Beitrag leisten und eine Perspektive einbringen, die in der Lebenslage und der Interessenrichtung der Jugendlichen selbst noch nicht vorgegeben ist. Denn die außerschulischen Erfahrungen und Interessen sind mehr oder minder diskontinuierlich, ihr Zusammenhang, ihr Stellenwert und ihre Kritik müssen erst erarbeitet werden. So bewirkt Anpassung an jeweils gängige Gesprächsthemen und Zeitungsartikel noch keine politische Bildung, denn politische Zusammenhänge lassen sich nicht in der Art des »Spiegels« in Histörchen auflösen. Aber der Unterricht kann eben die Histörchen verarbeiten und in den politischen und institutionellen Zusammenhang wieder einfügen.

Ein drittes Problem des informellen Unterrichts ergibt sich daraus, daß in ihm jene Schüler benachteiligt sind, die in einem fester strukturierten Rahmen leichter und besser arbeiten. Und schließlich kann der informelle Unterricht kaum eindeutige, gesellschaftlich standardisierte und justitiable Graduierungen erzeugen. Er setzt daher letztlich ein Bildungssystem voraus, in dem nicht Abschlußzeugnisse, sondern Eingangsprüfungen oder -tests die Berechtigung zur nächsthöheren Bildungsstufe vermitteln.

d) Curriculumreversion und Curricula

Große Hoffnungen verbinden sich mit der Revision oder »Entrümpelung« der Lehrpläne. Und in der Tat: wenn es gelingen sollte, Lernziele durch eine entsprechende Analyse der modernen Gesellschaft aus »Lebenssituationen« abzuleiten[18], könnte der Zusammenhang von Schule und Leben stärker verdeutlicht werden. Allerdings kann keine Curriculumrevision den skizzierten Grundwiderspruch aufheben: Auch Qualifikationen, die an »Lebenssituationen« orientiert sind, werden in der komplexen Gesellschaft jene Abstraktions- und Konzentrationsleistungen umfassen, die im Widerspruch zur augenblicksorientierten außerschulischen Freizeitwelt stehen. Gegenwärtig ist Curriculumrevision — etwa im Sinne Robinsohns — immer noch damit beschäftigt, Theorie und Methodologie ihrer selbst zu entwerfen und dürfte darum in absehbarer Zeit kaum zur Verminderung des Realitätsdefizits beitragen[19]. Es erscheint auch fraglich, ob die unzähligen Variablen, mit denen die Lebenssituationen in einer komplexen Gesellschaft beschrieben werden könnten, überhaupt in einem kohärenten Modell erfaßt und schließlich auch noch auf operationalisierbare Lernziele reduziert werden können.

Unabhängig von der Frage der Curriculumrevision im ganzen, werden seit geraumer Zeit an Forschungsinstituten, Versuchsschulen und in Lehrmittelverlagen konkrete Teilcurricula oder Unterrichtssequenzen erstellt, ohne daß damit schon die Einordnung dieser Teilcurricula in eine universale Lernzielbestimmung problematisiert würde. In dem Augenblick, in dem ein reichhaltiges Angebot an Unterrichtssequenzen zur Verfügung stände, die mit Phantasie entwickelt und mit Sorgfalt erprobt worden sind, dürfte sich in der Tat einiges an der prekären Situation des Unterrichts ändern. Der Lehrer wäre — wie einige gute teaching-learning-packages der Amerikaner zeigen[20] — von manchen traditionalen Aufgaben der Materialsammlung und Wissensrepetition entlastet und könnte sich dadurch um so mehr den individuellen Problemen und Lernschwierigkeiten der Schüler zuwenden. Eine entsprechende Modifikation der Lehrerrolle verlangt allerdings eine entsprechend modifizierte didaktische und psychologische Ausbildung. Die Selbständigkeit des Lehrers würde nicht notwendig aufgegeben, sie wäre nur in erster Linie nicht mehr am zu vermittelnden Stoff, sondern an den zu unterrichtenden Personen orientiert.

»Curricula« und »informelle Erziehung«, die in den USA konkurrieren und konfligieren, schließen sich nicht notwendig aus. Sie haben unterschiedliche Anwendungsbereiche, und Curricula können darüber hinaus informellen Unterricht vorbereiten helfen, indem sie mit ihrem Material die Eigentätigkeit des Schülers provozieren. Die zentrale, aber nur am konkreten Curriculumentwurf zu entscheidende Frage ist, in welchem Maße das Ziel der Überprüfbarkeit der Lernschritte den Unterricht einengt und beschränkt. Nicht alle Lernziele sind gleichermaßen operationalisierbar, und darum besteht die Gefahr, daß in der Curriculumentwicklung nicht nur Ziele operationalisiert werden, sondern auch blanke Meßverfahren durch vorgebliche Ziele überhöht werden. Die Curriculumkonstruktion steht hier vor der gleichen Problematik, wie sie sich in den Sozialwissenschaften zwischen Theorie und Empirie entfaltet hat. Die Operationalisierung der Lernziele kann die Motivation der Schüler positiv und negativ beeinflussen: positiv, weil Schüler nun klarer wissen, »worum« es eigentlich geht — negativ, weil die eindeutige Zielbestimmung den Mittelcharakter des Unterrichts betont und damit Elemente der Spontaneität verdrängt.

e) Gesamtschule und Schulabschlüsse

Mit der Gesamtschule verbindet sich die Hoffnung, daß die Beteiligung des Schülers an der Auswahl der Unterrichtsgegenstände die Motivation für die gewählten Kurse hebt. Diese Annahme ist durchaus plausibel. Allerdings gibt es auch in der Gesamtschule gegenläufige Kräfte: die Flexibilität und die Differenzierung, die in der Gesamtschule ermöglicht wird, drängt auf eine Schulgröße von etwa 2000 Schülern. Damit steigern sich jedoch die innerschulischen Orientierungsprobleme der Schüler. In systemtheoretischen Kategorien: die Verarbeitung der komplexen modernen Umwelt verlangt von der System-Schule ein hohes Maß von Binnenkomplexität. Dem entspricht die Gesamtschule. Die Binnenkomplexität der Schule stellt aber ihrerseits als Umwelt hohe Ansprüche an das personale System des Schulkindes. Es erhebt sich hier die Frage, ob die Verwirrung, die unsere Gesellschaft im Sozialisationsprozeß des einzelnen Kindes ohnehin anrichtet, nicht noch gesteigert wird in einem Schulsystem, das für das Kind schwer überschaubar ist und in dem die kontinuierliche Bezugsgruppe der Klasse sich mehr und mehr auflöst.

Ähnlich ungelöst ist die Frage, welche Folgen für die Motivationslage der Schüler der Abbau der sozialen Kontrolle hat, die im Klassenverband gegeben war; primär sachmotivierte[21] Schüler werden vermutlich an Motivation gewinnen, primär systemmotivierte[21] Schüler werden möglicherweise nachlassen. Insgesamt könnte die Differenzierung der Gesamtschule ein Weg sein, Systemmotivationen in Sachmotivationen zu überführen.

Das Problem der Gesamtschule ist nicht unabhängig von der Frage zu behandeln, inwieweit und in welcher Form Schule auf Berufe vorbereiten kann. Die Berufsvorbereitung ist keineswegs etwas, das der Schule äußerlich bleibt. Vielmehr kann die Vorbereitung von beruflich verwertbaren Fertigkeiten auch unmittelbar zum Realitätsgewinn von Schule beitragen. Unter diesem Gesichtspunkt ist schwerwiegende Kritik am traditionellen Bildungsweg zu üben: das Höchstmaß an Chancen hat derjenige, der am längsten der Berufsausbildung ausweichen kann und also das Gymnasium, das Studium und eine Graduiertenausbildung in einem Zug hinter sich bringt. Daß ein solcher, von Berufspraxis abgeschnittener Ausbildungsgang entscheidende Bildungserlebnisse und den Gewinn von gesellschaftlicher Realität verweigert, dürfte auf der Hand liegen. Es ist nicht verwunderlich, wenn eine solche, über bald zwei Jahrzehnte hinweg »freischwebende« Existenz schwerwiegende psychische Identitätsprobleme produziert, die auf nicht immer unproblematischen Wegen gelöst werden müssen. Ein gewisses Maß von Berufserfahrung und Realitätsgewinn sind vermutlich eine wesentlich wichtigere Ausgangsbasis für ein Universitätsstudium als die Fertigkeiten, die durch die »Reifeprüfung« signalisiert werden. Die Reformen, die von der Bildungskommission des Deutschen Bildungsrates »Zur Neugestaltung der Abschlüsse im Sekundarschulwesen[22]« empfohlen werden, bleiben m. E. hier auf halbem Weg stehen. Es ist, so glaube ich, ernsthaft zu fragen, ob die Sekundarstufe II nicht grundsätzlich in der Form differenzierter, kooperativer und durchlässiger Höherer Fachschulen eingerichtet werden sollte. Die generelle Hochschulreife im gegenwärtigen System zwingt lediglich die Schüler, die sich das gesamte Spektrum der Berufschancen offenhalten wollen, auf berufsferne Ausbildungsgänge, und die Schüler, die zunächst einen Beruf erlernen wollen, später in die Mühle eines zweiten Bildungswegs. Wenn es aber Aufgabe der

Schule ist, eine generelle Lernfähigkeit zu erzielen, und wenn diese Lernfähigkeit auch die Grundlage des Hochschulstudiums ist, dann ist nicht einzusehen,
wieso sie nicht im Rahmen einer Fachoberschule oder höheren Fachschule erzielt werden kann. Wenn diese Berufsfachschule zum Besuch einer Fachhochschule
berechtigt, so können die Übergänge von einer Fachhochschule zu anderen Einheiten eines Gesamthochschulbereichs durch zusätzliche, an der Hochschule oder
an den entsprechenden anderen Fachschulen zu erreichende Zusatzqualifika-
tionen möglich werden.

Die eigentlichen Bildungchancen der Sekundarstufe II scheinen mir in den
Fachschulen zu liegen, in denen praktische Berufsausbildung — durchaus auch
in Kooperation mit gewerblichen Lehrwerkstätten — mit dem intellektuellen
Training und der Vorbereitung auf weiterführende Hochschuleinheiten kombiniert werden könnte. Nur dann auch kann der Unfug vermieden werden, daß
etwa Ingenieurschulen, Höhere Fachschulen für Sozialarbeit und Schwestern-
schulen das Abitur verlangen, und sich damit von ihrem besten Nachwuchs ab-
schneiden, nur um als Hochschule anerkannt zu werden. Es sei auch hier in aller
Schärfe behauptet: sowohl das klassische Gymnasium als auch die Gesamtschule
werden ersticken, wenn sie den Zugang zur Hochschule monopolisieren und alle
Ausscheidenden dann zu drop-outs degradieren. Für den Besuch von höheren
Fachschulen an Stelle der bloßen Fortführung der Gesamtschule möchte ich hier
plädieren, da der organisatorische Aufwand einer Fachschule im Rahmen einer
halbwegs überschaubaren Gesamtschule nicht zu leisten ist und die Gesamtschule — wie in Amerika sichtbar — unvermeidlich in den einseitigen Sog gym-
nasialer und klassisch — universitärer Bildungsvorstellungen geraten dürfte.
Nichtsdestoweniger könnte ein Fachschulsystem in der Sekundarstufe II durch-
lässig und kooperativ gestaltet werden.

Zusätzlich zu Gesamtschule und Fachschule wären wohl zumindest in den
Städten ›free schools‹ für Schüler mit entsprechenden Motivationslagen anzubieten.

V. Schlußbemerkung

Die Überlegungen, auf welche Weise die Schule selbst in Organisation und
Didaktik dazu beitragen kann, ihr Realitätsdefizit zu überwinden, sind damit
an ihr Ende gekommen. Sie mußten im gegebenen Rahmen ungesichert und
flüchtig bleiben. Und es wäre ungut, wenn der Eindruck entstanden sein sollte,
als hätte ich nun auch Rezepte anzubieten, die Aussicht auf völlige Wiederher-
stellung bieten würden. Schule, Berufspraxis und Freizeitsphäre bilden aus der
Perspektive des Individuums drei von einander geschiedene Bereiche. Die Vorschläge, Schule durch informelle Erziehung, »Entschulung« stärker auf der unmittelbaren und spontanen Motivation der Schüler zu gründen, würden den
Unterricht dem Freizeitbereich näherbringen, ihn aber womöglich der Berufs-
sphäre noch stärker entfremden. Versuche dagegen, Schule auf die Berufswelt

transparent zu machen, würden das Motivationsdefizit der Schule im Vergleich zu außerschulischen Erfüllungsmöglichkeiten kaum kompensieren. Die Krise der Schule ist tief in der Struktur einer Gesellschaft angelegt, die zugleich — aber geschieden in der Perspektive des Individuums — Arbeitsgesellschaft, Lerngesellschaft und Konsumgesellschaft ist. Wenn also das Realitätsdefizit des Schulbetriebs durch die Revision von Curricula, Didaktik und Schulorganisation sicherlich gemildert werden könnte und im gleichen Zug sogar etwas von der Fremdheit der Schüler gegenüber den gesellschaftlichen Institutionen abgebaut werden könnte, so sollte man sich hiervon doch keine Wunderdinge versprechen. Nicht alle gesellschaftlichen Widersprüche sind aufhebbar. Die Realitätskonkurrenz bzw. das Motivationsdefizit der Schule in einer zunehmend verschulten Gesellschaft — hierin scheint mir eine prinzipiell unaufhebbare Antinomie in der modernen und zukünftigen Gesellschaft zu liegen. Dieser Widerspruch wird von den Erziehungsinstitutionen und den Erziehern auszuhalten sein. Sie sollten sich darüber im klaren sein und diesen Sachverhalt auch den Schülern erläutern, in deren persönlichen Problemen der gesellschaftliche Widerspruch kulminiert. Lehrer wie Schüler sollten kritisch sein gegenüber allen, die sich anerbieten, den Knoten durch Zauberei zu lösen. Und alle Beteiligten sollten kein Hilfsmittel verschmähen, das dem Schüler die Schule erleichtern könnte.

Anmerkungen

[1] Helmut Schelsky, Anpassung oder Widerstand? Soziologische Bedenken zur Schulreform, Heidelberg 1961
[2] Deutscher Bildungsrat, Strukturplan für das Bildungswesen, Stuttgart 1971
[3] Heinrich Popitz, Die Ungleichheit der Chancen im Zugang zur höheren Schulbildung, in L. v. Friedeburg (hg.), Jugend in der modernen Gesellschaft, Köln-Berlin 1965
[4] Ralf Dahrendorf, Bildung ist Bürgerrecht, Hamburg 1965
[5] Heinrich Roth, »Stimmen die deutschen Lehrpläne noch?« in Die Deutsche Schule, Hannover 1968
[6] R. Tausch, Erziehungspsychologie, Göttingen 1963
[7] Andreas Flitner und Günther Bittner, Die Jugend und die überlieferten Erziehungsmächte, München 1965, S. 29
[8] Carl L. Furck, Das Leistungsbild der Jugend in Schule und Beruf, München 1965, S. 51
[9] Hartmut von Hentig, Systemzwang und Selbstbestimmung, Stuttgart 1968
[10] Zu den folgenden Überlegungen siehe Shmuel N. Eisenstadt, Von Generation zu Generation, München 1966
[11] Claus Offe, Leistungsprinzip und Industrielle Arbeit, Frankfurt 1970
[12] vgl. Friedrich H. Tenbruck, Jugend und Gesellschaft, Freiburg 1962. In unserem Zusammenhang ist die Streitfrage, ob es eine relativ homogene und autonome soziale Gruppe Jugend als Träger einer Jugendkultur gebe, unbedeutend. Entscheidend ist lediglich die Annahme, das Verschulung und Massenkommunikation peergroup — Orientierung befördert, die Ausbildung von jugendlichen Subkulturen

ermöglicht und damit für die Jugendlichen Alternativen der Selbstverwirklichung gegenüber der Schule eröffnet.

13 siehe Heinz Heckhausen, »Förderung der Lernmotivierung und der intellektuellen Tüchtigkeiten« in H. Roth (hg.). Begabung und Lernen, Stuttgart 1970
14 Nicht unproblematische Versuche dazu in Georg Auernheimer und Martin Döhlemann, Mitbestimmung in der Schule, München 1971. Zur Grundsätzlichen Problematik der Demokratisierung gesellschaftlicher Teilbereiche R. Eckert, »Politische Partizipation und Bürgerinitiative, in Offene Welt 101, Partizipation, Köln-Opladen 1970
15 Harold Full (ed.), Controversies in American Education, New York-London 1967, vgl. auch H. v. Hentig, Cuernavaca oder Alternativen zur Schule?, Stuttgart 1971
16 dazu R. Eckert, Wissenschaft und Demokratie. Plädoyer für eine verantwortliche Wissenschaft, Tübingen 1971
17 die beste Übersicht bei Charles E. Silbermann, Crisis in the Classroom — The Remaking of American Education, New York 1970
18 Saul B. Robinsohn, Bildungsreform als Revision des Curriculum, Neuwied² 1969
19 Ein erster Versuch der von Robinsohn angeleiteten Arbeitsgruppe, »Qualifikationen« zu ermitteln, geht — wie es scheint — nicht von konkreten Lebenssituationen im Bereich der Wirtschaft, sondern von der wissenschaftlich und schulisch vorgegebenen Disziplin, der Mathematik aus. In unserem Zusammenhang ist zu bemerken, daß die Mathematik nicht dadurch »lebensnäher« wird, daß sie als Qualifikation für den Lebensbereich Wirtschaft legitimiert wird. vgl. Doris Knab, »Ansätze zur Curriculumreform in der Bundesrepublik« in betrifft: erziehung Nr. 2, Weinheim 1971
20 so z. B. folgende Curricula Man: a Course of Study, Education Development Center, Cambridge, Mass, 1969 (Jerome S. Bruner). Social Science Laboratory Unit, Science Research Associates, Chicago 1969 (Donald Lippit). The Taba Social Studies Curriculum, Edison-Weseley, Menlo Park 1969 (Hilda Taba)
21 die Unterscheidung zwischen sachorientierter und systemorientierter Leistungs-Motivation nach Klaus Heinemann »Soziale Determinanten des Leistungserfolgs in Gymnasien«, in Kölner Zeitschrift für Soziologie und Sozialpsychologie 1969, S. 830—846. Sachmotivierte Schüler spezialisieren sich auf einzelne Fächer und erreichen dort gute Noten, systemmotivierte Schüler versuchen den Anforderungen der Schule gleichmäßig zu entsprechen.
22 Stuttgart 1969.

JOHANNES FLÜGGE

Die Lernzielproblematik

Es ist zu befürchten, daß bei heutigen, auf Entwicklung von Curricula, von Lernzielen, von Lernplanungstechnik gerichteten Arbeiten ein starker Trend zum Totalitarismus wirksam ist. Unter »Totalitarismus« versteht man seit Mussolini ein staatliches Herrschaftssystem besonderer Art. Aber »totalitär« werden seither auch Ordnungs- und Verwaltungssysteme genannt, die etwa folgender, im Fischer-Lexikon »Staat und Politik« (Ausgabe 1970) formulierter Maxime entsprechen: »Alles soll einem geschlossenen, unbedingt verbindlichen politischen und ›weltanschaulichen‹ Ordnungsbegriff zugeordnet und dienstbar gemacht werden«. So wenig unsere staatliche Ordnung in diesem Sinne totalitär ist, so deutlich zeigen sich doch in Bildungsforschung, Bildungsplanung, Bildungspolitik totalitäre Tendenzen. Vorstellungen, Methoden, Planungen, Interessen verschiedener Herkunft konvergieren zu einer totalitären Gesamttendenz, dergestalt, daß der einzelne oft nicht weiß, daß auch er von ihr erfaßt ist und durch sein Tun ihre Energie verstärkt.

In einem Prospekt des Ehrenwirth-Verlages 1971 heißt es zu dem Buch von Otmar Bohusch und Ferdinand Kopp »Schulreform als Revision der Lehrpläne«: »Pädagogen, Fachwissenschaftler und Fachleute aus Politik und Wirtschaft arbeiten zur Zeit an einem Totalentwurf des für unsere Gesellschaft Lehr- und Lernwürdigen«.

Auf die damit verbundenen Gefahren wird im folgenden hingewiesen.

Im erziehungswissenschaftlichen Schrifttum unserer Jahre gilt eine sehr große Zahl von Veröffentlichungen dem Thema »Lernen«. Lernen ist zwar ein Tun oder ein Widerfahrnis, und es gehört ein Wesen dazu, das es tut oder dem es widerfährt. Aber wie man es grammatisch aus einem Verb zu einem Substantiv machen kann, so auch wissenschaftlich zu einem selbständigen Gegenstand. Man kann diesen Gegenstand untersuchen in methodischer Beobachtung, im Experiment, kann ihn in gedanklichen Modellen abbilden und als Maschine nachkonstruieren. Da das zu vielfältigen Ergebnissen führt, gewöhnt man sich daran, von dem Lernen als einem selbständigen Gegenstand zu lesen und zu reden.

Es bedarf dann, da man von dem Gegenstand »Lernen« so viel und so sorgfältig Erforschtes wissen kann, einer gewissen Vorsätzlichkeit, um sich den Gegenstand wieder so weit zu entfremden, daß man neu nach ihm fragen kann.

Was ist denn eigentlich Lernen? — so befrage ich, und zwar mit Bedacht den repräsentativen Band »Begabung und Lernen«, den der Deutsche Bildungsrat

1968 als Gutachten herausgegeben hat. Unter den achtzehn Mitarbeitern gibt allein Hans Aebli eine Definition dessen, was Lernen sei: »Differenzierung des Ausgangsverhaltens und Integration von bisher unverbundenen Verhaltenselementen zu einem höheren Ganzen charakterisieren daher das Lernen, mit dem wir es in der Schule vor allem zu tun haben«! (161)

Lernen ist also Änderung des Verhaltens durch Differenzierung und Integration. Lernen realisiert sich an dem Verhalten, das hier das Vorgegebene und Zugrundeliegende ist. Und was ist »Verhalten«? Auch hier gibt allein Aebli, obwohl der Verhaltensbegriff für das ganze Buch von grundlegender Bedeutung ist, eine Antwort: »Verhaltensweisen ... stellen sich wiederholende und daher isolierbare, der Erkenntnis zugängliche Elemente im Verhaltensstrom dar« (152).

Lernen realisiert sich offensichtlich nicht unmittelbar an dem, was hier »Verhaltensstrom« genannt wird, der ja auch der Erkenntnis kaum zugänglich sei, sondern an isolierbaren Verhaltensweisen, die das zu verändernde Ausgangsverhalten darstellen. Aber eingebettet sind sie in dem Verhaltensstrom. Was ist das? Ist das eine selbständige Wirklichkeit? Vielleicht eher als die isolierbare Verhaltensweise. Denn »Der Gegenstand der Sozialwissenschaften ist der Strom des menschlichen Verhaltens« (152). Deshalb überlassen wir die Bestimmung des Grades seiner Realität den Sozialwissenschaften und fragen genauer, was »Verhaltensweise« sei. »Unter einer Verhaltensweise verstehen wir einen Prozeß in einem lebendigen Organismus, der mit oder ohne sichtbare Tätigkeit der Körperorgane darauf gerichtet ist, einen bestehenden Zustand zu verändern und damit einen neuen, meist befriedigenderen Zustand herbeizuführen« (152).

Auf die Veränderung des Zustandes richtet sich die Verhaltensweise, auf die Veränderung der Verhaltensweise richtet sich das Lernen. Und welches ist das Subjekt dieser Prozesse? Ein lebendiger Organismus. Ihn finden wir schließlich als das Substrat und Subjekt dieser Prozesse, ohne das sie doch keine Realität gewinnen zu können scheinen. Gleichzeitig aber kann so erstaunlich leicht der Grundprozeß der Verhaltensänderung gedanklich abgelöst werden von den spezifischen Arten der Organismen. Genug, daß es sich ganz allgemein um lebendige Organismen handelt. Jene Ablösbarkeit der als Lernen bezeichneten Prozesse von den Subjekten des Lernens macht das wissenschaftliche Reden vom Lernen zweideutig. Man redet von lernenden Schülern, gewiß, aber ihr Lernen ist nicht *ihr* Lernen. Es sind die ihrem Organismus auferlegten oder in ihm ausgelösten Prozesse.

Es geht mir hier nicht darum, dem Psychologen Aebli gerecht zu werden oder gar dem Buch »Begabung und Lernen«. Es geht mir nur darum, Distanz zu gewinnen gegenüber den Selbstverständlichkeiten heutiger Denkweisen. Diese heutige Selbstverständlichkeit, das Lernen als zunächst subjektlosen Prozeß zu interpretieren, der dann den jeweiligen Subjekten zu akkomodieren wäre, ist keine absolute Selbstverständlichkeit, vielmehr durchaus problematisch. Es müssen ja dann, je nach dem lebendigen Organismus, z. B. Hund, z. B. Mensch, Akkomodationsverfahren oder -mechanismen erdacht und konstruiert werden. Dabei handelt es sich um die sogenannten Konditionierungen oder Motivationen. Nach der anderen Seite muß das Lernen mit den sogenannten Lernzielen verknüpft werden, die die Richtung der gewünschten Verhaltensänderung angeben. Der Lerntheoretiker, der selber keine Ziele setzt, kann gleichwohl den Bereich der Ziele zum Gegenstand seiner Überlegungen machen und alle möglichen Lernziele in systematischer Ordnung katalogisieren. Den Namen dafür entnimmt er der Botanik der Linné-Schule. Das Unternehmen heißt dann Lernziel-Taxonomie.

Zwischen der Motivierung der Subjekte, die ja ebenso gut Objekte der Lernveranstaltung sind, und den ausgewählten Lernzielen ist dann der Lernprozeß zu installieren und zu instrumentieren. Es fehlen nur noch die Lerninhalte oder die Sachen. Fehlen Sie wirklich? Sind sie nicht entbehrlich? Nach der eingangs zitierten Definition des Lernens — »Differenzierung des Ausgangsverhaltens und Integration von bisher unverbundenen Verhaltenselementen zu einem höheren Ganzen« — sind Sachen nicht notwendige Elemente im Lernprozeß. Wir kennen ja solche Lernprozesse gut. In der Verkehrserziehung z. B. sind Sachen wie Ampeln, Zusammenstöße oder Radfahrer nicht das, worauf es ankommt, sondern nur auslösende Elemente des zu übenden Verkehrsverhaltens. Hier bleibt das Verhalten des Lernenden der wirkliche Inhalt des Lernprozesses. Inhalt und Gegenstand des Lernens ist eben das Verhalten des Lernenden selbst, und zwar insofern es zu praktizierendes Verhalten ist. Selbst wenn man nun sehr sublime Verhaltensweisen zum Ziel macht, etwa intensiv aufmerksames Betrachten von Kunstwerken, so wird das zwar an Sachen, hier Gemälden, Plastiken oder Bauwerken, geübt, aber diese Sachen wären in keinem Augenblick selbst der Inhalt des Lernens.

Die hier zum Ausgangspunkt genommene Konzeption des Lernens ist also nicht nur relativ subjektlos, sondern auch relativ sachlos. Aber sie ist gerade deshalb nicht problemlos.

Welche Probleme ergeben sich aus der isolierenden Betrachtung des Lernens und aus der isolierenden Entwicklung von Arrangements des Lernens? Die Fragen bleiben offen: Wer ist der Abnehmer, der Adressat? Kennen wir ihn, seine Eigenarten, Einstellungen und Tendenzen? Wir wissen wohl, was man mit ihm machen kann oder zu machen versuchen kann. Wissen wir auch, was man mit ihm machen darf? Und was wird er aus dem Lernarrangement machen?

Auf der anderen Seite die Sachen: Sind die Lernarrangements geeignet, die Sachen zur Sichtbarkeit und Einsichtigkeit zu bringen? Welches sind die Sachen? Solange sie nicht vergegenwärtigt sind, kann das Lernarrangement noch nicht an ihnen erprobt werden.

Es liegt mir fern, gegen Wissenschaft, Planung und Technik, die sich mit dem Lernen spezialistisch befassen, generell polemisch zu sein. Zu viel Kenntnisse, Einsichten und Modelle verdanken wir diesen Arbeiten, als daß das erlaubt wäre.

Aber die Gefahr ist gegeben, daß die dienende Funktion des Lernens vergessen wird, daß vergessen wird, daß es seinen Sinn aus Personen und Sachen empfängt. Die Vermittlung macht sich zur verselbständigten Mitte, von wo aus nun Personen und Sachen ihre begriffliche Bestimmung und sogar in gewissem Maße ihre Prägung erhalten. An einigen Modellen des Lernprozesses zeigt sich diese Verkümmerung von Person und Sache mit aller Deutlichkeit: an dem behavioristischen, dem kybernetischen, dem informationstheoretischen, dem ökonomischen.

Das erste dieser Modelle bildet den Hintergrund der schon zur Sprache gekommenen Interpretation des Lernens. Es ist das verhaltenspsychologische oder behavioristische Lernmodell. Verhaltensweisen sind danach modifizierbar, indem jede zufällige kleine Abweichung, die die Richtung auf die gewünschte Verhaltensweise zeigt, belohnt und dadurch verstärkt wird. Durch eine sorgfältig abgestimmte Reihenfolge von Belohnungen und Versagungen gelangt der Organismus schließlich zu dem vorbestimmten Endverhalten. Belohnungen machen begreiflich, daß der soeben ausgeführte Schritt von dem Belohner als richtig anerkannt wird, im Sinne der Richtung auf das von ihm vorbestimmte Ziel. Das Ausbleiben der erwarteten Belohnung erzeugt ein Suchen, bei dem eine Bewegung, die zufällig die gewünschte Richtung hat, wiederum durch eine Belohnung verstärkt wird u. s. w., bis schließlich das gewünschte Endverhalten eingeübt ist. Gewünscht ist dieses Endverhalten natürlich *nicht* von dem lernenden Organismus. Der wünscht nur die Folge der Belohnungen, wobei nicht ausgeschlossen ist, daß ihm die neue Verhaltensweise schließlich Spaß macht, auch wenn keine Belohnungen mehr erfolgen.

Es dürfte deutlich geworden sein, daß das Beschriebene ein Lernen durch Dressur ist. Tatsächlich ist dieses Modell des Lernens durch Skinner an lernenden Ratten entdeckt und dann zu einer umfassenden Lerntheorie gemacht worden, die er und seine Anhänger insbesondere für die Schulen fruchtbar machen wollten. Diese freundliche Art des Führens, wohin man gar nicht wollte, des Konditionierens, kann sich in der Tat auch bei Menschen bewähren.

In dem Buch von S. A. Mednick »Learning« (Prentice-Hall 1964) wird von einem ausgezeichnet gelungenen Versuch der Verhaltensänderung berichtet, wobei zugleich die Grenzen dieses Modells sichtbar werden. Ich verdanke diesen interessanten Bericht der Schrift »Unterrichtsplanung als Konstruktion« von E. König und H. Riedel (Beltz 1970, S. 67).

»In einem amerikanischen Krankenhaus für geistesgestörte und gehirngeschädigte Menschen mußten Patienten zu besonderen Untersuchungen in die unteren Räume des Krankenhauses gebracht werden. Einer der Patienten lebte in einem fast tierischen Zustand; beispielsweise konnte er nicht einmal Ausscheidungsprozesse kontrollieren. Er biß Personen, die sich ihm näherten, und er konnte nicht sprechen.

Von einem erfahrenen Studenten wurde er auf folgende Weise konditioniert:

Jede Handlung des Patienten in Richtung auf das schließlich gewünschte Verhalten, nämlich das freiwillige Hinuntergehen in die Untersuchungsräume, wurde durch den Versuchsleiter belohnt. Von dem Patienten war bekannt, daß er sehr gerne Süßigkeiten aß. Als er das erste Mal seinen Kopf zur Tür drehte, wurde er mit einem Bonbon belohnt. Kurz darauf richtete der Patient wieder seinen *Blick* zur Tür, und der Student gab ihm wiederum ein Bonbon. Durch mehrmalige ·Wiederholung dieses Vorgangs wurde erreicht, daß der Patient sich schließlich freiwillig in Richtung zur Tür stellte. Nachdem diese Phase abgeschlossen war, entfiel die Belohnung solange, bis der Patient das erste Mal einen *Schritt* in Richtung auf die Tür unternahm. Nachdem der Patient mehrere Male dafür belohnt wurde, daß er einige Schritte in Richtung Tür machte, wurde diesmal die Belohnung solange zurückgehalten, bis der Patient erstmals *Schritte zur* hinunterführenden *Treppe* unternahm. Nachdem das Training mehrere Tage hindurch fortgesetzt worden war, war der Patient tatsächlich bereit, die Treppe hinunterzugehen, den Untersuchungsraum zu betreten und sich den Untersuchungsprozeduren zu unterwerfen. Das war das erste Mal seit mehreren Jahren, daß der Patient sich in einer solchen organisierten Art und Weise verhielt.«

Das behavioristische Lernmodell nach Skinner ist hier prägnant und angemessen auf einen Menschen angewandt worden, aber auf einen Menschen, dem spezifisch menschliches Verhalten nicht möglich war, der deshalb nicht als Mensch, sondern als lebendiger Organismus angesprochen und behandelt wurde. König-Riedel bemerken hierzu: »Der Gehirngeschädigte hatte zwar gelernt, den Weg in die Untersuchungsräume selbst zu finden; das wurde ihm aber nicht bewußt. Bewußt gelernt hatte er verschiedene Verfahren, zum gewünschten Bonbon zu gelangen«. In ähnlicher Weise lassen sich auch phyisch und psychisch Gesunde konditionieren. Wenn man als den Lernerfolg allein das Endverhalten ansieht, z. B. das Anwenden einer bestimmten Rechenoperation, ganz gleich, ob sie »verstanden« ist oder nicht und ob sie erstrebt war oder nicht, so ist hier der Lernende als lernender Organismus angesprochen, der nicht notwendig menschlicher Organismus ist, also auf einer Ebene unterhalb des spezifisch Menschlichen.

Von B. F. Skinner stammen viele Lerntheoretiker, Lernorganisatoren und Lerninstrumentierer ab. Er hat über seinen Schüler Werner Correll großen Einfluß auch in Deutschland. Aber er ist doch nur einer von vielen und repräsentiert einen allgemeinen Trend, den Trend, Lernen mit den begrifflichen Mitteln der Verhaltenspsychologie zu interpretieren und zu organisieren. Hierher gehört die Kunst des Programmierens. Programmierte Lerntexte sind aus reichlich simplen Anfängen inzwischen zu psychologischer Verfeinerung und oft hohem Anspruchsniveau gelangt. Es scheint auch die Einsicht sich durchzusetzen, daß es viele Lerngegenstände gibt, die für eine Programmierung nicht geeignet sind, wie z. B. geschichtliche Stoffe, oder für die Programmierung zu umständlich und zu teuer sind, wie z. B. die lateinische a-Deklination. Immer aber wird, auch bei wissenschaftlichem Anspruchsniveau, dem Lernenden etwas beigebracht, das er sich nicht selbst heranholt. Er wird Schritt für Schritt geführt, kann sich also nicht selbst den Weg suchen. Er bekommt den Gegenstand in einer normierten Auffassung vorgesetzt, an der er selbst nicht mitwirkt. Ihm wird der Lerninhalt in einer Weise eingeprägt, die für 10 000 Benutzer desselben Programms bis auf den Buchstaben identisch ist. Das Programm repräsentiert einen autoritären Führungsstil und schließt kritische Rückfragen und neue Problemstellungen während des Verlaufes aus, auch wenn es sich um ein verzweigtes Programm handelt.

Es dürfte ein Gebot rationaler Besonnenheit sein, zu fragen, welchen sozialen Zwecken ein solcherart normiertes und für eine große Zahl von Menschen absolut identisches und in genau fixierter Form abrufbares Wissen dienlich sei. Es gibt solche Zwecke überall, wo das Wissen Instrument einer auf präzises Funktionieren angewiesenen Kooperation ist, z. B. in gewissen Bereichen der Medizin oder der Nachrichtentechnik oder der Aeronautik. Aber es ist die Eigenart dieses Trends, daß er sich alles zu unterwerfen sucht, den sozialen und individualen Sinn anderer Weisen des Wissens und Wissenserwerbs vergessen macht und die neue, auf ihre Weise perfektionierte Form des Wissenserwerbs als die langgesuchte klassische Grundform alles Lernens glaubhaft macht.

Ein anderer Nachkomme der behavioristischen Lerntheorie ist die jetzt sich immer zahlreichere Anhänger gewinnende Lernzielbeschreibung nach Mager. Zielsicher kann hiernach das lehrende und lernende Handeln nur sein, wenn das Ziel ganz genau beschreibbar ist. Als genau beschreibbar kann es nach Mager nur gelten, wenn es auch genau kontrollierbar ist. Genau kontrollierbar ist natürlich nur das, was von anderen Personen beobachtet werden kann. Also ein gut beschriebenes Lernziel ist hiernach immer das Modell einer beobachtbaren, genau definierten Leistung. Erst im Blick auf ein so »operational« definiertes Lernziel kann, nach Mager, der Unterricht rational und rationell geplant und aufgebaut werden. Jetzt erst wird er — nach Mager — zielsicher.

Die Operationalisierung der Lernziele gewährt nun nicht nur den Vorteil, daß exakt kontrolliert werden kann, in welchem Maße sie erreicht sind, und daß das Lernen eindeutiger als sonst zielorientiert organisiert werden kann. Man meint eben auch zugleich, daß die Erzeugung beobachtbarer Verhaltensweisen das sinngemäße Ziel von Lernveranstaltungen überhaupt sei.

Das macht gegenwärtig starken Eindruck. Der Unterricht scheint entlastet werden zu können von nebulosen Aufgaben wie »Verständnis«, »Begreifen« usw. Wie weiß denn ein Lehrer, wieweit am Ende Einsicht und Begreifen durch seinen Unterricht in den Schülern zustande gekommen sind? Etwas anderes sind Aufschreiben, Zeichnen, Auswählen, Aufzählen, Benennen, Ergänzen, Fehler nachweisen usw., jeweils mit genauer inhaltlicher Forderung. In einer Operation oder Operationenkette, also in einem bestimmten Verhalten, zeigt der Schüler, was er kann. Das ist der Aspekt der Kontrolle des Schülers. Es ist von seiten des Lehrers zugleich der Aspekt der Zielgerichtetheit seines Unterrichts, sofern er von dem Magerschen Konzept überzeugt ist. Was ist nun gewonnen durch diese sogenannte Operationalisierung der Lernziele? Die Antwort ist im Grund schon gegeben: Das lehrende Handeln kann um so rationeller sein, je genauer es sich an einer Zielvorstellung kontrollieren kann. Das Lernen ist um so sicherer zu steuern und sein Ergebnis um so sicherer einem vorgegebenen Muster anzugleichen, je genauer dieses vorgegebene Muster beschrieben ist als beobachtbares und darum mit seiner Realisierung vergleichbares Muster.

Das ist uns im Grunde seit je geläufig, selbst wenn wir als Lehrende nicht danach handeln. Das Originelle an Magers Lernzielbeschreibung ist nur ihr Anspruch auf universelle Geltung. Nach Mager ist ein Lernziel nur dann im Sinne zielgerichteter Arbeit vernünftig und optimale Effektivität versprechend konzipiert, wenn es eine genau beschriebene Operation darstellt, d. h. ein genau beschriebenes, durch das Lernen herbeizuführendes Endverhalten. Ich werde versuchen zu begründen, in welchen Grenzen diese Lernzielbeschreibung, die sich gegenwärtig dem Denken immer weiterer Kreise aufdrängt, sachgemäß ist, und inwiefern sie außerhalb dieser Grenzen aus lernenden Menschen unmündige Wesen macht.

Mager bringt in seinem Buch gleich anfänglich zwei Beispiele für unzulängliche, ungenaue und daher den Erfolg gefährdende Lernzielvorstellungen. Im ersten Fall handelt es sich um einen »Kurs über Bedienung und Reparatur großer, komplizierter elektronischer Anlagen«, im zweiten Falle um einen »32 wöchigen militärischen Ausbildungskurs«. Diese beiden Kurse dienen dem Erwerb von Fähigkeiten, die eine zuverlässige Kooperation in einem Aufgabenbereich von eindeutigen Sachnotwendigkeiten ermöglichen. In solchen Aufgabenbereichen ist der zur Kooperation verpflichtete Personenkreis auf ein allen gemeinsames, für alle identisches und von allen in kooperatives Handeln umsetzbares Wissen angewiesen. Dem Erwerb solchen Wissens, das identisch ist mit definierbaren Handlungsfähigkeiten, dienen Kurse, die exakt formulierte und eindeutig vorgeschriebene Verhaltensweisen zum Ziele haben.

Angesichts der Kompliziertheit unserer zivilisatorischen Apparatur sind unübersehbar viele Kurse dieser Art erforderlich. Sie erzeugen direkte Kooperationsfähigkeit wie bei der für eine ärztliche Operation erforderlichen Teamarbeit oder bei einer militärischen Aktion, oder indirekte Kooperationsfähigkeit wie bei der Bedienung oder Reparatur einer Maschine. Überall in den tausenden solcher Kurse sollte das Lernziel, nämlich die durch Sachzwänge vorgeschriebene Endverhaltensweise, eindeutig bestimmt sein.

Wir haben Tausende anderer Kurse: Verfassungsgeschichte, italienische Sprache, Genetik, Sozialformen der Tierwelt, Dürer, das griechische Drama, für die eine den Regeln Magers entsprechende Lernzielbeschreibung unangemessen wäre, ja geradezu das Konzept verderben würde. Das Konzept besteht hier darin, daß der Lernende begreifen will, ein eigenes, d. h. auf eigenen Fragen und eigener

Akzentuierung und Strukturierung beruhendes Bild sich machen will. Er will »verstehen«, »Einsicht« gewinnen und die Formen der Operationalisierung selbst bestimmen. Auf keinen Fall will der Lernende hier ein vorgeschriebenes Endverhalten erreichen. Er erkennt ein solches Magersches Lernziel durchaus an, wenn er sich z. B. zu einem Kurs in Maschinenschreiben oder zu einem Autofahrkurs entschließt. Bei den anderen Themen würde ihn das Bewußtsein, zu einem normierten vorgeschriebenen Endverhalten hingeführt zu werden, geradezu von der Teilnahme an dem Kurs abschrecken.

Lernende können mit Sicherheit den Wesensunterschied der einen und der anderen Lernzielbestimmung und der entsprechenden Lernorganisation erkennen. Es ist gewissen Lerntheorien und der wachsenden Zahl ihrer Anhänger vorbehalten, den Wesensunterschied in dem Sinne zu verwischen, daß das auf vorgegebene operationalisierte Lernziele oder Endverhaltensweisen hin organisierte Lernen als das dem immanenten Sinn des Lernens vollkommen entsprechende Lernen erklärt wird, jenes andere, nicht auf ein vorgegebenes Endverhalten sich organisierende Lernen aber als eine unvollkommene, defiziente Form des Lernens.

Ich versuche den Unterschied noch intensiver zu verdeutlichen. Es ist der Unterschied zwischen einem Lernen, wo der Lernende zu einem vorbestimmten, von ihm nur anzueignenden Verhalten geführt wird, und einem Lernen, wo der Lernende das Lernziel selbst mitbestimmt, einem Lernen also, wo die Zielbestimmung Angelegenheit des Lernprozesses selbst ist, nicht aber vor Beginn des Lernprozesses schon fertig ist. Im ersteren Fall wird der Schüler einer normierten Verhaltensformung unterworfen; sein Anteil an der Zielbestimmung ist Unterwerfung oder Zustimmung. Im anderen Falle wird der Lehrgang offen gehalten für die Mitwirkung der Lernenden bei den Zielbestimmungen. Sie bringen Fragestellungen ein, die nicht vorgesehen waren; sie artikulieren Interessen, mit denen in einem vorgefertigten Lehrgang nicht gerechnet sein konnte, die aber den Gegenstand in ein neues Licht zu rücken geeignet sein können; z. B. »Ich möchte erfahren, wie man das, was man mich lehrt, überhaupt wissen kann.« Der Lehrende kann helfen, solche Interessen oder Fragen zu entbinden. Schon damit aber begibt er sich der Sicherheit, dort anzukommen, wo das vorausbestimmte Ziel liegen sollte, oder das vorausbestimmte Endverhaltensmuster in den Lernenden zu realisieren. Einer sorgfältigen Überlegung wert ist die Frage, ob im Rahmen dieser Lernorganisation als Lernziel überhaupt ein beobachtbares Endverhalten gefordert werden darf. Man mag die allgemeine Forderung, das Theoretische solle praktisch werden, für eine universell geltende Maxime halten — aber auch dann bleibt die Umsetzung in ein äußeres, d. h. beobachtbares »Verhalten« oder Handeln Aufgabe der lernenden Person, deren Personsein sich gerade darin manifestiert. Wenn das nun Sache der lernenden Person ist, dann müssen so viel verschiedene Endverhaltensweisen aus dem Lehrgang resultieren *dürfen*, wie Personen daran teilgenommen haben.

Ich habe keinen Zweifel daran gelassen, daß ich für einen Kurs in »Erster Hilfe« oder Maschinenreparatur die Magersche Lernzielbeschreibung mitsamt der daraus folgenden Lernorganisation als völlig adäquat ansehe. Was aber wird aus dem Unterricht in unseren öffentlichen Bildungsinstituten, wenn diese behaviouristische Auffassung der Ziele und Organisationsformen des Lernens allgemeine Geltung erlangte? Der Absicht nach würden aus den Schulen, soweit sie Lehrinhalte und Lernziele verordnen, Institute zur normierten Menschenformung werden. Die Sprache, die von den Anhängern dieser Auffassung vom Lernen gesprochen wird, ist unzweideutig: »das Endverhalten, das der Schüler erreichen *soll!«*

Nach all dem Bisherigen ist nunmehr die bisher zurückgestellte Frage in ihrem Ernst und in ihrer Dringlichkeit zu begreifen: Wer bestimmt das normierte Endverhalten, das der Schüler erreichen soll und zu dem er sachte und unausweichlich hingeführt wird? Heute wird doch von den Bildungsplanern, den Curriculumleuten an vielen Orten mit Eifer, wenn auch mit zweifelhaftem Erfolg, an Curricula von sehr viel größerer Genauigkeit gearbeitet, als bisherige Lehrpläne sie haben. Es geht ein mächtiger Trend dahin, den Unterricht für die öffentlichen Schulen zentral bis ins Detail zu planen. Die Ziele werden abgeleitet von typischen Lebenssituationen, denen die späteren Schulentlassenen vermutlich ausgeliefert sein werden. Wenn man nun die Qualifikationen, die zum Bestehen der vorausgesehenen Situationen erforderlich zu sein scheinen, als Verhaltensweisen definiert, dann ergibt sich hier ein großes System zentral gesteuerter Anpassung an Verhaltensmodelle, die von Expertengremien für die nachwachsende Generation entworfen werden und denen diese entsprechen soll.

Dieses »*Soll*« wird z. T. unumwunden ausgesprochen, z. B. in der 1969 erschienenen »Technik der Lernplanung« von Christine Möller. Sie stellt sich vor, daß die Lernziele, die in einem Staat gelten sollen, von einem Expertengremium ermittelt werden. Dieses stellt zunächst fest, welches die in diesem Staate »vorherrschende Weltanschauung« ist. Nach Frau Möllers Meinung läßt sich das empirisch feststellen. Das Gremium ist selbst weltanschaulich völlig neutral. Es orientiert sich für seine Lernplanung an der vermeintlich ermittelten, in dem jeweiligen Staat »vorherrschenden Weltanschauung« und unterwirft alles diesem Prinzip, durchaus in dem eingangs gekennzeichneten totalitären Sinne. In dem Staat Österreich, den Frau Möller als Beispiel wählt, findet sie in einem freilich fragwürdigen Verfahren als »vorherrschende Weltanschauung« die Maxime vor: »Fortschreitendes Wohlergehen in körperlicher und psychischer Hinsicht im Diesseits«. Lernziele müssen nach ihrer Meinung operationalisiert sein. Daher resultiert, wenn man es genau nimmt, eine totalitäre Verhaltenssteuerung als Sinn einer nationalen Lernplanung. Das zitierte, der Bevölkerung Österreichs unterstellte schwachsinnige oberste Richtziel der Erziehung und die scheinwissenschaftliche Simplizität der Darstellung bringen dem Buch einen bemerkenswerten publizistischen Erfolg ein.

Seriös sind die Arbeiten aus dem Berliner Curriculum-Team, dessen Programm die 1968 erschienene Schrift von Saul B. Robinsohn ist: »Bildungsreform als Revision des Curriculum«. Auch hier ist aber ein totalitärer Trend unverkennbar. Doris Knab, Mitarbeiterin dieses Teams, geht in einem 1969 in der »Neuen Sammlung« erschienenen Aufsatz von einer vermeintlichen Not der Lehrerschaft aus, die eine zentrale Curriculumforschung und -Revision notwendig mache. Indem sie an die 1963 veröffentlichten nordrhein-westfälischen Richtlinien für den Unterricht in den Höheren Schulen anknüpft, bemängelt sie, daß der Lehrer durch solche Richtlinien bei seinen wichtigsten Aufgaben allein gelassen werde. Allein gelassen wird hiernach der Lehrer in sieben Hinsichten:

1. Ihm werden keine Gesichtspunkte gegeben für die Auswahl unter den angegebenen Themen.
2. Er weiß nicht, nach welchen Prinzipien diese Themen verknüpft sind.
3. Unbekannt ist, welche Rolle bei der Themenauswahl und -verknüpfung lernpsychologische und entwicklungspsychologische Prinzipien gespielt haben.
4. Der Lehrer kann den Richtlinien nicht entnehmen, welche Rolle dabei »unmittelbare Anforderungen dessen, was man ›das Leben‹ nennt«, gespielt haben.
5. Offen bleibt »der Beitrag des jeweiligen Faches zur Gesamtaufgabe der Schule«.
6. Auf die Frage: »Wie ist die Gesamtaufgabe selber begründet?« geben die Richtlinien keine Antwort.
7. Die Lernziele der Richtlinien lassen die Frage offen: »Wie soll festgestellt werden, ob ein so vages Ziel erreicht ist?«

Die Situation des Lehrers angesichts dieser von den Richtlinien offen gelassenen Fragen wird mit folgenden Worten gekennzeichnet:

»So ist er alleingelassen bei seiner wichtigsten Aufgabe: den für seine jeweiligen Schüler besten Weg zum Ziel auszuwählen. Er hat eine Freiheit, die ihm nichts nützt, die er wahrnimmt, ohne seine Entscheidungen wirklich überprüfen zu können«.

Was solcherart den Lehrern fehlt, will ihnen das zu schaffende Curriculum geben: »Ein Gefüge genau definierter Lernerfahrungen, von denen genau definierte qualifizierende Wirkungen zu erwarten sind.«

Wie im einzelnen Curricula zu erarbeiten sind, ist hier nicht zu berichten. Es genügt zu wissen, daß die anerkannt wichtigsten Aufgaben des Lehrers ihm von einer Entscheidungsinstanz abgenommen werden. Dieser Entscheidungsinstanz kann jeder Grad von Kompetenz im voraus zugebilligt werden. Jedenfalls nimmt sie dem Lehrer die Freiheit, die ihm angeblich nichts nützt, wieder ab. Es war die Freiheit und die Verpflichtung, unter dem inhaltlichen Angebot der Richtlinien zu wählen, den Sinnzusammenhang und die Konsequenz der den Schülern zu vermittelnden Lernerfahrungen zu durchdenken, den Bezug auf

»das Leben«, in dessen Dramatik die Schüler und auch er selbst einbezogen sind, zu suchen; es war die berühmte »Freiheit der Methode«. Man darf nicht vergessen, daß die Freiheit des Lehrers beim Lösen dieser Aufgaben auch die Freiheit der Schüler ermöglicht, an Sinngebung, Akzentuierung und Gestaltung des Unterrichts nach Maßgabe der von ihnen eingebrachten Fragen, Interessen, Einstellungen mitzuwirken. So wenig, wie angeblich den Lehrern die Richtlinien-Freiheit nützt, nützt sie folglich auch den Schülern.

Was tauschen die Lehrer und ebenso die Schüler ein für die ihnen abgenommene Freiheit? Ein »Gefüge genau definierter Lernerfahrungen« ist, abgesehen von der zu fordernden Offenheit für ungeplante Lernerfahrungen, in seinem Wert abhängig von der Qualität der Lernziele. Lernziele werden in diesem Curriculum-Konzept »Qualifikationen« genannt, die die Schüler befähigen sollen, den Anforderungen künftiger typischer Lebenssituationen gewachsen zu sein. Demgemäß ist die grundlegende Aufgabe dieser Curriculum-Entwicklung, Analysen solcher Situationen zu erarbeiten. Der Wert des ganzen Projektes hängt an dem Gelingen solcher Situationsanalysen. Leider liegt bisher keine den Ansprüchen des Projektes entsprechende Situationsanalyse vor. Ob eine solche, die ja prognostische Sicherheit gewährleisten muß, je erscheinen wird, dürfte ungewiß sein. Wenn wir uns aber vorstellen, daß eine hinreichende Zahl solcher prognostischer Situationsanalysen, durch Teams kompetenter Wissenschaftler verschiedener Provenienz erarbeitet, vorläge und daß sich mit hinreichender Sicherheit Qualifikationen (= Lernzielen) daraus hätten ableiten lassen, dann wäre doch der Gewinn zweifelhaft. Es ist ja beabsichtigt, ein Instrument zentraler, umfassender und verbindlicher Lernplanung darauf aufzubauen.

Anders wäre es, wenn die geplanten Arbeitsgruppen Situationsanalysen, Qualifikationsbeschreibungen, Curricula verschiedener und auch alternativer Art veröffentlichten und alles der Diskussion, Aneignung, Auswertung durch die Lehrer überließen. Brauchen könnten die Lehrer vieles der Art, wie sie ja auch jetzt schon von dem Angebot der Wissenschaften Gebrauch machen, sofern es sie nicht zu bevormunden droht oder sie überhaupt als unmündig beiseite setzt.

Entscheidend ist, welche Rolle dem Schüler zugewiesen wird. Wird er nicht auch hier, wenn auch auf andere Weise als in der Sicht der Behaviouristen, als verfügbar gedacht? Es ist zuzugeben: in einem entsprechend autoritären Staat *sind* Schüler programmierbar und im Ergebnis verfügbar. Aber man muß sich doch fragen, selbst bei den sich häufenden Zeichen der Verwilderung in den Schulen, ob die Konfrontation der Schüler öffentlicher Schulen mit verbindlichen detaillierten »Gefügen genau definierter Lernerfahrungen«, die von einer zentralen Instanz verordnet sind, sie wirklich selbständig macht und nicht vielmehr ihnen die, freilich ungeplante, Qualifikation der Verfügbarkeit vermittelt.

Der »Strukturplan für das Bildungswesen«, den die Bildungskommission im Deutschen Bildungsrat im Februar 1970 verabschiedet hat, zeichnet sich durch eine sorgfältige Ausgewogenheit all der Tendenzen aus, die sich im Bildungs-

40

wesen reformierend geltend machen. So heißt es auf S. 83/4: »Einige der heute als besonders wichtig angesehenen allgemeinen Lernziele sind: selbständiges und kritisches Denken, intellektuelle Beweglichkeit, kulturelle Aufgeschlossenheit, Ausdauer, Leistungsfreude, Sachlichkeit, Kooperationsfähigkeit, soziale Sensibilität, Verantwortungsbewußtsein und Fähigkeit zur Selbstverantwortung. Man sieht in solchen Formulierungen gern Leerformeln, die alles und nichts besagen, ohne zu bedenken, daß in ihnen die grundlegende Aufgabe aller Lernbemühungen zum Ausdruck kommt: den Lernenden zum mündigen Denken und Verhalten zu befähigen.«

Nur zwanzig Seiten zuvor findet sich aber eine Angabe über das, was vom Curriculum zu erwarten sein soll: »Durch das Curriculum werden außer Lernzielen und den Inhalten auch die jeweiligen Sequenzen und Lernschritte sowie die entsprechenden Methoden, Materialien und Unterrichtstechnologien bestimmt. Die Lernziele müssen kontrolliert werden.« (S. 62) *Verbal* vertragen sich diese Textstellen, unmittelbare Widersprüche sind nicht nachzuweisen. *Real* divergieren die Tendenzen, die sich hier aussprechen, oder sie laufen einander zuwider. Wenn man nicht nur Ziele sammeln und ordnen, sondern Lebenszusammenhänge erkennen und organisieren will, muß man die Spannungen und Widersprüche sichtbar machen, die auch nach Erscheinen des Strukturplanes noch virulent sind.

Durch welche Verfahren wird es nun möglich, die Entscheidung über die Auswahl der in Geltung zu setzenden Lernziele zu einem integrierten Bestandteil der Curriculum-Entwicklung selbst zu machen?

Hier setzt nun ein in Konstanz durch Flechsig, Garlichs, Haller, Heipcke, Schlösser entwickeltes Projekt an, das sich LOT-Projekt nennt. LOT bedeutet Lernziel-orientierte Tests. Es wird ein Verfahren gesucht, das das Entscheiden über in Geltung zu setzende Lernziele selbst zu einem wissenschaftlichen Verfahren macht und dessen Resultat kaum noch einen Entscheidungsakt erforderlich macht. »Es wird also darum gehen müssen, den Prozeß der Entscheidung über Lernziele den gleichen Postulaten nach kritischer Reflexion, empirischer Bewährung und theoretischer Modellbildung zu unterwerfen wie die Prozesse der Entwicklung neuer Lehrverfahren« (Flechsig u. a. in »Programmiertes Lernen« etc., 7. Jahrg., 1. Heft, S. 1).

Das LOT-Projekt sieht acht Phasen des Entscheidungsverfahrens vor:
1. Anlage von Lernzielbänken
2. Klassifikation der Lernziele
3. Herstellung spezieller Lernzielkataloge
4. Befragung relevanter Personenkreise an Hand der Kataloge
5. Information über sozio-kulturelle und anthropologisch-psychologische Bedingungen von Lernzielen
6. Aufbereitung der möglichen Erwartungen der Entscheidungsträger bezüglich der Konsequenzen der Lernzielentscheidungen

7. Entwicklung lernzielorientierter Testaufgaben

8. Simulation von Entscheidungsprozessen

Diese acht reichlich knapp bezeichneten Phasen des Entscheidungsprozesses über Lernziele bedürfen einiger Erläuterungen. Das Material für die Lernzielbänke gewinnt man, zunächst noch ohne kritische Auslese, aus Lehrplänen, Tests, didaktischer Literatur und aus Interviews mit Fachleuten. Man muß dann ein Klassifikationsschema zu entwickeln suchen, in das sich die gesammelten, in der Bank deponierten Lernziele eingliedern lassen. Für den Zweck einer Befragung z. B. über Lernziele des Französisch-Unterrichts muß ein spezieller Fragebogen ausgearbeitet werden. (Ein solcher Fragebogen mit 81 Items wurde von Flechsig u. a. tatsächlich an 2000 Personen versandt; die Ergebnisse der Auswertung liegen anscheinend noch nicht vor.) Die Fragen müssen so gefaßt sein, daß sich auch die Leitideen oder Präferenzen oder Rangordnungen im Sinne der befragten Personen entnehmen lassen.

Die nun durch Analysen der bezüglichen Literatur zu ermittelnden Informationen betreffen den Entwicklungsstand und die Bedürfnisse des Individuums, die Relevanz des Lernziels für die künftige Berufsrolle und den gesellschaftlichen Bedarf sowie seine Relevanz unter wissenschaftlichem Gesichtspunkt.

Es empfiehlt sich nun, die Erwartungen der Entscheidungträger bezüglich der Konsequenzen aus ihren Entscheidungen kategorial zu ordnen, z. B. was den zeitlichen und geldlichen Aufwand zur Erreichung der Lernziele betrifft oder deren Vereinbarkeit untereinander oder Abbau sozialer Vorurteile usw. Es geht hier darum, »die subjektiven Erwartungen der Entscheidungträger mit Hilfe solcher Klassifikationen zu organisieren und für die Kommunikation innerhalb des Gremiums aufzubereiten, nicht aber objektive Prognosen hinsichtlich der Wahrscheinlichkeit des Eintretens dieser Ereignisse zu stellen« (a. a. O. 28). Das alles sind vorbereitende Arbeiten, die dem Entscheidungsgremium geliefert werden. Die Entscheidung selbst sollte durch ein Gremium in Form eines gruppendynamischen Prozesses als Gruppendiskussion simuliert und protokolliert werden. Nun ist in dem LOT-Projekt vorgesehen, daß die Arbeit des Entscheidungsgremiums zunächst in Form dreier Werkstattseminare simuliert wird. Diese sollen parallel zueinander, aber ohne Kontakte untereinander, drei Wochen lang auf der Basis desselben Materials die Lernziele ermitteln. An Hand der Protokolle sollen dann Effekte, die sich aus der personalen Konstellation ergeben und in die Entscheidungen einwirken, erkannt und ausgeschieden werden.

Daß nun, in der nächsten Phase, die ermittelten Lernziele in die Form angemessener Testaufgaben umgewandelt werden sollen, hat den Sinn, ihnen allgemein einen höheren Präzisions- und zugleich Konkretionsgrad zu verleihen. Es handelt sich um die sogenannte Operationalisierung der Lernziele. Danach gilt als wirklich zulängliche Lernzielbeschreibung nur eine solche, die das beobachtbare und testbare Verhalten des Schülers, wie es aus dem Lernen resultiert, beschreibt.

Überblickt man die Aufgaben, die in diesem Modell von Flechsig u. a. durch verschiedene Personenkreise und mit verschiedenen Methoden gelöst werden sollen, so wird man gewahr, daß selbst ein einsam arbeitender Didaktiker, der eine Denkschrift über Lernziele der öffentlichen Schulen verfassen wollte, kaum eine dieser Aufgaben unberücksichtigt lassen würde. Er wird sich mit bisherigen Richtlinien für den Unterricht und der neueren Literatur auseinandersetzen, das Ermittelte klassifizieren und in eine Rangordnung bringen. Weiter wird er seine Vorschläge sowohl psychologisch begründen wie auch vor den beruflichen, politischen, sittlichen und staatlichen Gegebenheiten der Gegenwart und der vermuteten Zukunft rechtfertigen. Er wird sich auch Rechenschaft geben von den Möglichkeiten und Schwierigkeiten der Realisierung seiner Vorschläge, und die zu vermutenden Folgen solcher Realisierung wird er ständig in Gedanken durchspielen.

Im Grunde sind also in diesem LOT-Projekt keine neuen Blickrichtungen auf die Sache hin enthalten. Es wäre auch verwunderlich, wenn das der Fall wäre. Sind doch die Didaktiker bisher keineswegs gedankenlos gewesen, keineswegs gedankenloser als Flechsig und seine Mitarbeiter, die ja eben auch zunächst, beim Entwerfen des LOT-Projektes, relativ einsam nachdenkende Didaktiker sind.

Die Leistung dieses Projektes liegt anderswo. Es verteilt die vorbereitende Denkarbeit auf einen sehr großen Kreis von Personen. Es organisiert, vorbereitend und nachbereitend, deren Beiträge. Weiter organisiert es die Diskussion und Kritik dieser Beiträge. Dabei werden diese Beiträge immer wieder hierarchisch geordnet, und vermeintlich heterogene Elemente werden herausgefiltert. Schließlich werden die Befunde in die Aussageform eines einheitlichen sprachlichen und logischen Systems übersetzt: nämlich als Beschreibungen testbarer, kontrollierbarer Verhaltensformen.

Die Prinzipien, nach denen hier vorgegangen wird, sind immer noch erkennbar als Prinzipien, denen sich auch der einsam arbeitende Didaktiker verpflichtet wissen kann. Aber er kann allein nicht eine solche Fülle von Informationen herbeischaffen und verarbeiten. Er wird, auf die Sinneinheitlichkeit seiner Konzeption bedacht, mancherlei Gesichtspunkte außer Acht lassen, die innerhalb anderer Grundkonzeptionen große Wichtigkeit beanspruchen. So durchbricht das LOT-Projekt die Grenzen des Informationshorizontes und der individuellen Blickrichtungen. Es schafft eine Mannigfaltigkeit von Denksituationen. Es organisiert eine nach Möglichkeit vollständige Reihe von Untersuchungen, die zu einem gut abgesicherten Resultat zu führen geeignet scheinen.

In der »Begründung des Forschungsplanes zum LOT-Projekt« wird die Absicht geäußert, »den Prozeß der Entscheidung über Lernziele in der gleichen Weise empirisch zu überprüfen und rational zu gestalten wie die Lehrverfahren, mit deren Hilfe die Lernziele realisiert werden sollen« (S. 1). An diesem Vorsatz ist das LOT-Projekt zu prüfen. Ist es rational gestaltet? Ja, in doppelter

Hinsicht. Es stellt einen folgerichtig konstruierten Arbeitsgang dar, wobei nur anzumerken ist, daß es natürlich auch andere rationale Gestaltungen der auf die Ermittlung und Definition von Lernzielen gerichteten Arbeit geben kann. Das Projekt ist zweitens insofern rational gestaltet, als es für jedes in die Entscheidung eingehende inhaltliche Element einen im Rahmen bestimmter Gruppen durchsichtig und einsichtig gemachten Begründungszusammenhang fordert.

Es war in den zitierten programmatischen Sätzen die Rede von »empirischer Begründung« und »empirischer Bewährung« der Entscheidungsprozesse. Worauf bezog sich hier die Empirie? Welches war hier das Tatsachenfeld, über das in methodisch instumentierter Erfahrung Aufschlüsse gesucht wurden? Es waren Ideen, Vorstellungen, Meinungen eines ausgewählten, breiten Personenkreises über Lernziele. Es wurden nicht gesucht in wissenschaftlicher Empirie gesicherte Aufschlüsse über die tatsächliche Funktion und die tatsächlichen Wirkungen von imperativen Lernzielen innerhalb tatsächlich abgelaufener Lehrgänge und anschließender Lebensgänge. Es wurde auch nicht gefragt nach dem Verhältnis von exogenen, also von der Schule *gesetzten* Lernzielen zu endogenen, also von realen Schülern *selbst konzipierten* oder adoptierten Lernzielen. Nicht nach immerhin auch empirisch zugänglichen *Realitäten* wurde gefragt, sondern nach *Meinungen* über solche Realitäten.

Nun ist das Ziel dieser Arbeitsgruppe ein System von Lernzielen, d. h., da ihr nur operationalisierte Lernziele Genüge leisten, eine Reihe von »erwünschten Verhaltensweisen derjenigen Personen, die einen bestimmten Lernprozeß durchlaufen sollen« (S. 18). Wenn man dieses Ziel der Arbeitsgruppe ins Auge faßt, wird es doch recht problematisch, ob der eingeschlagene Weg das Ziel erreichen läßt. Kann man durch Sammlung und Klassifikation von Lernzielen, durch ihre Begutachtung durch mehrere Personenkreise, durch Orientierung an derzeit anerkannten wissenschaftlichen Lehren zu »erwünschten Verhaltensweisen« gelangen? Man darf nicht über das Wort »erwünscht« hinweggleiten. Es ist für das ganze Unternehmen entscheidend. Lernziele sind nicht einfach Verhaltensweisen oder Endverhaltensweisen, sondern nur »erwünschte« Verhaltensweisen. Nun gibt es schwerlich etwas, was an und für sich erwünscht ist. Es gehören immer wünschende Subjekte dazu. Wo erscheinen in dem zu erwartenden Resultat der Untersuchung des LOT-Projektes die wünschenden Subjekte? Sie werden herausgefiltert und sollen vergessen werden. Daß mit dem Vergessen der wünschenden Subjekte auch die Erwünschtheit der von ihnen angegebenen Verhaltensweisen verschwindet, übersieht das LOT-Projekt. Es begnügt sich einstweilen mit der Fiktion, als sei die Erwünschtheit eine Eigenschaft der katalogisierten Verhaltensweisen.

Erst wenn der Ernstfall gegeben wäre, also die wirkliche Entscheidungssituation, würde die Selbsttäuschung der Projektgruppe nicht mehr möglich sein. Aber der Ernstfall ist bei solchen Projekten in weiter Ferne. Verhaltensweisen werden am Ende ermittelt sein, und jede wird irgendwann von irgendjemandem als erwünscht beurteilt worden sein. Aber andere Verhaltensweisen sind als nunmehr nicht mehr erwünscht ausgeschieden worden. Wer hat diese Auslese vollzogen? Zunächst die Hersteller des Befragungsbogens (81 Items). Dann die 2000 Befragten. Deren das Endverhalten der Schüler betreffenden Wünsche werden kritisch ausgelesen oder verworfen an Hand der aus zeitgenössischen wirtschaftlichen, gesellschaftlichen und wissenschaftlichen Befunden entnommenen Kriterien durch die Projekt-Gruppe. Diese bringt dann die weiteren Gesichtspunkte hinzu, die sich aus den Fragen nach der Realisierbarkeit ergeben. Tatsächlich wird bis zu dieser Phase des Arbeitsganges die Projekt-Gruppe es sein, die die erwünschten Verhaltensweisen von den unerwünschten sondert, die also ihrerseits artikuliert, was ihr erwünscht scheint. Sie hat aber alle Anstrengungen gemacht, nicht als Gruppe wünschender Subjekte in Erscheinung zu treten und auch wirklich nicht eine solche Gruppe zu sein. Statt subjektiver Wünsche hat sie ein Verfahren zur Wirksamkeit gebracht, das die subjektiven Wünsche von u. a. 200 Subjekten in berechtigte und unberechtigte Wünsche sortiert. Aber wenn die Projekt-Gruppe schon nicht affektiv an den Ergebnissen des Verfahrens beteiligt sein will, so trägt sie doch an der Verantwortung für das Verfahren und seine Resultate mit. Um diese Verantwortung wiederum loszuwerden, übergibt sie die weitere kritische Verarbeitung der vorläufigen Resultate an die erwähnten Werkstattseminare, in denen die Arbeit des Entscheidungsgremiums simuliert wird. Die Projekt-Gruppe wiederum wird die Resultate der Werkstattseminare entsubjektivieren, also sie wieder einer Selektion unterwerfen, aber die Verantwortung erneut weitergeben, diesmal an das Entscheidungsgremium.

Es dürfte nicht ungerecht sein, wenn man das LOT-Projekt in der Richtung charakterisiert, daß es Entscheidungsprozesse einem anderweitig geübten wissenschaftlichen Verfahren unterwirft, sich selbst aber als wissenschaftliches Projekt nicht genügend der geforderten kritischen Reflexion unterwirft. Das macht sich besonders bei der Frage geltend, wie weit Wünsche, Wertungen, Entscheidungen, statt nur vergegenständlicht und rational durchschaubar gemacht zu sein, insgeheim bei dem Prozeß der Vergegenständlichung doch schon mit im Spiel sind. Vielleicht läßt sich das bei einer Untersuchung, die auf Ziele, gewünschte Verhaltensweisen aus ist, gar nicht umgehen. Ein Fehler wäre es dann nur, wenn man sich die in der Methode investierten Vorentscheidungen über die gesuchten Ziele selbst verbirgt.

Die bisher geltend gemachten Bedenken betreffen die von mir vermutete Vergeblichkeit des LOT-Unternehmens. Sie brauchen nicht zu einer Abwertung des Projektes in seiner theoretischen Gestalt zu führen, da es ja die kritische Reflexion herausfordert. Anders ist es mit einigen in das Projekt eingegangenen Vorentscheidungen, die keineswegs als so selbstverständlich hingenommen werden können, wie sie sich in dem Projekt geben.

Bei der ersten dieser Vorentscheidungen handelt es sich um die Verbindlichkeit der zu ermittelnden Lernziele. Dazu folgende Definition des Begriffs der Lernziele: »Es handelt sich bei Lernzielen primär um Aussagen über Zielvorstellungen menschlicher Individuen, d. h. um mehr oder weniger klare Vorstellungen über erwünschte Verhaltensweisen derjenigen Personen, die einen bestimmten Lernprozeß durchlaufen sollen« (S. 18). Es handelt sich also um Lernprozesse, die Schüler durchlaufen »sollen«. Lernprozesse sind nicht identisch mit Lehrveranstaltungen oder Kursen, an denen teilzunehmen zur Pflicht, zu einem Soll gemacht werden kann. Vielmehr sind es Prozesse, in denen man sich verändert. Es ist keineswegs selbstverständlich, daß mit der Pflicht, an Lehrveranstaltungen teilzunehmen, auch die Pflicht verbunden ist, sich in einer bestimmten Weise zu verändern. Bei einer bestimmten, durchaus zielgerichteten Lehrveranstaltung kann die Weise, sich zu verändern, der Lern-Prozeß also, sehr verschieden sein und von der lernenden Person wesentlich mitbestimmt werden. Man muß schon sehr stark in unterrichtstechnologischen Vorstellungen befangen sein, wenn man vergißt, daß Lernprozesse, vergleichbar physiologischen Prozessen, nur zum geringen Teil einer exogenen Sollensbestimmung unterworfen werden *können*.

Hier nun sollen nicht nur »bestimmte« Lernprozesse durchlaufen, sondern auch bestimmte Verhaltensweisen angeeignet werden, Verhaltensweisen, die anderen Personen als den Lernenden »erwünscht« sind. Wer diese anderen Personen, diese »menschlichen Individuen« sind, bleibt hier offen. Das LOT-Projekt gedenkt, wie wir wissen, die Zielvorstellungen eines breiten Personenkreises zu berücksichtigen. Nur *ein* Personenkreis bleibt unberücksichtigt: die Schüler. Damit wird über ein zentrales unterrichtsmethodisches Problem beiläufig eine gravierende Vorentscheidung getroffen. Das Problem war und ist, wie Schüler in öffentlichen Schulen, in behördlich verordnetem Unterricht dafür gewonnen werden können, daß ihr Lernen den Charakter eines individualisierten, wenigstens teilweise spontanen Prozesses annimmt, daß diese Lernprozesse mit je eigenen Zielvorstellungen sich verbinden und daß die Verhaltensweisen, zu denen das Lernen befähigt und in denen es sich äußerlich realisiert, Ergebnisse personaler Selbstbestimmung sind.

Ein Angehöriger der LOT-Gruppe würde mich jetzt sicher schonend darauf aufmerksam machen, daß wir aneinander vorbeiredeten. Sie hätten nichts gegen eine individualisierte Verwendung der im Lernprozeß angeeigneten zunächst für alle Beteiligten gleichen Verhaltensweisen.

Wir reden nicht aneinander vorbei. Im ganzen LOT-Projekt kommen Schüler nicht vor als, wenn auch nur simulierend, Befragte. Die Lernziele, und zwar die in erwünschten Verhaltensweisen operational definierten Lernziele sind fertig, bevor das Lernen beginnt. Das erfordert ja auch die rationale Organisation der Lernprozesse. Die Lernorganisation wird nicht gedacht als für die Mitwirkung der Schüler kraft Aktualisierung ihres Interesses und Erweiterung ihres Problemhorizontes offene Lernorganisation.

Wenn auch die Chancen nicht groß sein dürften, daß das LOT-Projekt über die bereits im Gang befindliche Fragebogenbearbeitung hinaus realisiert wird, so ist es uns doch wertvoll als Zeugnis für eine heute weit verbreitete Vorstellung, wie man durch Verfahren empirischer Ermittlung und rationaler Konstruktion zu Lernzielen gelangen kann, die durch einen Entscheidungsträger in allgemeine Geltung zu setzen wären.

Ich hebe zusammenfassend hervor:

1. In den drei erwähnten Entwürfen ist ein unausgesprochener Entwurf von Schule enthalten, wonach die kontrollierbare Effektivität in Form operationalisierter Lernergebnisse größer als bisher werden dürfte — wenn Schüler und Lehrer mitmachen, wonach aber zugleich Schüler und Lehrer im Unterricht wesentlich *entmündigt* werden.

2. Die drei erwähnten Entwürfe zur Erstellung von Curricula gehen von dem Vorurteil aus, daß den Lehrern in der Regel die Einführung von verpflichtenden operationalisierten Lernzielen, also von anzueignenden Endverhaltensweisen, und von entsprechend vorgefertigten Lernwegen willkommen sein wird. Auf den Gedanken, dieses Vorurteil einer empirischen Bewährung zu unterziehen oder es zu falsifizieren, sind alle drei Entwürfe, trotz vorgesehener aufwendiger Untersuchungsreihen anderer Art, überhaupt nicht gekommen.

3. Die drei erwähnten Entwürfe kennen Lernziele nur als Ziele, die die Schüler erreichen *sollen*. Bei der Festsetzung dieses Sollens werden Schüler nicht als Mitwirkende gedacht, wenngleich ihnen z. T. alternative Sequenzen von Lernerfahrungen mit Sollens-Qualität zur Auswahl angeboten werden. Aus den überhaupt auffindbaren Lernzielen werden die »erwünschten« ausgelesen. Als wünschende Subjekte, denen die Lernziele erwünscht sind, werden ausschließlich Nicht-Schüler gedacht. Auf den Gedanken, Schüler als wünschende Subjekte, nicht nur als zu motivierende Subjekte, bei der Auswahl der wünschenswerten Lernziele in Betracht zu ziehen, sind die Mitglieder der Projekt-Gruppen anscheinend nicht gekommen.

4. Unterricht und Lernen machen ein sehr großes Stück unserer alltäglichen Wirklichkeit aus für Millionen von Schülern und Hunderttausende von Lehrern. Diese aktuell geschehende Wirklichkeit mit ihren Vergeblichkeiten, Mühen und Erfolgen, mit ihren lebenslangen Wirkungen, mit ihren mißlingenden, aber auch gelingenden Versuchen, die den Schülern vorschwebenden und die ihnen verordneten Lernziele in Übereinstimmung zu bringen, ist für die erwähnten Lernzielforscher der Untersuchung *nicht* wert. Sie setzen ihre Entwürfe nicht in theoretische Beziehung zu den Faktoren und Aspekten dieser auch in Zukunft eigenwilligen lebendigen Wirklichkeit. Das Instrumentarium empirischer Datenerhebung bleibt gegenüber diesem Erfahrungsfeld unbenutzt. Von großer Wichtigkeit wäre die Beantwortung folgender Fragen: Welches Meinungsbild ergibt sich in der Lehrerschaft über das größere oder geringere Maß methodischer Freiheit? Welche Erfahrungen haben Lehrer damit? Sind im Schulunterricht die differenten langfristigen Wirkungen von vorgefertigten »Gefügen genau

definierter Lernerfahrungen« und von »offenen«, durch die Mitwirkung von Schülern und Lehrern in ihrer Zielrichtung und ihrem Ablauf definierten Gefügen von Lernerfahrungen erprobt und untersucht worden? (Ich weise in diesem Zusammenhang auf die Bandprotokolle hin, die in dem Buch »Kreativität im Unterricht« von G. Massialas und I. Zevin 1969 dargeboten werden.) Welches sind die in den Schulunterricht eingebrachten Erwartungen, Interessen und zunächst noch ungeklärten Lernziel-Vorstellungen der Schüler in verschiedenen Lebensphasen? Wenn diese Fragen und weitere Fragen dieser Art nicht von jener Forschung aufgegriffen werden, die den Wert der Forschungsergebnisse geradezu von dem Einsatz im engeren Sinne empirischer Methoden abhängen läßt, dann setzt sie sich dem Verdacht aus, die von ihr ermittelten Lernziele im Dienste einseitiger Interessen ausgewählt zu haben.

Im Blick auf mögliche Fehlentscheidungen über Lernziele und auf sicher eintretende, aber unvorhersehbare Wandlungen der gesellschaftlichen Verhältnisse halten Lernplanungstechniker, Lernzielermittler und Curriculumkonstrukteure immer den Trost bereit, daß ja eine permanente Revision auf Grund der Rückmeldungen aus der Unterrichtswirklichkeit vorgesehen sei. Abgesehen davon, daß keine Schulverwaltung der damit verbundenen Aufgabe gewachsen wäre, verbietet doch das gedankliche Modell von »Gefügen genau definierter Lernerfahrungen« auf Grund von genau operational definierten Lernzielen die Revision, solange die jeweiligen Ziele nicht erreicht sind. Das braucht jetzt nicht genauer erörtert zu werden.

Für den gegenwärtigen Gedankenzusammenhang aber ist von grundlegender Bedeutung die Tatsache, daß die Revision von Lernzielen und Curricula auf Grund von Erfahrungen der im Unterricht handelnden Personen wiederum irgendeiner Experteninstanz vorbehalten bleibt. Den im Unterricht handelnden, Lehr- und Lernerfahrungen machenden Personen wird nur die Rückmeldung, das kybernetische »feed back« zugebilligt. Die Regulation geschieht dann wieder zu gegebener Zeit von außen, oder genauer: von oben, und zwar zentral, einheitlich für den großen Kreis der curricular Betreuten.

Nun ist seit Anfang dieses Jahrhunderts unendliche Mühe darauf verwandt worden, Unterrichtsformen zu entwickeln, bei denen Rückmeldung und Revision, um diese groben Ausdrücke beizubehalten, zum Unterrichtsgeschehen, zu den Lernerfahrungen selbst gehören. Diese Form des Unterrichts ist auch nicht untergegangen.

Aber heute wird viel Mühe darauf verwandt, Rückmeldung und Revision wieder aus dem Unterricht herauszunehmen und sie wie auch immer zusammengesetzten und legitimierten Instanzen zu übergeben zugunsten eines »Totalentwurfs des für unsere Gesellschaft Lehr- und Lernwürdigen« und entsprechend verordneter Lernziele.

Es ist nun zum Schluß noch zu bedenken, welche großen Tendenzen in der Gegenwart die Versuche begünstigen, Lernziele durch Ermittlungstechniken oder wissenschaftliche Verfahren zu gewinnen, sie zu differenzieren bis ins Detail und Lernpläne oder Curricula daraus zu machen mit totalitärem Anspruch. Begünstigt werden diese Versuche durch die Notwendigkeit, in der Bildungspolitik weitschauend zu planen. Planungen sollen sich auf berechenbare Effektivität stützen. Sie sollen auch Probleme auffangen, die sich aus dem Massenandrang im Bildungswesen ergeben und aus der um sich greifenden Schülerrebellion. Es könnte sein, daß Angst vor den unberechenbaren Emotionen an der Basis der Bildungseinrichtungen mitspielt und die Hoffnung, diese Emotionen durch straffe und unausweichliche Lern- und Studienordnungen zu disziplinieren. Wenn man auch Angst als Handlungsmotiv nicht gutheißen will, so sollte man doch an der Sorge um diese Gefahren teilnehmen. Aber diese Sorge umgreift auch die Hoffnungen und Enttäuschungen der lernenden Jugend, die sich ihre Ziele nicht durch vorgeschriebene Ziele verdecken lassen will. In dem von Horst Rumpf 1971 herausgegebenen Buch mit dem Titel »Schulwissen« findet sich ein Schülerflugblatt von 1969, in dem es heißt: »Immer noch dürfen Schüler nicht mitbestimmen, was und wie unterrichtet wird.« Wir Pädagogen wissen, daß solche Mitbestimmung von führenden Pädagogen von Gaudig bis Wagenschein geradezu als das Ziel ihrer Arbeit am Unterrichtsstil und an der Unterrichtsmethodik betrachtet wird und daß vielen Lehrern unauffällig gelingt, dieses Ziel zu erreichen. Nur wenn der Unterricht dauernd als Fremdbestimmung durch obrigkeitlich verordnete Lernziele erlebt wird, kommt es zu der Forderung nach formalisierter scheindemokratischer Mitbestimmung, die den dialogischen Charakter von Lehren und Lernen verdirbt. Wir wissen zugleich, daß ein innengesteuertes Lernen nicht jedermanns Sache, nicht jeden Schülers wie jeden Lehrers Sache ist. Daß aber Lernzielforscher und Lernzielmanager das Lernen und Lehren nur als außengesteuertes zu verordneten Zielen hin einrichten wollen, ist verhängnisvoll. Sie bieten zwar dreierlei Trost an: eine Anzahl von Unterrichtsstunden zu freier Disposition, eine Überlassung einiger Feinzielarbeit an den Lehrer, eine nachträgliche Rückmeldung über Erfahrungen mit Lernplänen. Das alles betrifft aber nicht den Kern der Sache: nämlich das Zusammenwirken von Lehrern, Schülern und Lehrplänen beim Suchen und Finden von Lernzielen, aber auch beim Einbringen von ungezielten Lern- und Denkerfahrungen.

Die Liberalisierung außerunterrichtlicher Bereiche der Schule gleicht den Fortschritt in der Entmündigung der Lehrer und Schüler nicht aus.

Daß die Lehrer weithin diesen Vorgang unbeachtet lassen, liegt einerseits daran, daß sie bei den gegenwärtigen Auflösungserscheinungen in den Schulen von ihren Behörden oft alleingelassen, also mehr als bisher mit Aufgaben der äußeren Ermöglichung von Unterricht überhaupt belastet werden. Andererseits liegt es daran, daß die Lehrer den Bildungsfeuilletonisten und Pseudo-Erziehungswissenschaftlern ihre Arroganz dadurch heimzahlen, daß sie deren publizistische Erzeugnisse nicht lesen.

Um so mehr Grund für diejenigen, die diese Vorgänge beobachten, auf die Gefahr hinzuweisen, daß alle jene Unterrichtsformen zugrundegehen, die eine weitgehende Entscheidungsfreiheit und geistige Produktivität des Lehrers zur Voraussetzung haben; weiterhin aber auch die erreichbaren Lehrer aufzufordern, Entscheidungskompetenzen in den für ihre Berufsarbeit relevanten Fragen zu beanspruchen und zu betätigen und ihre teils nur verbale, teils theoretisch vorbereitete und geplante Entmündigung nicht hinzunehmen, um der Schuljugend willen nicht und um ihrer selbst willen nicht.

Werner S. Nicklis

Curriculumforschung im Karussell
methodologischer Vorerwägungen

1. Flüchtiger Blick in das pädagogische Planetarium

Die zwischen den beiden Weltkriegen immer wieder erörterte und nach 1945 im allgemeinen nur noch als pädagogikgeschichtliche Reminiszenz aufgenommene Frage nach der pädagogischen Autonomie hat *E. Spranger* bereits 1928 mit der Feststellung einer bloß »sekundären Autonomie« beantwortet (1). Hatte noch *J. Fr. Herbart* Pädagogik als »Mittelpunkt eines Forschungskreises« beschworen, die sich »so genau als möglich auf ihre einheimischen Begriffe« besinnt, »selbständiges Denken« kultiviert und sodann »nicht mehr Gefahr liefe, als entfernte, eroberte Provinz von einem Fremden aus regiert zu werden« (2), ist die jüngste Pädagogikgeschichte geradehin die Verwirklichung des *Herbart*schen Warnrufes und zugleich die Bestätigung für die Richtigkeit der *Spranger*schen Feststellung.

Die Pädagogikgeschichte der letzten 25 Jahre ist ein fortlaufender Kommentar zur wissenschaftlichen Eigenständigkeit der Pädagogik selbst. Ihr Bestreben ist, ganz in Übereinstimmung mit ihrem Altmeister *Herbart*, zur Erziehungswissenschaft zu werden; nur noch mit schamhafter Verhaltenheit und unverkennbar ungern sprechen Erziehungswissenschaftler von Pädagogik. Das ist Programm und Symptom zugleich. Auf der neuen Suche nach »einheimischen Begriffen« geriet so die neue Erziehungswissenschaft in den Sog so ziemlich aller wissenschaftstheoretischen Richtungen, und von einem »selbständigen Denken« kann um so weniger die Rede sein, je mehr sich die Erziehungswissenschaftler in die Bannmeile mehr oder weniger radikalisierter Positionen begaben.

Angesichts der flüchtigen literarischen Massenhaftigkeit, mit der in den letzten 20 Jahren pädagogische Hauptfragen behandelt wurden, ist *Herbarts* Programm immer noch — oder mehr denn je — unerfüllt. Daß Schule und Erziehung sich unter der betulichen Geschäftigkeit der neuen Erziehungswissenschaft auch grundständig gebessert hätten, wird niemand behaupten wollen, der in der Nähe der Sachen verblieben ist. Was sich als »Fortschritt« gibt, erweist sich bei Lichte besehen nicht selten als ein einfaches, unverbundenes, nicht immer sachlich motiviertes »Fortschreiten« von einer »Aktualität« zur anderen.

Es begann Anfang der fünfziger Jahre mit dem Gruppenunterricht; seine gruppendynamische Aufladung vollzieht sich soeben unter unseren Augen. Die eigentliche »Erfindung« des Jahrzehnts war sodann die Didaktik. Im Mittelpunkt der wenigstens noch ernsthaften Diskussion stehen: Das Exemplarische, das Elementare und das Kategoriale. Das bis heute nur in Ansätzen verwirklichte Programm der sogen. Fachdidaktiken (vor allem an den Pädagogischen Hochschulen) wird vorentworfen.

Von 1959 an tritt das Thema Schulreform in den Blickfang öffentlichen Interesses. Der Rahmenplan des Deutschen Ausschusses (1959) und die in seinem Gefolge erscheinenden Gegenpläne (Bremer, Mainzer Plan etc.) verlagern die pädagogische Diskussion deutlich erkennbar auf schulpolitische und - organisatorische Fragen. Parallel dazu erfolgt eine erste Rezeption der angloamerikanischen Lernpsychologie und -theorie, die ihrerseits sofort eine Umorientierung der Didaktikdiskussion bewirkte.

Die sechziger Jahre beginnen mit dem Zauberwort Kybernetische Pädagogik und Programmiertes Lernen. Fasziniert vernehmen Öffentlichkeit und Pädagogische Provinz die neuen Verheißungen; einige erwarten die alsbaldige Lösung aller pädagogischen Welträtsel. In breiter Front setzt eine Modernisierungsdiskussion ein. Die pädagogische Fachsprache wird mit Begriffen der Kybernetik und der in ihrem Gefolge auftretenden neuen Methoden (System-, Informations-, Entscheidungs- und Algorithmustheorie etc.) überschwemmt. Insbesondere »Kommunikation«, »Information« und »Verhalten« in allen nur denkbaren Verbindungen steigen in den Rang neuer pädagogischer Schlüsselbegriffe auf. Mit der kybernetischen Pädagogik erfährt die schon s. Z. mit neuen Reformplänen ins öffentliche Bewußtsein getretene Planungstendenz eine starke, nun selbst wissenschaftlich gerechtfertigte Aufwertung. Der logisch nicht zu vermittelnde Sprung von wissenschaftsgeleiteter Planung des Zweck-Mittelzusammenhangs (als Umkehr des Kausalnexus) zur unvermeidlich politischen Entscheidung über Ziele und Zwecke hat notwendig eine allgemeine Politisierung und Ideologisierung der Pädagogik zur Folge, die im Laufe der sechziger Jahre wie im Crescendo aus einem intensiven in ein extremes Stadium hinüberleitet; als Extensor läßt sich eine Literaturgruppe ausfindig machen, für die die Eindimensionalität und Verderbtheit des politökonomischen status quo eine ausgemachte Sache ist. Eine exponential ansteigende Reizwortproduktion erzeugt ihrerseits ein ideologisch hoch aufgeladenes Kraftfeld, in dem die Pädagogen, die zu ihrer Zeit anderes gelernt hatten, wie der buridanische Esel »verunsichert« mitten inne stehen. Das Wort von der »Zweiten Aufklärung« macht die Runde (der Erwachsenenbildner *Meissner* tut es so billig nicht und prägt, seiner Zeit weit voraus, bereits den Begriff »Dritte Aufklärung«). An die Postulate der Emanzipation und Mündigkeit in neuer politischer Akzentuierung angehängt breitet sich wie ein Prairiefeuer bei Karl May eine neomarxistische Welle aus. Politische Bildung schickt sich an, das Zentrum der Bildung überhaupt zu usurpieren; der politische Aspekt der Wissenschaft wird zu einem Leitprinzip schlechthin hochstilisiert.

Als ob die Menschen bis zu diesem Zeitpunkt trotz Psychoanalyse, Biologie und Psychotherapie sozusagen als geschlechtslose Wesen niemals über Triebe nachgedacht hätten, wird Sexualkunde zum Tummelplatz einer neuen Geschlechtserzieherklasse, für die nicht selten Orgasmus, Herrschaftsabbau und Demokratie zu einem gestaltlosen Erlösungsprogramm verschwimmen.

Vorschulerziehung und in ihrem Gefolge »Kompensatorische Erziehung«, »Sozialisation« und »Enkulturation«, auf jeden Fall wissenschaftlich klingend und als Sachverhalt auf den ersten Blick so leicht nicht zu durchschauen, werden gleichzeitig zum großen Ding des neuen pädagogischen Äons hochgejubelt. Die Großwortigkeit der Pädagogik erreicht einen ersten Höhepunkt. Die s. Z. von *B. Bernstein* schlicht soziolinguistisch gemeinte Unterscheidung von öffentlicher und formaler Sprache wird zum Organon der Kämpfer für gleiche Bildungschancen, über das sogleich und in Kürze ganze Bibliotheken entstehen. Das sozialutopische Denken, von der neomarxistischen Welle selbstbewußt getragen und jenseits der Notwendigkeit politischer Verantwortung philosophierend, vermählt sich mit kybernetisch inspirierter Futurologie, der die Gestalt des Prometheus als Vorlage dient. Der Gedanke gerät in Vergessenheit, daß alles, was ist, geworden ist und daß demnach auch die Zukunft aus ihrer Vergangenheit, der Gegenwart, hervorwächst. Die Wiederbelebung der marxistischen Überbau-Unterbau-Theorie erscheint in der Pädagogischen Provinz als favorisierte Bildungsökonomie, in der Lehrerbildung (Heimann 1967) als ideologiekritisches Trainingsprogramm. Ideologiekritik wird dabei rücksichtslos entlarvungspsychologisch auf fremde, nicht aber auf die eigene Position angewandt. Als erste Opfer dieser ideologiekritischen Hexenjagd müssen Lesebücher herhalten, aus denen nun alles verschwinden soll, »was kein Verstand der Verständigen sieht«.

Mit einer Phasenverschiebung von ca. 10 Jahren zeugt dann schließlich die Schulreform das Totalkonzept der Gesamtschule, auf Hochschulebene die Gesamthochschule und die um sie herum gelagerten Begriffe wie Hochschuldidaktik, Baukastenhochschule, team-work, team-teaching, Gruppendynamik etc. Alles dies zusammen ist auf den wohlklingenden Namen »Innovation« getauft; schon sind die Innovationstheoretiker am Werk zu zeigen, wie man solches gegen die Feinde des Besseren »rational« begründet und — »durchsetzt«.

Nichts spricht dafür, daß nun der platonisch-pädagogische Ideenhimmel leer ist, wenn auch die Parole: Jedermann ein Akademiker! schon nicht mehr neu ist. Die neuerliche, aber schon wieder abebbende Welle des »kreativen Denkens« und in ihrem Gefolge die Rehabilitierung der sogen. »divergenten Denker« (Guilford) schließt jedenfalls nicht aus, daß demnächst auch in Alteuropa das von *Illich* für Südamerika propagierte Modell der »Entschulung« als V_3-Waffe der geistigen Landesverteidigung gegen die Volksverdummung durch Schulen eingesetzt wird (2a). Was darüber hinaus in den nächsten Jahren, jenseits der katalytischen Funktion der sogen. »kritischen Theorie«, am pädagogischen Ideenhimmel an neuen Kometen erscheint, vermag, wie der von *Hentig*sche *Illich*-Kommentar zeigt, selbst die blühendste Phantasie nicht zu weissagen.

Welche Verwirrung, welches Maß an Gleichgültigkeit gegenüber jeder Form pädagogischer Theorie und wieviel Unsicherheit die Gleichzeitigkeit dieses Ideenkonvoluts in der Pädagogischen Provinz hinterlassen hat, ist nicht abzusehen; dies aber ist nicht Gegenstand dieser Studie. Wahrscheinlich müßte man dazu eine »Kritik der reinen pädagogischen Unvernunft« schreiben, um gleichzeitig auch die positiven Rückstände dieses Sammelsuriums aussondern zu können.

Unsere Aufmerksamkeit richtet sich vielmehr auf die seit 1967 zu hohen Ehren gelangte Curriculumforschung. Wir fragen nach ihrem Stellenwert angesichts der Positionsfülle, ihren Leistungen, gemessen an ihrem eigenen Anspruch, und nach ihrem Instrumentarium auf dem Hintergrund ihrer tatsächlichen Aufgaben (3). Leitend ist dabei der Verdacht, eine zentrale pädagogische Frage könnte erneut unter dem Titel eines zündenden Modeschlagers sehr schnell, wie so vieles, das die Gemüter der letzten 20 Jahre erhitzt hat, wieder in der Versenkung verschwinden, bevor noch die Problematik als solche überhaupt hinreichend umschrieben, geschweige denn gelöst ist. Als gravierendes Verdachtsmoment erweist sich dabei, wie auch sonst, die Sprechweise derer, die mit einem überanstrengten wirklichkeitskaschierenden Vokabular alles neu, besser, ja perfekt zu machen vorgeben, ohne dieses Versprechen je einlösen zu können. Hier zwei Beispiele für viele: »Sicher scheint bisher lediglich, daß die Konstruktvalidisierung wegen des Prozeßcharakters und der verschiedenen Bezugssysteme des Curriculums als umfassendes Modell nicht in Frage kommt und daß die stochastischen Test- bzw. Lernmodelle wegen ihres innercurricularen Referenzrahmens (Lernziele) die notwendige Validierung an Außenkriterien nicht leisten. Überdies bleibt ungeklärt, was diese Testitems messen, auch wenn sie sich (bezogen auf die übrigen Items des Sets) als konsistent erweisen. In dieser meßtheoretischen und semantischen Schwierigkeit liegt aber nicht nur das Problem der Evaluation, sondern ebenso das Problem der Lernziele und damit das Problem der Objektivität der Curriculumkonstruktion überhaupt.« Oder: »Um die angestrebten Informationen optimal zu erhalten, bedarf es auch der Erarbeitung einer Technologie der Evaluation, die zu einer Theorie und Methodologie der Evaluation hinzutritt. Diese müßte Elemente der psychometrischen Testtechnologie, der sozialwissenschaftlichen Erhebungstechnologie, der Kommunikationstechnologie und der Unterrichtstechnologie einschließen.«

Um diesen Begriffsnebel zu durchstoßen, sind im folgenden einige grundsätzliche Rückfragen notwendig.

2. Zur Topologie der Curriculumlandschaft

Eine Landschaft hat keine Geschichte, sie ist ihre Geschichte selbst; so auch die Curriculumlandschaft. Schränkt man »Curriculum« auf das Lehrgefüge ein — nur dafür sollte man den Ausdruck verwenden —, so stellt sich in ihm die Geschichte der Schule und über sie hinaus die Geschichte unserer Kultur dar (4). Jede geistige Bewegung, jede säkulare Herausforderung des Lebens hat in den Lehrplänen eine Schicht hinterlassen, wenn auch mit ganz unterschiedlichen Phasenverschiebungen. Dieser Ablagerungsvorgang läuft auch in der Gegenwart, mit und ohne Curriculumforschung weiter. Genau genommen, hat niemals eine Generation die schulische »Vorbereitung auf das Leben« erhalten, die heute Reformer als exakt Planbares auf ihre Fahne geschrieben haben. Schule im abendländischen Sinne blieb immer auf die Hoffnung verwiesen, der Schüler werde so oder so im Leben schon zurecht kommen. Große Lebensleistungen kommen nicht selten trotz der Schule zustande. Wenn »Erzogene über Erziehung« (*Hellpach*) sprechen, wissen sie darüber beredt zu berichten. Die Menschen, die nach dem 2. Weltkrieg buchstäblich aus Schutthalden zwischen die kompliziertesten Apparaturen stolperten, waren nach den Maßstäben der heutigen Schulkritik auf eine 2. industrielle Revolution schlecht vorbereitet. Wenigstens wird man einräumen müssen, daß die Schule ihre Lernfähigkeit nicht vernichtet hat. Jenseits der Schule gibt es demnach die Verspannnug von Herausforderung und Antwort. Wieviele große Kulturleistungen, wie immer man den dafür bezahlten Preis im ganzen beurteilt, entstanden, ohne daß die Schule ihre Träger je auf die Rolle des Kulturschöpfers vorbereitet hat? Wird man daraus den Schluß ziehen dürfen, daß »curriculare Innovationen« für die Lebensbewältigung bestenfalls den Charakter »flankierender Maßnahmen« haben, sofern Schule in ihrer Gesamtwirkung nur elementare Grundkategorien der Welt- und Selbstbemächtigung und einen wohldurchdachten Katalog elementarer Fertigkeiten zu vermitteln in der Lage war? In solche geistigen Grundrichtungen (5), wenn auch oft mit Grillen und vermeidbaren Härten, eingeführt zu haben, wird der vielgelästerten »alten Schule« (oder wie man heute herablassend zu sagen pflegt: Opas Schule) nicht streitig gemacht werden können. Die erstaunliche Plastizität der menschlichen Natur und die selbststeuernde Kraft des Lebens spotten, so möchte es scheinen, jeder »Kulturschwelle« (Gehlen), an der das Verhältnis von Schule und Leben als ungekannter Qualitätssprung immer wieder neu bestimmt werden muß. Demnach ist die Idee der Schule als »zubereitetes Leben« so alt wie die Schule selbst. Vielleicht hat gerade die nie vollends gelungene, weil nicht mögliche vollendete Zubereitung den geistigmoralischen Bizeps des Menschen vor Verkümmerung bewahrt.

Die Curriculumlandschaft hat bisher, wie eine natürliche Landschaft, nur auf Außen- und Binnenkräfte im Sinne einer Veränderung reagiert und zwar mit um so kürzerer Phasenverschiebung, je mehr wir uns der neuen und allerneuesten Schulgeschichte nähern: Auf den Umsturz der politischen Verhältnisse nach 1945 antwortete die Schule mit einer Verwandlung der seinerzeit von *Kerschensteiner* u. a. angestrebten Staatsbürgerkunde in eine politische Gemeinschaftskunde, die sich etwa von 1960 an immer mehr an dem Modell der sogen. Konfliktgesellschaft zu orientieren begann. Die fortschreitende Technisierung brachte zuerst Verkehrserziehung, dann 1960 über die Saarbrücker Rahmenvereinbarung eine größere Beachtung des naturwissenschaftlichen Unterrichts bei gleichzeitiger Einführung eines neuen Fächerwahlsystems in die Gymnasien ein. Auch für die anderen Schulformen wird mehr naturwissenschaftlicher Unterricht gefordert. In der Auseinandersetzung um die Verwirklichung der erwähnten Rahmenvereinbarung werden die schon eine Generation früher für und gegen das Abiturmonopol des humanistischen Gymnasiums ins Feld geführten Argumentationsreihen der Humanisten, Realisten und Utraquisten nahezu wörtlich wiederholt (6). Der offensichtlich schwer zu behebende Mangel an Lehrern für die naturwissenschaftlichen Fächer hat bisher eine Lösung des dringlichen Problems verhindert; inwieweit hier »Import« hilft, bleibt abzuwarten. Eine Begleiterscheinung dieser Auseinandersetzungen ist das alte Tauziehen um Rang und Wertigkeit der alten Sprachen und der endlose Disput um die Sprachenfolge und ihre Verzahnung und Zuordnung zwischen den zahllosen, oft schon von Bundesland zu Bundesland verschiedenen Gymnasialformen. Im verkleinerten Maßstab und unter den jeweiligen Bedingungen wird die gleiche Diskussion fortschreitend auch für Real- und Volksschule geführt.

Die mit erheblichem literarischen Aufwand liquidierte »volkstümliche Bildung«, die mit der Verkündung des geistigen »Endes der Volksschule« (*J. Muth*) endete, führte auf den Weg der Verwissenschaftlichung der allgemeinen, nach Schularten kaum mehr zu unterscheidenden Didaktik, nachdem schon in den fünfziger Jahren an die Stelle normierter Lehrpläne sogenannte »Richtlinien« getreten waren, die dem Lehrer ein bis dahin ungekanntes Maß pädagogischer Freiheit in der Auswahl, Anordnung und Vermittlung der Lehrgegenstände brachten. Diese Freiheit nicht voll genutzt zu haben, wird (z. B. bei *Robinsohn* u. a.) als Rechtfertigungsgrund der Curriculumforschung eingeführt. Die Tendenz zur Zurückholung des Normierungsgedankens ist unverkennbar. »Rahmenplan« (1959), »Bremer Plan« (1960) und die sie begleitenden zahllosen Alternativ- und Gegenpläne haben das ihre dazu beigetragen, die ohnehin anlaufenden Reformen und die sie unerkannt begleitenden Bewußtseinswandlungen mit der Vorstellung zu unterfüttern, daß Schulwandel zugleich einen grundständigen Wandel des Lehrgefüges einschließt. Jedenfalls fehlt in keinem Reformplan des Jahrzehnts der Schulreformpläne eine Erörterung dieses Gedankens. Im Mittelpunkt stehen dabei zumeist die erwähnten Fragen.

Folgerichtig wurde nun etwa von 1965 an auch die Grundschule in die Reformdiskussion hineingezogen, deren durch die Große Reichsschulkonferenz von 1920/21 geprägte Gestalt bisher mehr oder weniger unangefochten blieb.

Noch der Deutsche Ausschuß ging davon aus, daß die Grundschule ein im ganzen gut arbeitendes und in keiner Weise reformbedürftiges Gebilde ist. Nun aber wird auch hier das Lehrgefüge von Grund auf in Frage gestellt: Zuerst muß der Heimatkundeunterricht vor dem Tribunal der Entideologisierung erscheinen. In einer Art Zangenbewegung »entlarvten« ihn einerseits die Entmythologisierer als einen späten, über die Revolution geretteten Statthalter der Erziehung zur Anhänglichkeit an die angestammte Dynastie, an deren Stelle die neomarxistische Welle »die Herrschenden« setzt, andererseits möchte man ihn im Namen der allgemeinen »Verwissenschaftlichung des Lebens« durch (natur)wissenschaftliche Propädeutik ersetzen und durch Frühbeginn einer Fremdsprache (i. d. R. Englisch) anreichern. Die didaktische Resultante dieser Zangenbewegung äußert sich in der nun, von wenigen Ausnahmen abgesehen, einhelligen Fortschreibung des sogen. Gesamtunterrichts, den die Reichsschulkonferenz noch ausdrücklich als Schutzschild der kindlichen Eigenwelt gegen fortschreitende Lebensverzweckung entworfen hatte und der nun durch ein von den Wissenschaften, speziell den Naturwissenschaften her gedachtes parallelisiertes Lehrgangssystem ohne gestaltende didaktische Idee ersetzt werden sollte. Die inzwischen fortgeschrittene Selbstausprägung der sog. Fachdidaktiken (insbesondere an den Pädagogischen Hochschulen) und ihrer gleichzeitigen »Emanzipation« von herkömmlicher allgemeiner Didaktik und Pädagogik hat diese Gedankengänge nicht unerheblich befördert. Schon laufen Versuche, mit naturwissenschaftlicher Propädeutik bereits in der 1. Klasse und mit der ersten Fremdsprache bereits in der 3. Klasse zu beginnen, und die Forderung eines Lateinkurses in der Grundschule ist schon nicht mehr neu. Das »Absinken« der Mengenlehre in den Erstrechenunterricht ist bereits eine weithin akzeptierte, wenn auch keineswegs unumstrittene »Innovation«. Konkurrierende mathematische Entwürfe (Wittmann, Piaget, Fricke-Besuden, Dienes, Bourbaki u. a.) haben das bisher gesamtunterrichtlich strukturierte Lehrgefüge auch des Anfangsunterrichts ins Wanken gebracht und wetteifern um den Lorbeer der »Verwissenschaftlichung des Lebens« (7). Wie die Dinge liegen, ist auch bereits die Vorschulerziehung vor dieser Richtungsänderung keineswegs sicher. Mit der besonderen Hervorhebung der »akzelerierenden Instruktion« macht sich die Pädagogik bereits zum Schrittmacher einer neuen Evolutionsphase, die den homo sapiens als »Wissenswicht« (Sutherland) mit allen Konsequenzen in den Blick nimmt. Ein Wahrscheinlichkeitszusammenhang mit der gärenden Unruhe unter der Jugend ist nicht auszuschließen. Schließlich blieben Berufs- und Berufsfachschulen von der erwähnten Diskussion um das Lehrgefüge nicht unberührt (8). Ganze Bibliotheken zum Thema des Verhältnisses von Berufs- und Allgemeinbildung zeugen von dem Ringen um neue zeitgemäße Inhalte, das angesichts der vergleichsweise schnellen, durch Technologie und allgemeine Rationalisierung veranlaßten Wandlung der Berufsbilder und ihrer Sonderausprägungen zu einem Sorgenkind der Berufs- und Wirtschaftspädagogik geworden ist. Der Widerstreit zwischen dem Lehrgefüge der Schule und den Anforderungen der Industriegesellschaft hat hier an ganz unerwartetem Ort längst zu einem Verzicht auf vollkongruente Zubereitung des Lebens auf Lebensanforderungen geführt. Das Gegenstück zu dem erkennbaren Bestreben, der »Barbarei des Spezialistentums« (Ortega y Gasset) innerhalb des Wissenschaftsbetriebs mit einem »general scientist« zu begegnen, ist in der Berufspädagogik der Ruf nach Entspezialisierung. Im schnellen Panoramawechsel überkommener Berufsbilder und im — trotz Futurologie — unübersehbaren Gewoge horizontaler und vertikaler Mobilität gewinnt das Problem der »allgemeinen Bildung« (Joh. Schulze) ganz neue Aktualität. Über welches Lehrgefüge jene lebensnotwendig gewordenen biegsamen Denk- und Leistungsstrukturen zu erreichen sind, ist die einer Akademie durchaus würdige Preisfrage.

In diesem Zusammenhang rückt sodann die in den letzten Jahren in der Hauptschuldiskussion erörterte Arbeitslehre in ein neues Licht, die nun mit dem Gesamtschulkonzept mit einem neuen totalisierten Anspruch für alle Schularten des allgemeinbildenden Schulwesens auftritt. Aber, was heißt hier und jetzt: Vorbereitung auf die moderne Arbeitswelt? Wer begründet nach welchen Grundsätzen ein geschlossenes Lehrgefüge in einer Gesellschaft, in der es sehr widersprüchliche Wertungen und Bewertungen der modernen Arbeitswelt gibt? (9) Nicht nur hier hat das Gesamtschulkonzept als höchst wirksamer Problemmultiplikator gewirkt. Was schon in begabungshomogenen Schulzügen außerordentlich schwierig ist, wird in einem Lehrgefüge für alle nahezu unlösbar. Endlich das Lehrgefüge unserer Hochschulen: Hier hat sich die Differenzierung des Lehrgefüges immer schon nach wissenschaftsimmanenten Gesichtspunkten vollzogen. Unabhängig davon hat es in der neuen Hochschulgeschichte zwei der Spezialisierung gegenläufige Tendenzen gegeben. Einmal, das kurz nach dem Krieg anlaufende »studium generale«, das bald verschied, wenngleich es im ganzen besser war als sein Ruf; zum anderen die in den letzten Jahren politökonomisch motivierten Unternehmungen linksemanzipatorischer Tendenz neomarxistischer Herkunft unter dem Titel »Wissenschaftstheorie«, die nun, entgegen der ursprünglichen Intention des sogenannten »Wissenschaftspluralismus«, durch Handaufheben in den Rang für alle verpflichtender Grundstudien erhoben werden soll. Im ersten Fall war das kraft der Autonomie der Hochschule in Gang gesetzte Humboldtsche Bildungskonzept das treibende Moment, im zweiten Fall sind es die vom status quo abweichenden Gesellschafts- und Menschenbilder vom Staat emanzipierter Gesellschaftsgruppen, in keinem Fall aber eine wissenschaftlich irgendwie legitimierte Curriculumforschung. Der unter dem Titel »Hochschuldidaktik« bereits ganze Neubibliotheken füllende Seitenzweig der allgemeinen Didaktik bringt neuerdings für das Lehrgefüge vornehmlich berufsorientierte Überlegungen ins Spiel, die einerseits die Gefahr der Verschulung unserer Hohen Schulen nicht kleiner machen, andererseits aber einen das Lehrgefüge eindeutiger strukturierenden Prozeß einzuleiten geeignet scheinen. Aber auch hier handelt es sich in der Curriculumlandschaft, wie übrigens in allen vorgenannten Bereichen, um reaktive Vorgänge jenseits institutionalisierter Curriculumforschung. So wie der Landschaftsgestalter die primären und sekundären Wirkungen von Erosion und Tektonik jeder Gestalt nicht mehr nur passiv zur Kenntnis nehmen möchte, sondern aktiv vorgreifend die Topologie der Landschaft gestaltet, so will der Curriculumforscher nicht mehr nur Vollzugsbeamter des Tatsächlichen sein, der wie der Donner dem Blitz folgt. Er möchte über wirksame Aktionen in das überkomplexe Wirkungsgeflecht des Sozialgefüges eingreifen gemäß dem Glaubensbekenntnis des neopositivistischen Heldenzeitalters: »Savoir pour prévoir, prévoir pour prévenir!« Eine unter der Fahne der kritischen Rationalität, der Ideologiekritik und Emanzipation angetretene Curriculumforschung muß sich gefallen lassen, an ihren selbstgewählten Maßstäben gemessen zu werden. Im Zeitalter der Kybernetik, das das erwähnte Postulat zu einer neuen Ideologie der grundsätzlichen Machbarkeit grundsätzlich aller Dinge, den Menschen eingeschlossen, radikalisiert hat, dürfte ein solches, sehr notwendiges Unternehmen nicht allzuviel Aufsehen erregen.

3. Zur Diagnose der Curriculumforschung

Materialmäßig wird unsere Darstellung hier durch eine Reihe neuerer Publikationen entlastet (10). Wir können uns daher auf das Wesentliche beschränken.

3.1 Das situationsanalytische Modelle Robinsohns

Feierlich eingesetzt wurde die Curriculumforschung wenigstens unter diesem, wie wir sehen werden, ebenso unglücklichen wie irreführenden Begriff, durch S. B. Robinsohns zu Berühmtheit gelangter Studie »Bildungsreform als Revision des Curriculum« (1967). Darin soll aufgezeigt werden, wie Curriculumentscheidungen aus dem natürlichen Wechselspiel urtümlicher Geschichtskräfte und purem politischem Dezisionismus in das helle Licht rationaler Entscheidung gebracht werden können. Robinsohn bedenkt demnach die Curriculumforschung mit der Aufgabe, Methoden zu entwerfen, »durch die gesellschaftlicher Konsens über (die) Kriterien und die über sie zu konstituierenden Curricula ermittelt und aktiviert werden kann«. Ihr Grundschema: Von Situationen ist über Funktionen auf Qualifikationen, von diesen auf sie vermittelnde Inhalte zurückzuschließen, die dann zu einem Curriculum zusammenzufügen sind. Der Vorgang: Zuerst Ortung des Gegenstandes im »Universum der Fachwissenschaften« und wissenschaftslogische und hermeneutische Freilegung seiner kategorialen Bedeutung, sodann die Bestimmung der »Leistung eines Gegenstandes für Weltverstehen, d. h. die Orientierung innerhalb einer Kultur und für die Interpretation ihrer Phänomene«, schließlich die Feststellung der »Funktion eines Gegenstandes in spezifischen Verwendungssituationen des privaten und öffentlichen Lebens«. Endlich: Beschaffung umfangreicher Materialien aus Erhebungen und Expertengesprächen, ihre Sichtung, Gewichtung und statistische Auswertung;

als Ergebnis die Ausarbeitung von Programmen und Alternativlösungen, die den Politikern zur Entscheidung vorgelegt werden. Dieser *situationsanalytische Ansatz* wirft eine Reihe von Problemen auf, die vermutlich durch aufwendige Methodologie allein nicht zu lösen sind. Alles, was die Situationsanalytiker und ihre literarische Nachfolge (*Knab, Raschert, Zimmer* u. a.) bis heute hervorgebracht haben, ist das löbliche Bestreben, nur methodologisch abgesicherte Schritte zu tun, und die Vermeidung praktischer Beispiele. Wie von einem bösen Geist im Innenhof kreisartiger sozialwissenschaftlicher Methodologieprobleme herumgeführt, endet das Ganze (11) in einer Klage über das »theoretische und methodologische Defizit« der Curriculumforschung (man bemerke nach vierjähriger Arbeit!) und im Ruf nach dem Aufbau einer neuen Arbeitsorganisation, die eine »Theorie der Curriculumrevision« in Angriff nehmen soll. Dieser curriculare Zirkel (ein Seitenstück zu dem schon von *Dilthey* beschriebenen hermeneutischen Zirkel), tritt schon im Vorfeld der Legitimation auf: Legitimiert ist die Erstellung von Curricula (nach *Robinsohn*) durch die Kompetenz der am Vorgang bis zu fertigen Wahlangeboten beteiligten Fachleute, dann auf der politischen Entscheidungsstufe kraft Gesetz und Recht. Wer aber stellt fest, wer in welcher Sache zuständig ist? Das können nur Kompetente, deren Kompetenz natürlich auch zuvor festzustellen ist und so endlos weiter bis zur Legitimation der Legitimation n-ter Kompetenz. Wer, wie der situationsanalytische Ansatz, auch ausdrücklich Ideologiekritik in die Curricumforschung einbringen will, ist nach Ausweis der jüngsten Hochschulgeschichte und ihrer z. T. wunderlichen Rechtszeugnisse keineswegs sicher, daß nicht erst Fragen der politischen Entscheidung, sondern schon Verfahrensfragen in die Tretmühle ideologiekritischer Bestreitung jeder Art von Zuständigkeit geraten. Es genügt, auf »gesellschaftliche Praxis« hinzuweisen und entschieden seiner »Betroffenheit« Ausdruck zu geben, um »neue« Kompetenz zu begründen, vor der der gesamte methodologische Aufwand der Curriculumforschung in Staub zerfällt. Eben dazu ermuntert *D. Knab* (s. Anm. 10 a, S. 27), wenn sie schreibt, nicht nur die Vermittlung zwischen Curriculumentwicklung und Wissenschaft, »sondern zwischen Curriculum und gesellschaftlicher Praxis« müsse diskutiert werden. Entsprechend entmutigend ist das »Fazit der bisherigen Befunde«: »... daß die Rollenverteilung innerhalb der ›Expertokratie‹ weit klarer ist als deren Verhältnis zu anderen Instanzen. Solange dieses aber nicht geklärt ist, wird weder Dezisionismus — gebärde er sich demokratisch an der Basis oder trete er obrigkeitsstaatlich auf —, noch werden technokratische Konzepte der Reform ausgeschieden.« Daß die »Mitverantwortung für die Rationalität bildungspolitischer Entscheidung« auch nicht durch die große erziehungswissenschaftliche Verweigerung bis zur Vervollkommnung der Methodologie und bis zur Geburt einer »Theorie der Curriculumentwicklung« ausgesetzt werden kann, bemerkt *Robinsohn* a. a. O. selber. Gleichwohl »entwickelt ... *Robinsohn* statt einer Theorie des Curriculums lediglich — in schlichter Umkehrung von *E. Weniger*s hermeneutischer Konsensauslegung — einen sozialtechnischen Forschungsapparat zur heuristischen Konsensermittlung, der ohne eigene pädagogisch-didaktische Kriterien durch ein technisches Instrumentarium den pädagogischen Hausverstand der geistigen Avantgarde der Gesellschaft zu curricularen Identifikationen herausfordern und deren Mutmaßungen zu einem Ergebnis verrechnen soll« (Schmied-Kowarzik 1970, S. 528). Wie dieses Karussell anzuhalten und auf normale Touren zu bringen ist, davon soll zum Schluß die Rede sein. Anzumerken bleibt hier noch der Gummicharakter des Ausgangsbegriffs »Situation« (S. 12), und des, wie wir sehen werden, trotz *Bloom*scher Lernzieltaxonomie sehr hypothetischen Zusammenhangs von Lehrgegenstand und Qualifikation.

Mit an Sicherheit grenzender Wahrscheinlichkeit ist anzunehmen, daß das situationsanalytische Modell an der praktischen Umsetzung scheitert, weil zwischen Situation, Funktion, Qualifikation und Gegenstand kein eindeutiger Zusammenhang besteht (Deduktionsproblematik!). Auch wenn der *Robinsohn*kreis über die klassische »Ortsbestimmung der Gegenwart« hinaus (*Gehlen, Freyer, Jaspers, Roepke, v. Rüstow, A. Weber, Schelsky* u. a.) das Unternehmen einer umfassenden Situationserhellung noch einmal aufnehmen sollte, ist nicht zu sehen, wie in der Beurteilung und Wertung der Lage unter den Bedingungen der pluralistischen Gesellschaft hinreichende Übereinkunft erzielt werden soll. Nach Lage der Dinge ist die Gefahr nicht von der Hand zu weisen, daß sich ein solches Projekt nach Art psychologischer Ideenflucht in der Endlosschraube praxisferner Grundlagenforschung verliert, daß die primär didaktisch-pädagogischen Fragen hinter einer endlosen sozialwissenschaftlichen Datenfülle verschwinden, daß die Disponibilität und Funktionstüchtigkeit der *Robinsohn*schen Bildungsidee gemäß überwertig werden und daß niemand eindeutig zu sagen weiß, welche der Instanzen (Experten, Fachwissenschaften, Abnehmer) auf pädagogisch formulierte Fragen mit welchem Entscheidungsgewicht pädagogische Antworten geben sollen.

3.2 Das entscheidungsanalytische Modell

In Einzelzügen ähnlich, in anderen abweichend von dem situationsanalytischen Modell *Robinsohn*s versucht die Konstanzer Forschungsgruppe um *K. H. Flechsig* zunächst an zwei begrenzten Objekten: Grundschulcurriculum und Französisch-Unterricht Curriculumforschung in Gang zu setzen. Zum ersten geht es darum, den Prozeß der Curriculumentwicklung bis zur Konstruktion detaillierter Lehrgänge und den dazugehörigen Materialien (wie Lehrbücher, Arbeitsanweisungen für Lehrer, Tests etc.) vorzutreiben, zum anderen um Vorweg-Identifizierung und Feststellung der Bedingungen des Entscheidungsprozesses. Das geschieht wie folgt. *1. Phase:* Entwurf und Erprobung eines generalisierbaren Entscheidungsmodells zur Konstruktion von Lehrgängen; hier wird, sehr anspruchsvoll, die Entscheidungstheorie in Anspruch genommen, um der Instanzenproblematik analytisch zu Leibe zu rücken (13). *2. Phase:* »Simulationsexperimente« in Gestalt von (dreiwöchigen) Werkstattseminaren; in denen sich nach bestimmten Kriterien ausgewählte Entscheidungsträger an Hand vorbereiteten Informationsmaterials über Lernzielalternativen verständigen, Lernziele bestimmen und ihnen entsprechende Aufgaben zusammenstellen. *3. Phase:* Verarbeitung des so gewonnenen Materials in »lernzielorientierten Tests«, die zweidimensional an Inhalts- und Verhaltensklassifikationen ausgerichtet sind, die letzteren nach Maßgabe der *Bloom*schen Taxonomie.

Auch hier haben wir es mit einem vornehmlich an empirisch-technologischen Unterscheidungen ausgerichteten Ansatz zu tun, in dem ein eigentlich pädagogisch-didaktischer Angelpunkt fehlt und in dem, mehr als von außen zu sehen, Irrationalitäten scheinwissenschaftlich verpackt sind. (Wer kontrolliert z. B. die Materialproduzenten der 2. Phase? Wer bestimmt die Kriterien für die Auswahl der Entscheidungsträger? Welche wissenschaftliche Instanz »legitimiert« Konzilsentscheidungen in curriculo? usw.)

Schließlich ist folgendes zu bedenken: Die Berufung auf »Entscheidungslogik« löst zunächst beim Laien heiliges Erschauern aus. (Logik gibt sich immer mit dem Anspruch, zwingend zu sein!) Aber worum handelt es sich? Für die Simulation von Entscheidungssituationen gilt: »Suchraster ist ... ein entscheidungstheoretisches Modell, demzufolge identifizierte Entscheidungsträger in einer durch Spielregeln definierten Entscheidungssituation angesichts eines (von ihnen oder anderen) begrenzten Entscheidungsobjektes aus einer Menge alternativer Handlungen im Angesicht einer Menge bekannter alternativer Umweltzustände (Bedingungen) und in Kenntnis oder Abschätzung einer Menge alternativer Folgen mithin des Ertrages eine aus den Handlungsalternativen auswählen« (zit. nach *L. Huber*, Curriculumentwicklung und Lehrerfortbildung in der BRD; in: Neue Sammlung 2/1971, S. 117 f.). Hier werden schlicht nicht völlig formalisierbare Probleme wie ein (spieltheoretisch) formalisierbares Schachspiel behandelt, bei dessen Kalkülisierung der Begriff der Menge einen durchaus haltbaren Sinn hat. Solche methodologischen Taschenspielerkünste sind, wie die illegitime Übertragung interpretationsbedürftiger Kalküle (z. B. kybernetischer) auf dafür ungeeignete Gegenstandsbereiche, nicht allzuweit von Scharlatanistik entfernt. Analoges gilt für die Optimierungskriterien des LOT-Projekts: Kompetenz, Legitimität, Transparenz und Effizienz; hier hat nicht die Pädagogik, sondern die Politökonomie Pate gestanden.

3.3. Kybernetische Modelle

Die gleichen Vorbehalte sind bei allen Konzepten zu machen, die ihre Modernität durch die Beiziehung kybernetischer Denkformen und demgemäß Curriculumforschung insgesamt als Entsprechung eines (geschlossenen) Regelkreises sozialwissenschaftlicher Datenverarbeitung zu erweisen suchen (*H. Tütgen, D. Knab, J. Zimmer, B.* und *Chr. Möller* [14]). Bei allen bisher genannten Ansätzen bleibt mehr oder weniger außer acht, daß Soziologie keine Ziele setzen und Psychologie, worauf *Aebli* hingewiesen hat (15), von sich aus keine empirisch begründbaren Altersplazierungen für bestimmte Lehrgegenstände vornehmen kann, weil die Feststellung von Inhalten als Lehrinhalte u. a. immer an eine vorausgehende hermeneutische »Auslegung des vorgefundenen Sinns erzieherischer Intentionen« (*Blankertz*) gebunden bleibt. Davon abgesehen, daß die kybernetische Methode — hier ihre soziotechnische Variante — offenbar als unhinterfragbare Erkenntnisform verstanden wird (16), steht dabei der sozialwissenschaftliche Kinderglaube Pate, was man vermeintlich empirisch exakt erhoben habe, sei »die« (verläßliche) Wirklichkeit schlechthin. In Wahrheit ist ein soziales System oder Untersystem, sei es groß oder klein, nach der Erhebung und Befragung nicht mehr dasselbe. Schon die Tatsache der forschenden Erschließung, z. B. durch Fragebogen oder Interview, löst Veränderungen aus, die das Befragungsergebnis nicht widerspiegelt (17). So wird die Instanzenphilosophie der oben gekennzeichneten Art zu einer tragischen Selbsttäuschung, der überdies die meisten pädagogischen Zentralfragen zum Opfer fallen.

3.4. Das momentanistische Modell

Eine Zwischenstellung in den Keimgestalten der Curriculumtheorie nimmt der momentanistische Ansatz H. v. *Hentigs* ein, der gleichwohl von der Notwendigkeit bildungstheoretischer Grundlegung ausgeht. Seine phänomenologisch gewonnenen Lernziele sind ausgerichtet auf das Leben

in der sich beschleunigt verändernden Welt,
in der arbeitsteiligen Gesellschaft,
in der von Wissenschaft und Technik rationalisierten Welt,
in Beruf zwischen Theorie und Praxis,
mit der Fülle der Mittel und der Vielfalt der Ziele,
mit der Aisthesis,
in der Demokratie, der Politik und der Öffentlichkeit,
in der Konsumgesellschaft,
in der säkularisierten Welt,
mit einigen Entlastungstechniken,
mit dem eigenen Körper, den Trieben und der eigenen Person,
mit den anderen Generationen,
in der Einen Welt (18).

Gegenüber älteren, von anthropologischen Grundkategorien ausgehenden Versuchen, einen Kanon »grundlegender Bildung« (*W. Flitner*) zu erstellen, betont *v. Hentig* den heuristischen Charakter seiner Lehrplanentwürfe, die ihren Standort zwischen hermeneutischer Tradition und kurzschlüssiger Legitimation aus den Bedürfnissen der Gesellschaft nehmen. Wenn hier dennoch die Bezeichnung »momentanistisch« gewählt wurde, dann aus der Erwägung, daß bei den erwähnten Generallernzielen (warum gerade 13?) die gegenwärtige faktische Aktualität die Vorhand hat. Gibt es nicht vielleicht hinter den vordergründigen faktischen Aktualitäten personale Bedrängnisse [z. B. die »Verschmutzung des Ich« (*J. Lusseyran*) 18 a], deren Aktualität gegen alle Vordergründigkeit des Ego im Vollzug pädagogischer Prozesse unter allen Umständen aktuell gemacht werden sollte? (Normative Aktualität!)

»Empirische Didaktik« ist Curriculumforschung (nach *v. Hentig*) insoweit, als alle in den Unterrichtsprozeß eingehenden Bestimmungsgrößen an den erwähnten »Lernzielen« zu messen sind. Die Erprobung der Entwürfe soll in Modellschulen erfolgen, so daß Theorie und Praxis eng beieinander bleiben. Auch hier steht im Hintergrund die Denkfigur der »Schule im Regelkreis«. Zweifellos ist dieses Modell geeignet, die schon weit fortgeschrittene Entfremdung des Praktikers von der Theorie wenigstens teilweise aufzuheben. Gegen jede emanzipatorisch überanstrengte Erziehungswissenschaft, die oft allzu leichtfertig eigentlich pädagogische durch politische Motivgruppen ersetzt und gegenüber einer verunklärenden Ineinssetzung von Bildung und Gesellschaft hat der *v. Hentig*sche Ansatz einige sympatische Züge der klassischen Mäßigkeit. Ob sein reformpädagogischer Erneuerungsoptimismus gerechtfertigt ist, wird sich zeigen.

3.5. Das helvetische Modell

Ein ganz anderes Verfahren der Curriculumentwicklung benutzt die Schweizer Arbeitsgruppe um *K. Frey* und *Isenegger* (19). Auf einer ersten Ebene wird dabei zuerst eine zwanzigstufige »Bedürfnisanalyse« mit dem Ziel eines Lernzielkatalogs durchgeführt. Eine der zahlreichen Annahmen und Zielsetzungen lautet dabei (in beispielhaftem Curriculumdeutsch): »Das Modell ist unter kybernetischem und experimentellem Aspekt zu betrachten. Daraus ergibt sich, daß *jede Handlungsphase im Hinblick auf die vorausgehenden Schritte* und das ganze System (durch Rückkopplung) evaluiert werden müssen. Die Strategie stellt sich somit als *experimentell revolvierendes System dar.*«

Auf einer zweiten Ebene werden »zur Abklärung der Erneuerungsmöglichkeiten« Lehrpläne, Richtlinien, Prüfungsordnungen, Lehrbücher und andere Hilfsmittel (unter dem Titel »Lehrplananalyse«) untersucht. Ausgangspunkt sind die Lehrfächer (»Objektbereich des Unterrichts«). Die Begründung der Lehrinhalte geschieht an Hand eines festen Schemas (Wissenschaft, Beruf, Kultur, Persönlichkeit); ihre Gliederung wird nach fachspezifischen Überlegungen vorgenommen. Der Vergleich von Ebene 1 und 2 (»Vergleichsbilanz«) soll die Grundlage der folgenden Curriculumreform abgeben.

Mit Händen zu greifen ist, daß die »Matrix« (Wissenschaft, Beruf, Kultur, Persönlichkeit«), aus der die Lehrinhalte generiert werden sollen, zum einen unvollständig ist und zum anderen eines einsichtigen Oberbegriffs entbehrt. Es ist auch leicht einzusehen, daß mit diesem Verfahren »Innovationen« nur sehr begrenzt, wenn überhaupt, möglich sind, weil sie nur als Anpassung an den status quo gedacht werden, dem die didaktischen Prinzipien entnommen sind, statt diesen zum Gegenstand kritischer Analyse zu machen. Damit ist das Entscheidungsproblem elegant ausgeschaltet, das bei *Robinsohn, Knab, Flechsig* u. a. in den Mittelpunkt überwertiger, soziotechnischer Methodologie tritt. Unübersehbar ist weiterhin die Fixierung auf Taxonomieformalismen, hinter denen das Problem kategorialer Inhaltsstrukturen völlig verschwindet. Das ist im übrigen, wie die Dinge liegen, der anfälligste Punkt der meisten curricularen Revisionsunternehmungen im deutschen Sprachraum. Von ihm aus wuchert seit einigen Jahren die Lernzielproduktion nach allen Seiten wie ein Karzinom.

Das hier in aller Kürze dargelegte Modell haben seine Autoren inzwischen durch ein neues ersetzt (s. Anm. 19 b und 19 c). Die Geschwindigkeit, mit der der soeben vorgelegte neue Lehrplan für die Primarschulen des Kantons Fribourg entstanden ist, legt den Verdacht nahe, daß er im Grunde nicht nach Maßgabe der EBAC-Methode, sondern auf Grund viel einfacherer handgestrickter pragmatischer Verfahren entstanden ist, denen ein überaus vertracktes Curriculumdeutsch nur als wissenschaftlich aufgeputztes Schamschürzchen dient. Vorsichtshalber und prototypisch curriculumdeutsch formulieren daher *K. Arregger* und *K. Frey* (s. Anm. 19 b): »Der *Wahrheitsgehalt* der Curriculumtheorie ist *nicht vollumfänglich optimierbar.* Hoher Wahrheits- und Erklärungsgehalt der Theorien impliziert die Konzentration der Theoriebildung auf mehrere Bereiche des curricularen Feldes; d. h. es sind *neben* einem allgemeinen Konstrukt von Curriculum *sekundäre Konstrukte* und entsprechende Teiltheorien zu entwickeln, wobei diese oft nicht nur aus voll erklärenden Sätzen bestehen und nach der hier angewendeten differenzierenden Terminologie z. T. *nur Modelle von etwas Vorhandenem bilden.*« (S. 21, Hervorhebung durch uns!)

Preisfrage: Was heißt dies eigentlich in verständlichem Deutsch? Etwa: Was bei der Entstehung eines Curriculums vor sich geht, ist nicht in eine einheitliche Theorie zu fassen? Voilà! Eben dafür ist EBAC ein schlagendes Beispiel.

3.6. Strukturanalytische bzw. strukturalistische Modelle

Als eine Art Gegenbewegung gegen die bis jetzt vorgestellten Modelle dürfen die Projekte der Münsteraner Arbeitsgruppe um *Blankertz, Achtenhagen* (20) und der süddeutschen Gruppe *Hiller, Giel, Messner* angesehen werden (s. Anm. 10 e). Im ersten Fall geht es um »mittelfristige« Unternehmungen, die zunächst auf ein Arbeitslehre- und Pädagogik-Curriculum ausgerichtet sind und mit sogenannten »Strukturgittern« (*Grothe*) arbeiten; im zweiten Fall um die Erarbeitung konkreter, praktikabler Unterrichtsmodelle, die zu den Taxonomieformalismen den notwendigen kritischen Abstand halten und die auf der Grundlage einer strukturalistischen Didaktik die Konstruktion didaktisch »offener« Handlungsentwürfe im Visier haben.

Beiden Modellen ist gemeinsam, daß sie
1. mittelfristige, begrenzte Ziele verfolgen, also nicht, wenigstens zunächst nicht, auf Totalrevision abzielen,

2. von den sachimmanenten Strukturen der Disziplinen ausgehen und damit im Gegenzug zu einer exzessiv formalistischen Unterrichtswissenschaft die bislang stark vernachlässigte Frage nach den Lehrinhalten selbst und an sich in den Vordergrund stellen,

3. soziotechnische Methoden in dienender Stellung halten,

4. gemäß der wesensmäßigen »Offenheit« der Strukturen dem Lehrer die Freiheit didaktisch methodischen Gestaltens wenigstens nicht mehr als notwendig einschränken und sich

5. mehr in Konkretion als in methodologischer Überproduktion ergehen.

Während die strukturalistische Methode (*Hiller* et al.) an den Grundansatz des französischen Strukturalismus erinnert [Verhältnis von signum und designatum, Aufdeckung analoger Strukturen in verschiedenen ontologischen Bereichen, der kybernetischen Methode des Analogisierens nicht unähnlich, die in einem »simulacrum« (Barthes) verdichtet sind], nimmt die strukturanalytische Methode ihren Ausgang von einem didaktischen Strukturgitter, auch didaktische Matrix genannt, aus dem heraus das Lehrgefüge generiert wird (vgl. Anm. 10 f und die in dem dort genannten Titel ausgeführten Beispiele für Arbeitslehre, politische Bildung und Pädagogik, sowie die kritische Diskussion der methodologischen Grundprobleme der strukturanalytischen Methode).

Das Verfahren läßt sich in Kürze so charakterisieren: Für ein inhaltlich neu zu ordnendes oder ggfs. neu zu konstituierendes Sachgebiet (z. B. Arbeitslehre) sind begriffliche Grundstrukturen zu identifizieren. (Solche Grundstrukturen sind z. B. der seit Aristoteles in der Physiologie gebräuchliche Zusammenhang von Organ und Funktion, Pawlows Reflexe, Hobbes sozialer Organismus, Bernards Homöostase etc.) Sie bestimmen, in welcher Richtung eine umgrenzte Tatsachenmenge abgefragt werden soll. Fachliche Tatsachen werden erst in ihrem Licht sinnvoll und erklärbar. Daraus folgt aber sogleich die prinzipielle Begrenztheit (Relativität) *jeder* Struktur; konstant bleibt lediglich die aus Tatsachen bestehende Strukturbasis, beweglich und offen dagegen ist die Struktursyntax; d. h. über ein und derselben Strukturbasis sind mehrere oder viele Syntaxen möglich, die die Beziehungen der Elemente der Strukturbasis in jeweils spezifischer Weise festlegen.

Jede Grundstruktur ist daher zugleich eine didaktische Determinante, die bestimmt, welches Problem wir bei der Wissensvermittlung besonders ins Auge fassen. Als konstituierendes Moment geht sie in jedes, bewußt unter Begriffen gestaltete Lehrgefüge ein; wo es fehlt, war der pädagogische Hausverstand am Werk, der gern als lebenswichtigen Pragmatismus und Praxisnähe lobt, was in Wahrheit Prinzipien- und Orientierungslosigkeit ist. Sich diese Zusammenhänge in ihrer ganzen Tragweite zu vergegenwärtigen, bedeutet aber auch zugleich einzusehen, daß kein Wissen, über welcher Grundstruktur immer es aufgebaut wird, »vollständig« ist, daß also Grundstrukturen nicht nur wissensorganisierend, sondern ihrer Natur nach zugleich und viel wesentlicher *begrenzend* wirken. Didaktisch wäre daraus zu folgern, daß man mit Schülern über diese notwendige Begrenzung *alles* Wissens und deren Ursachen sprechen müßte, d. h. man müßte sie über das Wesen der Grundstrukturen aufklären.

Leider ist die strukturanalytische Schule und ceteris paribus auch die strukturalistische Richtung bis zu dieser Erkenntnis noch nicht vorgedrungen. Stattdessen (vgl. H. Lange und G. Thoma in Blankertz 1971, s. Anm. 10 f) vermauert sie sich bei der Wahl ihrer Grundstrukturen durch einseitigen und nicht reflektierten Rekurs auf die Begrifflichkeit der sogenannten »kritischen Theorie«, mit der sie mitnichten jenseits der »Ideologien« steht, die Einsicht in die Begrenztheit ihrer selbstgewählten Position, die sie grundsätzlich mit jeder Grundstruktur teilt. So kritisch also scheint die »kritische Theorie« nicht zu sein, daß sie zugleich auch ihre eigenen Grenzen abschreitet. Mit der naiven Wiedereinführung des Ideologiebegriffs in die methodologische Diskussion der Curriculumforschung sägt überdies die strukturanalytische Schule leider auch an dem Ast, auf dem sie sitzt und an dem durchaus einige lebenskräftige Schößlinge schon jetzt sichtbar sind.

Der eigentlichen grundsätzlichen Problematik dieser und der unter 3.1 bis 3.5 dargestellten Unternehmungen wird man aber erst voll ansichtig, wenn man auf die Analogien in USA und UdSSR blickt.

3.7 *»Heimkehr zu den Gegenständen?«, »Sicherheit« monolithischer Konzepte? und andere Hypothesen*

3.7.1 Die Sinnesänderung der US-amerikanischen Curriculumforschung springt in die Augen, wenn man die Bestandsaufnahme *Huhse*s (21) mit jener Unterströmung vergleicht, die sich seit Beginn der sechziger Jahre als antibehavioristische Tendenz bemerkbar macht und die in neuester Zeit als »new look« der US-amerikanischen Curriculumforschung deutlich, wenn auch langsam, an Boden gewinnt (22). Die von *Huhse* bis 1968 registrierten »Baumuster« US-amerikanischer Curricula lassen sich in deutscher Terminologie folgendermaßen kennzeichnen:

Baumuster 1: subject-curriculum (Fachunterricht)
Baumuster 2: Broad-field-curriculum: (Konzentrationsunterricht-fächerübergreifender Unterricht)
Baumuster 3: Core-curriculum: (Gesamtunterricht)
Baumuster 4: experience (activity) curriculum (Gelegenheitsunterricht?)

Hier handelt es sich offensichtlich um Anordnungsmuster, die der alteuropäischen — zumal der deutschen — Pädagogik seit Generationen wohlbekannt sind und die man als Domäne gerne den Pädagogen überlassen hat. Die *Auswahl* der Gegenstände bzw. ihre Kanonisierung hingegen würde, wie in den unter 3.1 bis 3.5 dargestellten Modellen, als Spezialfall des »decision-making« behandelt. Ihre *Stufen:*

Zuerst: »Entscheidungen über die allgemeinen Ziele der Schule, als deren

Determinanten das Überlieferte und von den Wissenschaften kategorisierte Wissen und Kulturgut, die Gesellschaft und die aus ihr erwachsenden Anforderungen sowie das Individuum und seine Bedürfnisse« (*K. Huhse*).

Sodann: Wertungskonsens über Prioritätenfragen innerhalb der drei genannten Determinanten, Bestimmung der Unterrichtsziele im einzelnen, die einerseits für die Auswahl der Gegenstände Hilfen geben, andererseits aber auch Lernerfolgskontrolle (Verhaltensänderungen!) ermöglichen sollen.

Erst daran anschließend kann eine Zusammenstellung (Anordnung s. o.) der Unterrichtsgegenstände bzw. der Lernerfahrungen vorgenommen werden.

Ein methodisch sorgfältig abgesicherter Evaluationsprozeß soll folgen (vgl. Anm. 10 e).

Wer den rigiden antimetaphysischen Ansatz des in den US-amerikanischen Humanwissenschaften vorherrschenden Behaviorismus unterschiedlicher Radikalitätsgrade kennt, und wem die Praktiken der von »progressive education« bestimmten amerikanischen Durchschnittsschule nicht ganz unbekannt sind, weiß, daß die »decision-maker« in curriculo der sachimmanenten Logik der Lehrgegenstände und der Struktur der Diszliplinen im einzelnen als entscheidenden Determinanten des Unterrichtsprozesses literarisch nachweislich so gut wie keine Beachtung geschenkt haben. Die trotz der behavioristischen Hypothesen von den *Bloom*schen Taxonomieformalismen ausstrahlende Faszination hat weite Teile der im übrigen weithin sterilen Unterrichtsforschung neueuropäischer Abkunft in ihren Bann geschlagen. Die neuere Curriculumforschung (s. o.) ist ihr ebenso getreu wie unkritisch, von decision-maker-philosophy wie trunken, gefolgt. Mit Händen zu greifen ist, daß von solchen Leitprinzipien bestimmte Curriculumforschung nur faule Kompromisse hervorbringt, die die pluralitätsstolze aufgeklärte Gesellschaft der Sekten, Konventikel und Welterlösungsclubs mit hohem Preis bezahlen muß (23).

Die seriöse Kulturkritik der *Mumford, Wiener, Thorndike, v. Bertalanffy, Crutch, Dawson* u. a. bis zu *H. Marcuse* spricht sich in diesem Belang unzweideutig genug aus. Der allgemein in Gebrauch befindliche, völlig konturlose Curriculumbegriff, der z. T. mit untauglichen Mitteln wieder aufnimmt, was gründlicher pädagogischer Kritizismus bereits erfolgreich durchdacht und begrifflich sauber geschieden hat, hat dann schließlich die Curriculumkonfusion methodologisch gekonnt perfektioniert. Technikgläubigkeit und »Apparateanbeterei« (*N. Wiener*) hat diese Ehe von »Geistesverwirrung höherer Ordnung und Fortschrittsgläubigkeit« eingesegnet. Das ist der Prospekt der US-amerikanischen Curriculumforschung, vor deren Pop-art-Kulissen sich augenscheinlich, wenn auch zögernd die »Heimkehr« zu den Gegenständen und der Struktur der Disziplinen vollzieht.

(Zu den Trends in England, auf die die hier vorgetragene Kritik nicht zutrifft, und in Schweden vgl. *Huhse* 1968, Anm. 21.)

3.7.2 Wesentlich einfacher liegen die Dinge in der sowjetischen Curriculumforschung (vgl. Anm. 10 d). Das Problem der Zielbestimmung gibt es praktisch nicht: Die Schule hat den selbstbewußten, aktiven »Erbauer des Sozialismus«, den »sozialistischen« (kommunistischen) neuen (Sowjet-) Menschen — und wie die gleichsinnigen Formeln sonst noch lauten mögen — zu erziehen. Unter solchen Bedingungen ist Evaluation die einfachste Sache der Welt: Keine Hekatomben Papiers zur Zielbestimmung, keine Zeit und keine Kraft für ideologische Auseinandersetzungen, keine Innovationshektik.

Man setzt 1964 eine aus 15 Teilkommissionen bestehende Kommission von »500 Wissenschaftlern aus verschiedenen Disziplinen, Repräsentanten der Kunst und der Kultur und Vertreter des Erziehungswesens« auf die Aufgabe an, »ein Konzept für neue Unterrichtsprogramme und Lehrpläne zu allen Unterrichtsfächern der Mittelschule zu erarbeiten.« Zeit: Zehn Jahre; Ziel: Die Lehrpläne auf den neuestens wissenschaftlichen Stand zu bringen. Da die Liste der Fächer der sowjetischen (Mittel)Schule nicht lang ist (24), konnte die erwähnte Kommission bereits 1965 einen ersten Curriculumentwurf «an eine größere Zahl von wissenschaftlichen, pädagogischen und künstlerischen Organisationen sowie an einzelne Persönlichkeiten« verschicken. Außerdem hatte die Akademie der pädagogischen Wissenschaften gute Vorarbeit geleistet. Die weiteren Stufen der Einführung einzelner neuer Unterrichtsprogramme über revidierte Fassungen, offizielle Freigabe und erneute Überprüfung brauchen nicht erwähnt zu werden. Bemerkenswert ist die gesamte Zeitspanne, die von vornherein für das Unternehmen vorgesehen war, und die Absicht, durch konzentrierende Zusammendrängung des Grundschullehrplans auf drei Jahre für wissenschaftsentsprechende Anreicherungen (ohne Schulzeitverlängerung) Raum zu schaffen gemäß der Wygotskischen Empfehlung, den Übergang vom aktuellen Niveau zur »Zone der nächsten Entwicklung« schnell zu vollziehen, durch vorsichtige Einführung eines Wahlsystems, in das auch berufsorientierende Kurse gehören, die bei aller Hochschätzung einer breit fundierten Allgemeinbildung für alle neue Fächer in den sonst wohl begrenzten Fächerkanon hineinbringen, und durch Beteiligung der Lehrerschaft bei der Erprobung der Lehrgänge. Parallel zu diesem Prozeß scheint die sowjetische Pädagogik z. Z. jene Grundlagendiskussion nachzuholen, die in der BRD bereits Ende der fünfziger Jahre unter dem Stichwort »Didaktik« zu einem relativen Abschluß gekommen ist. Das Problem der Bildungsinhalte und -werte, des Verhältnisses von subjektiven und objektiven Strukturen und ganz allgemein der sogenannten »Abbilddidaktik« spielt eine zentrale Rolle; letztere erscheint im Zusammenhang der »Logik der Wissenschaft« unter der Formel von der Isomorphie von Welt, Wissenschaften und Unterricht, die eine logische Konsequenz der marxistisch-leninistischen Erkenntnistheorie darstellt, nach der Erkenntnis Widerspiegelung der Welt im Bewußtsein ist. Erstaunlich ist für den außenstehenden Beobachter auch hier, welche intensive Vorarbeit der west- und mitteleuropäische Kritizismus geleistet hat; erstaunlich auch die konzentrierte Einkreisung des Wesentlichen unter Beschränkung des Curriculumbegriffs vorzugsweise auf Auswahl und Anordnung der Lehrgegenstände und ihre wissenschaftsstrukturelle Rechtfertigung und Ermächtigung bei gleichzeitiger Brschränkung methodologischer Vorerwägung auf das sachlich Notwendige.

4. Der Offenbarungseid des Aporetischen oder über den pädagogischen Möglichkeitssinn

Das Ergebnis dieser Überlegungen ist: Die zeitgenössische Curriculumforschung hat sich weithin als ein mit lautem Lärm in Szene gesetztes Großunternehmen erwiesen, dessen Erfolgsaussichten kritisch zu beurteilen sind, weil es

4.1 in einer konsequent pluralistischen Gesellschaft keinen eindeutigen sozialpsychologischen Begründungszusammenhang zwischen Erziehungszielen — auch solchen mittlerer Reichweite — und den zu lehrenden Gegenständen geben kann, soweit es um einen für alle verbindlich zu machenden Lehrkanon geht. Gäbe es einen solchen, wäre die Gesellschaft nicht mehr pluralistisch. Keine noch so durchgefeilte, mit Entscheidungstheorie o. Ä. getaufte politische Philosophie kann verhindern, daß auf Grund von sozialwissenschaftlich begründeten und durchstilisierten Konzilsbeschlüssen zustandegekommene Gesamtcurricula dann in die Interpretationsmühle verschiedener, sich z. T. widersprechender Welt-, Menschen- und Gesellschaftsbilder geraten. Der insbesondere von den Situationsanalytikern aufs Korn genommene Dezisionismusgehalt der Lehrpläne wird immer eine konstante Größe bleiben; es wechseln lediglich die Dezisionisten, ggfs. ihre Zahl.

Die derzeitige Misere der Curriculumforschung geht in erster Linie und zwar grundständig auf die geistige Verfassung der sogenannten pluralistischen Gesellschaft zurück. Der Notwendigkeit wenigstens einer Teilmenge verbindlicher Wertvorstellungen steht ihre faktische Unmöglichkeit gegenüber. Auswahl und Anordnung der Gegenstände und bestimmte Verfahrensweisen ihrer Vermittlung haben bewußt oder unbewußt spezifische Menschen- und Gesellschaftsbilder zur Voraussetzung. Daher hat sich die Curriculumforschung bis jetzt vornehmlich auf Lernziele des kognitiven Bereichs beschränkt, der sich leicht formalisieren läßt; hier ist der Abstieg von der hohen Normenreflexion in das Flachland des Formal-Instrumentellen billig zu haben. Daher die neuerliche Reduktion von Geschichte, Erdkunde und Sozialkunde auf »analytische Politik«, daher Reduktion auf bloß »rationale Erkenntnis der sozialen Welt« (so der Strukturplan für das Bildungswesen).

Die Überlagerung immer neuen Datenmaterials immer neuer methodologischer Erörterungen (und die Erörterung immer vorgeblich neuer Grundlagenfragen) über die eigentlich pädagogisch-didaktischen Fragen ist ein Reflex auf ein mehr oder weniger unlösbares (aporetisches) Problem.

These 1: Die Curriculumforschung ist gegen die sozialwissenschaftliche Esoterik der Curriculumforscher entschieden zu repädagogisieren.

4.2 Nach der Toderklärung der normativen Didaktik hätte die neuerliche Curriculumforschung nicht mehr auf den Plan treten dürfen, weil damit ein eindeutiger (psycho)logischer Zusammenhang von Mittel und Zweck geleugnet, aber für die von ihr gesetzten operationalisierten (Leistungs)Normen selbstredend voraussetzt und nicht mehr als bloß »normative Didaktik« verbellt wird, und weil sich ein eindeutiger (psychologischer) Zusammenhang von Bildungsinhalt bzw. -gehalt und Bildungswirkung (auf ein Individuum oder eine Gruppe) bestenfalls als Erfahrungswert mit Wahrscheinlichkeitscharakter, nicht aber als berechenbarer Grundmaßwert (Parameter) bestimmen läßt. Woran und wodurch ein Mensch mündig, frei, emanzipiert wird, wie immer die Formeln lauten mögen, läßt sich nicht sicher voraussagen, wenngleich sich hier ein an Erfahrungswerten angelehnter Negativkatalog aufstellen läßt. Auch die Ersetzung des Bildungsbegriffes durch Mündigkeit, Qualifikation o. Ä. ändert an diesem Grundtatbestand herzlich wenig.

These 2: Die Curriculumforschung der hier kritisierten Art droht eine neue, viel gefährlichere gesellschaftstotalitaristische Disponibilität des Menschen zu begründen und damit wissenschaftlich heilig zu sprechen, als es je die berühmten Sachzwänge eines gesellschaftlichen Systems getan haben. Schule als Ort der Muße und zweckfreien Tuns, als menschenbildende Pflanzstätte eines frei von informellen Tests sich entfaltenden bios theoretikos ist wieder entschieden zu verteidigen. Leistung ist primär eine existentielle Kategorie; wer als Mensch unterentwickelt ist, leistet nichts, wenngleich er glänzend informellen Tests Genüge tut.

4.3 Die jedoch bei weitem schwerste und folgenreichste Hypothek der Curriculumforschung ist die Verwendung eines überweiten Curriculumbegriffs, der einer voranalytischen Phase der Wissenschaftsgeschichte (Barock) angehört und der nahezu ein Gleichwort für Didaktik im weiteren Sinne ist. In ihm ist alles zusammen, was die Pädagogik in den letzten 200 Jahren über umwegige Generationendialoge mühsam genug sorgfältig zu unterscheiden gelernt hat: Probleme der anthropologischen (historisch-gesellschaftlichen) Rückbindung (Erziehungsphilosopie), Probleme der Auswahl und Anordnung der Gegenstände (Lehrplantheorie), Problem der Verfahrensweisen (Theorie des Unterrichts i. e. S.). Während *D. G. Morhof* (1639—1691) den Curriculumbegriff noch im Sinne einer Art Super-Unterrichtswissenschaft verwendet, bei der im Hintergrund pädagogische Vorstellungen des Stagiriten stehen (25), sind wir heute, nach einem mühsamen Durchgang durch eine lange, an Umwegen reiche Problemgeschichte in der Lage, wenigstens sechs große Strukturfelder auszugrenzen.

Curriculumforschung sollte im Interesse ihres Leistungsfortschritts und ihrer begrifflichen Selbstaufklärung und Selbstverständigung auf Auswahl- und Anordnungsprobleme begrenzt bleiben. Sie würde damit dem allerelementarsten wissenschaftsmethodischen Grundsatz der tunlichen Isolierung von Schwierigkeiten Rechnung tragen. Daß sie bisher genau das Gegenteil, nämlich eine blinde Auftürmung immer neuer Probleme, getan hat, ist nicht nur die Ursache ihrer praktischen Wirkungslosigkeit außerhalb ihrer eigenen Glasperlenspiele, sondern auch eines unverhältnismäßig hohen Verschleißes an Papier, Druckerschwärze, Zeit und Kraft, wenn man sieht, was eigentlich nach dem Durchgang durch die Reformpädagogik wirklich nicht mehr erforscht zu werden braucht und wo eigentlich nur noch mit einigen zusätzlichen Dezimalen hinter dem Komma statistisch bestätigt werden kann, was bereits prinzipiell bekannt ist. Dazu zählen vor allem Probleme der Anordnung der Gegenstände (Fach-, Epochal-, Konzentrations-, fächerübergreifender und Gesamtunterricht u. a. m.) und alle Probleme der Verfahrensweisen. Bestenfalls gibt es angesichts der fortschreitenden Differenzierung der Unterrichtstechnologie im Bereich der Kommunikationsstruktur noch einiges über Wirkung und Einsatzweise spezieller Medien zu ergründen. Kommunikation als ursprüngliches anthropologisches Phänomen, nicht als neue Wünschelrute einer sich überschlagenden Polit-Pädagogik, ist bestenfalls ein heuristisches Prinzip einer zeitgemäßen Curriculumforschung, nicht aber ihr zentrales Thema. Insbesondere sollte der Begriff »Evaluierung« weit kritischer anvisiert werden, weil sich die schwierigsten Gegenstände unter der Hand des guten Lehrers mehr oder weniger von selbst evaluieren. Das ist vor allem eine Frage der Lehrerbildung und des Berufsethos, das sie zu vermitteln vermag. Weder eine wie immer geartete Schulaufsicht, noch ein wie immer ausgetüftelter Evaluationsmaßstab im Zusammenhang der Lernzieltaxonomie kann gewährleisten, was Lehrer vorläufig noch hinter ihrer Schultür als freie und selbständige Menschen tun sollen. Bei denen, die im Interesse der Kinder am besten nie Lehrer geworden wären, verfängt Evaluierung ohnehin nicht.

These 3: Curriculumforschung sollte auf begründete Auswahl der Gegenstände und ihre Zusammenfügung zu einem Lehrkanon beschränkt bleiben. Alles, was darüber hinausgeht, ist entweder in den Grundzügen erforscht und weitgehend durchschaubar, oder es führt bei seiner Hereinnahme zu überflüssigen Schwierigkeiten oder es gehört in andere Kompetenzbereiche.

4.4 Wenn etwas kompliziert wird, sollte man wieder auf möglichst einfache Ausgangsfragen zurückgehen. Der Curriculumforschung stünde es gut an, wieder elementarpädagogische Fragen zu stellen. Ihre bisherige Gestalt mutet an wie eine Dissertation, die vor lauter Einleitungsmethodologie zum eigentlichen Thema nicht kommt, weil der Autor schon im ersten Anlauf immer neue, immer schwierigere Probleme entdeckt. Weder die Arbeiten des Max-Planck-Instituts für Bildungsforschung, noch die seit 1967 in Hessen (27) anlaufende Curriculumreform, noch Einzelgangreformen begeisterter Gesamtschulvertreter machen hier eine Ausnahme. Gewiß, Curriculumforschung und -reform brauchen solide Methodologie, aber sie sollten Probleme entwirren, nicht verwirren und möglichst von pädagogischen Fragen ausgehen. Aber schon die bisher kaum bestrittene Ausgangsthese, Curriculumreform sei der stärkste Hebel der Kultur- und Gesellschaftspolitik, entspricht einer ausgesprochen polit-pädagogischen Fragestellung, die Politik wie Pädagogik gleichermaßen zu verderben geeignet scheint; beide sind leider leicht dazu verführbar, eine neue Generation wieder einmal zum Mittel für Zwecke zu benutzen, deren Heiligkeit von der Jugend noch nicht geprüft werden kann. Die schlichte Ausgangsfrage muß daher lauten: Warum überhaupt Änderung des Lehrgefüges?

Antwort: Weil Schule als Ort geistigen Tuns in steigendem Maße, wie unsere ganze Lebenswelt, von Wissenschaft bestimmt wird, vor der sich heute jeder andere Lebens- und Weltentwurf z. B. in Kunst und Religion auf Wissenschaftlichkeit hin zu rechtfertigen hat. Ob und inwieweit dieser Anspruch zu Recht besteht, soll hier nicht erfragt werden, nicht, weil die Postulierung einer Wissenschaftskritik als Pendent zur Religionskritik der Aufklärung den Ruch moderner Häresie mit sich führt (Häretiker waren immer schon eine historische Normalerscheinung), sondern, weil wir alle von Wissenschaft in sehr weitgreifendem Sinne leben, wenngleich sie keineswegs existenzverläßlich ist. Wenn Schule als Ort geistigen Tuns zur Sachlichkeit, zum Verstehen von Welt und Leben bilden will, kann sie ihren Weg nur nehmen durch das Insgesamt eines geschichteten, immer wieder neu zu strukturierenden Wissensgefüges, das wir Wissenschaft nennen. In ihm ist repräsentiert, was größer ist als wir und was wir nur in Konturen erfassen können. In der Einarbeitung und geistigen Einhausung in dieses erfahren wir unsere Selbstmächtigkeit und ihre Grenzen. Die viel berufenen »legitimen Interessen« setzen sich in ihrer Urwüchsigkeit von selbst durch; sie bedürfen einer Pflege nicht. In diesem Sinne — und nur in diesem — ist Schule als Ort geistigen Tuns unter der Kategorie der Verantwortung immer Wissenschaftsschule.

Daher ist Curriculumforschung in dem geforderten wohlbegrenzten Sinn die ureigentliche Aufgabe derer, die Wissenschaft als Beruf treiben, d. h. unsere hervorragendsten Fachleute unserer Hohen Schulen müßten sagen, *was* heute in den Lehrkanon eines bestimmten Fachs gehört, was herkömmliche Fachgrenzen sprengt, was strukturell, was bloß akzidentiell ist. Sie müßten die historisch bekannten Paradigmata ihrer Disziplin (27 a) bis zu jenem Differenzierungsgrad in Strukturgittern verdichten (vgl. hier 3.6), an dem sie der Didaktiker als didaktische Matrix zur weiteren inhaltlichen Auffüllung übernehmen kann. Eine solche Aufgabe ist noch schwierig genug und kontroversenfrei nicht zu lösen; sie dürfte aber um so leichter sein, je geringer der jeweilige Politisierungsgrad ist und je weniger die viel beschworene »gesellschaftliche Relevanz« in den Rang eines Neuen Organon aufgerückt ist. Noch viel zu wenig Fachgelehrte von Rang widmen sich dieser Aufgabe (28). Hier könnten wir von den Sowjetrussen wie von den Angelsachsen, insbesondere den Engländern, einiges lernen.

Ein mehrhundertköpfiges Gremium, zusammengesetzt aus den hervorragendsten Gelehrten ihres Faches, die die wichtigsten akademischen Richtungen ihrer Disziplin an internationalen Maßstäben gemessen exemplarisch repräsentieren, aus langjährigen Lehrern dieses Faches und aus problemgeschichts- und praxiskundigen Didaktikern, Erziehungswissenschaftlern und general scientists, das zunächst das Lehrgefüge der allgemeinbildenden Schulen über ein langfristiges Vorhaben zu modernisieren hätte (s. UdSSR), käme vermutlich schneller und sicherer zu greifbaren Ergebnissen als pausenlos Methodologie treibende millionenschwere Institute, die ohnehin zur Abkapselung und wirklichkeitsferner Papierproduktion neigen. Auch kleinere, in verhältnismäßiger Abgeschiedenheit betriebene Arbeiten, von Stiftungen, öffentlicher Hand oder sonstwie finanzierte, sollten daraufhin geprüft werden, ob sie in einem solchen Verbundsystem größerer intellektueller Anreicherung nicht in besserer Ökologie wären. Mit den freiwerdenden Millionen sollte alsdann ein internationaler, unabhängiger Beirat anerkannter Gelehrter zusammengestellt werden, der das ganze Unternehmen regelmäßig mit kritischen Stellungnahmen begleitet. Erste Voraussetzung wäre allerdings, daß an unseren Hochschulen die Neue Trinität: Forschung-Lehre-Sitzung wieder auf den Bipol Forschung und Lehre zurückgebracht wird und daß auch sonst (z. B. in der Vorwegklärung der Verantwortlichkeit und Kompetenz) Umstände geschaffen werden, die die Spitzenvertreter der akademischen Wissenschaft anreizen, sich an einem solchen Unternehmen nicht zu unterschätzender nationaler Bedeutung zu beteiligen. Das Langzeitprojekt, das von jeder Art von Hektik und Übereilung freizuhalten wäre, und seine Ergebnisse werden der Öffentlichkeit stufenweise und regelmäßig über die Massenmedien dargestellt. Das wäre zugleich ein volksbildnerisches Programm, das geeignet wäre, ein sinnvolles Gegengewicht gegen vielerlei Nichtigkeiten und Bedenklichkeiten in den Massenmedien zu bilden. Alle natürlichen und juristischen Personen sind gehalten und berechtigt, sich an der öffentlichen Diskussion zu beteiligen. Ihre Kundgaben werden ggf., wenn sie Kompetenz zu korrigieren geeignet sind, in Neuentwürfe eingearbeitet. Nach Freigabe der Einzelprojekte durch die Gesetzgebung beginnt in den Schulen die Erprobung. Die Umsetzung auf die didaktische Ebene ist zuerst und zuvörderst Sache der Lehrer, denen auch inhaltlich ausreichend lernzielfreier Spielraum zuzugestehen ist. Ihre Erfahrungen müßten alsdann genau geprüft und in einen weiteren Revisionsentwurf eingearbeitet werden, der dann in den Schulen endgültig und verbindlich gemacht werden könnte. Lehrerbildung und -fortbildung und Kontaktstudien aller Art wären in gezielten Langzeitprogrammen auf das neue Lehrgefüge umzustellen. Es ist eine Illusion zu glauben, eine Curriculumrevision könne von oben befohlen oder gar gegen den Willen einer noch obendrein unorientierten Lehrerschaft durchgeführt werden. Der hier vorgeschlagene Vorgang ist jedoch von vornherein zum Scheitern verurteilt, wenn die Verantwortlichkeit in (Hoch) Schulen und Kultusverwaltung weiterhin so anonymisiert wird, wie dies bislang unter der Zauberformel »Demokratisierung der (Hoch)Schule« zum Schaden des Ganzen geschehen ist und wenn es weiterhin unter öffentlicher Förderung erlaubt ist, Kompetenz schon mit der Massivität (politischer) Forderungskataloge unter Erhebung von Ideologieverdacht und unter ungenierter Anwendung neuzeitlicher Verketzerungsmethoden aus dem Felde zu schlagen. Da Demokratisierung eine politische aber keine wissenschaftliche Kategorie ist, trägt allein die erwähnte Körperschaft neben der rechtens gewählten Volksvertretung die volle Verantwortung.

Entsprechend wäre so das Lehrgefüge aller Schularten, einschließlich der Hochschulen durchzuarbeiten.

Vielleicht findet sich bis dorthin ein Mäzen neuer Machart, der einen horrenden »Friedenspreis des deutschen Schulwandels« stiftet. Methodologie der Curriculumforschung, die hier nur als Karussellfahrerin kritisiert worden ist, ist ein Verfahren, Selbstwirksamkeit des Kalküls freizusetzen. Sie aber wird immer kleiner, je weiter wir uns von der Mathematik entfernen. Das ist wohl der Grund, warum jenseits purifizierter Methodologie und Bildungsökonomie pädagogisches Denken in Sachen Schulreform auch in Zukunft vermutlich nicht von Schaden sein wird.

Anmerkungen

1. E. Spranger, Die wiss. Grundlagen der Schulverfassungslehre und Schulpolitik. In: Abh. d. Preuß. Ak. d. Wissenschaften, Jg. 1927, Philos. Hist. Klasse Nr. 3, Berlin 1928
2. Einleitung zur »Allgemeinen Pädagogik, aus dem Zwecke der Erziehung abgeleitet, 1806
2a) Daß zur Vorhersage päd. Moden nicht viel prophetische Gabe gehört, zeigt das soeben angekündigte Werk von H. v. Hentig, Cuernavaca — oder: Alternativen zur Schule, München 1971
3. Eine erste Bestandsaufnahme findet sich in: F. Achtenhagen, H. L. Meyer (Hrsg), Curriculumrevision-Möglichkeiten u. Grenzen, München 1971. Sie entlastet die folgende Darstellung inhaltlich wesentlich; in der kritischen Beurteilung der Lage weiche ich in einigen Punkten erheblich von Achtenhagen/Meyer ab..
4. vergl. Jos. Dolch, Lehrplan des Abendlandes, Ratingen 1965[2]
5. vergl. W. Flitner, Grundlegende Geistesbildung, Heidelberg 1965 (Anthropologie und Erziehung, Bd. 15)
6. G. Kerschensteiner, Wesen und Wert des naturwiss. Unterrichts, München 1914, 1919[2], 1928[3], 1952[4]. Zur Gesamtproblematik der Fächergewichtung vergl. neuerdings: D. Haarmann, Die Entwicklung der Lehrplanstruktur an allgemeinbildenden Schulen. In: WPB 8/1971, 403 ff.
7. vergl. auch
   a) F. Hartmuth Paffrath, E. Spranger und die Volksschule, Bad Heilbrunn 1971

b) E. Schwarz et. al. (Hrsg), Grundschulkongreß 69

Bd. 1: Begabung und Lernen

Bd. 2: Ausgleichende Erziehung in der Grundschule

Bd. 3: Inhalte grundlegender Bildung, Frankf. a. M. 1970

c) A. Wenzel, Grundschulpädagogik, Bad Heilbrunn 1970

d) A. Menke, Werden und Wesen der Grundschule, Wiesbaden-Dotzheim 1970

e) J. Muth, Akzente der Grundschulreform, Essen 1971 (neue päd. bemühungen Bd. 45)

8. vergl. J. Münch, Die Berufserziehung in der modernen Arbeitswelt, Braunschweig 1961 (Berufspäd. Beiträge, Heft 13), eine Studie, die die hier angesprochene Problematik wie in einer Brennlinse zusammennimmt

9. vergl. W. S. Nicklis, (Hrsg) Hauptschule als Sekundarschule, Bad Heilbrunn 1970, vor allem Kap. 1: Was bedeuten die kultursoziologischen Befunde der Gegenwart pädagogisch?, sowie H. Blankertz, Arbeitslehre in der Hauptschule, Essen 1968 (neue päd. bemühungen Bd. 29)

10. a) D. Knab, Ansätze zur Curriculumreform in der BRD. In: betrifft: erziehung 2/1971, 15 ff

b) W. Schmied-Kowarzik, Kritische Anmerkungen zur deutschen Curriculumforschung. In: Päd. Rundschau 7/1970, 519 ff.

c) S. B. Robinsohn, Ein Strukturkonzept für Curriculumentwicklung. In: Z. f. Päd. 6/1969, 631 ff.

d) A. J. Markuševič, Probleme des Inhalts der Schulbildung in der UdSSR, sowie D. Glowka, Anmerkungen zur Curriculumreform in der UdSSR; beide in: Betrifft: erziehung 10/1970, 15 ff.

e) Z. f. Päd. 6/70: Thema Unterrichtskonstruktion

1/71: Hauptthema: Curriculumforschung und Curriculumentwicklung

2/71: Thema: Curriculum, Klassifikation, Evaluation, Deutschunterricht

f) soweit neuerdings H. Blankertz, Curriculumforschung -strategien, strukturierung, konstruktion, Essen 1971 (neue päd. bemühungen Bd. 46)

Das Echo der deutschen Curriculumforschung in der deutschen Lehrerpresse ist ein weiteres wichtiges Indiz für den augenblicklichen Stand der Diskussion. Wegen der Fülle des Materials habe ich hier davon abgesehen, die Quellen im einzelnen zu dokumentieren. Aus der Frühzeit der Curriculumforschung wäre noch zu nennen: Leiter des Hess. Lehrerfortbildungswerkes (Hrsg), Reform von Bildungsplänen, Grundlagen, Möglichkeiten, Frankfurt a. M., eine Studie, die Referate des Jahres 1967 wiedergibt.

Verf. hat sich selbst mit einer Studie »Curriculare Hauptprobleme der Sekundarstufe« versucht, zu der er heute nicht mehr in allen Gedankengängen steht. In: W. Krützfeldt, Didaktik der Musik, Hamburg, Wolfenbüttel und Zürich 1969, 64—81

11. D. Knab, (s. Anm. 10a!) Abschnitt B, der sich mit dem Hauptproblem der Legitimierung der Curricula befaßt.

12. Vielleicht ist es nicht ganz uninteressant, daß sich der Dritte Deutsche Kongreß für Philosophie (in Bremen 1950) einen ganzen Tag mit dem Thema »Situation und Entscheidung« befaßt hat. Vergl. H. Plessner (Hrsg.), Symphilosophein, München 1952, 289-322. Man liest das alles eine kleine Generation später angesichts des

situationsanalytischen Ansatzes mit großer Ernüchterung unter der Frage, woher eigentlich die neuen Glaubenssätze des »decision-making« ihre so große Gewißheit nehmen.

13. Vergl. K. H. Flechsig et. al., Probleme der Entscheidung über Lernziele. In: Progr. Lernen, Unterrichtstechnologie und Unterrichtsforschung (pl. 1/1970), 1-31. In Abschnitt V: Umriß des Forschungsplanes wird ausdrücklich die Radnersche Entscheidungstheorie in Anspruch genommen, der es auf »mathematical specification« ankommt.

14. Bezugsliteratur s. hier Anm. 10 b: Schmied-Kowarzik, Kritische Anmerkungen... S. 532/33.

15. Vergl. H. Aebli, Der Beitrag der Psychologie zur Gestaltung der Lehrpläne. In: Psych. u. Soziologie im Studium der Erziehungswiss. In: 6. Beiheft Z. f. Päd. 1966

16. Vergl. zu diesem unkritischen Aberglauben: L. v. Bertalanffy, General System Theory, Foundations, Developments, Applications, New York 1969[2]

17. N. Wiener hat dies treffend so bezeichnet: »...Eine Untersuchung der Effektenbörse würde wahrscheinlich die Effektenbörse durcheinanderbringen.« Kybernetik, Hamburg 1968, 202 (rde Bd. 294/295). Ich habe vorgeschlagen, bei diesem Tatbestand in Analogie zur Heisenbergschen Unschärferelation von einer sozialwissenschaftlichen Unschärferelation« zu sprechen. In: Das Bild des Menschen in der Kybernetik, Essen 1967, 51

18. H. v. Hentig, Curriculumreform als Gegenstand der Schule. In: Wirtschaft u Wiss. 1/1970

18a. J. Lusseyran, seit dem 12. Lebensjahr durch Schulunfall erblindet, im Juli 1971 bei einem Verkehrsunfall ums Leben gekommen, hat in: Et la lumière fut, Paris 1953 (dtsch. München 1970) das Phänomen physischer Blindheit und die sie begleitenden seelisch geistigen Erlebnisse in bisher ungekannter aufrüttelnder Weise beschrieben. Seine letzte noch unveröffentlichte Arbeit trägt den Titel: Gegen die Verschmutzung des Ich!

19. Vergl. a) K. Frey et al., Eine Handlungsstrategie zur Curriculumkonstruktion (FAL-2) EBAC-Projekt, Bericht 3, Freiburg i. Br. 1970 sowie L. Räber, Kriterien in der Curriculumkonstruktion, Weinheim-Berlin-Basel 1970, insbesondere S. 13—25: Kriteriensysteme in der Curriculumkonstruktion: begriffliche Grundlagen (v. K. Frey)
    b) K. Arreger, K. Frey, Curriculumtheoretische Ansätze in einem Entwicklungsprojekt, EBAC-Projekt, Bericht 5, (Arbeits- und Kurzberichte 15), Freiburg i. S. 1971
    c) K. Frey in Verbindung mit H. Horn, U. Isenegger, U. P. Lattmann, J. Rickenbacher, B. Santini, Eine Handlungsstrategie zur Curriculumkonstruktion. In: Z. f. Päd. 1/1971, 11 ff.

20. Vergl. F. Achtenhagen/H. L. Meyer 1971, die dort verzeichnete Literatur und die hier Anm. 10 f erwähnte Studie von H. Blankertz, die einen guten Einblick in die strukturanalytische Methode gibt. Sonst gibt es an verschiedenen Stellen curriculare Einzelgänge, die z. T. literarisch nicht faßbar sind. Stellvertretend mag hier aus dem Bereich der Hochschuldidaktik genannt werden:
    a) W. Schlotthaus, Lehrziel: Kommunikation, Überlegungen zu einer situationsbezogenen Studienplanung für das Unterrichtsfach Deutsch. In: betrifft: erziehung 1/1971, 15 ff.

b) von Verf. eine demnächst im Klinkhardt-Verlag erscheinende Studie: Die Praktika im pädagogischen Studienkanon.

21. K. Huhse, Theorie und Praxis der Curriculum-Entwicklung — Ein Bericht über Wege der Curriculumreform in den USA, mit Ausblicken auf Schweden und England, Berlin 1968

22. Vergl. H. Rumpf (Hrsg), Schulwissen-Probleme der Analyse von Unterrichtsinhalten, Göttingen 1971 (Reihe: Paedagogica — Daten, Meinungen, Analysen), vor allem S. 23—57: Erziehung und die Struktur des Wissens, Probleme, Themen und Streitfragen, v. J. J. Schwab, 1964) sowie S. 57—68: Lernen und Denken v. J. S. Bruner 1959

23. Vergl. G. R. Schmidt, Die Wert- und Zielproblematik in der amerikanischen Curriculumtheorie. In: Z. f. Päd. 1/1971, 31 ff. Da lesen wir: ».. .Die USA befinden sich nach Auffassung der meisten Autoren in einer *Kulturkrise*« (S. 39) »Weniges wird in der amerikanischen Curriculumtheorie so betont wie die Notwendigkeit klarer *Zielvorstellungen*.« (S. 41). Oder es wird uns naiv eingeredet, daß (nach Bramfeld) *Werte als bedürfnisbefriedigung* anzusehen sind.« (S. 46). Das Problem der normativen Didaktik stellt sich der amerikanischen Pädagogik so dar: »*Abstinenz* ist der Schule in einer pluralistischen Gesellschaft... hinsichtlich der *sinnanthropologischen Fundierung von Werten* geboten. *Demokratische Werte* lassen sich sowohl aus der christlichen wie aus der humanistischen Tradition... begründen...« (S. 48)

Der Autor schließt seine Untersuchung mit dem Vorschlag, die reine bildungstheoretische Zieldiskussion auf »jene Ebenen mittlerer Allgemeinheit« herunterzunehmen, »die den Ableitungszusammenhang herstellen müßten.« Das Streben nach klaren *Begründungszusammenhängen* zwischen Zielen, Inhalten, Methoden und Organisationsformen des Unterrichts setze sich noch »vielfach« dem Vorwurf »*normativer Didaktik*« aus. Dann stellt er schlicht und einfach fest: »Dieser *Vorwurf* wird manchmal so vehement erhoben, daß dies letztlich auf die *Leugnung* einer auch von der wissenschaftlichen Pädagogik mit zu verantwortenden *Intentionalität der Erziehung* und auf die *Forderung* hinauszulaufen scheint, die *Fragereihe nach dem Wozu* vorzeitig abzubrechen. *Ein Blick in die amerikanischen Überlegungen kann unseren common sense gegenüber übertrieben ideologiekritischen und wissenschaftspuristischen Skrupeln bestärken.*« (S. 51) (Hervorhebungen durch uns). Bei den beiden letzten Sätzen weiß man nicht, ob sie auf krasser Unkenntnis der alteuropäischen Pädagogikgeschichte beruhen oder ob sie den sibyllinischen Ratschluß eines angesichts des Zustandes der US-amerikanischen Curriculumdiskussion selbst erst völlig ratlos Gewordenen darstellen. Offenbar entdecken die Amerikaner augenblicklich unter dem Titel Curriculumforschung bzw. Evaluation Denkfiguren und Inhalte der klassischen Erziehungsphilosophie von Dilthey bis Spranger, Flitner, Litt, Kerschensteiner, P. Petersen und R. Meister. Daß dabei allerdings Werte auf »Bedürfnisbefriedigungen« herunterkommen konnten, stimmt nachdenklich, falls man den behavioristischen Reduktionismen aller Art ohnehin nicht schon äußerst skeptisch gegenübersteht.

24. Auf dem Lehrplan der sowjetischen Schule stehen: Muttersprache und Literatur, eine Fremdsprache (Deutsch oder Englisch oder Französisch), Einführung in die Kunst und Musik, Geschichte und Gesellschaftswissenschaft, Geographie, Biologie, Chemie, Physik, Astronomie, Mathematik, technisches Zeichnen, Arbeit und Körpererziehung. Alles andere, wegen seines Bildungswertes durchaus wünschenswert

(wie Geologie, Mineralogie, Logik, Psychologie, Recht, Philosophie u. a.), bleibt aus wohlerwogenen pädagogischen Überlegungen, vor allem aus Gründen der Konzentration der höchsten Schülerkraft auf den kleinsten Punkt außer Betracht.
25. Vergl. Jos. Dolch, Lehrplan des Abendlandes, Ratingen 1965 [2], 308 ff.
26. Vergl. hierzu M. Stettner, Studien und Fragmente zur axiomatischen Pädagogik, Graz-Wien 1955
27. Die hessische Reform hat bereits gezeigt, daß die Herstellung der Voraussetzungen einer Curriculumrevision »die Resourcen eines Fünf-Millionen-Einwohner-Landes übersteigt« (H. Hamm-Brücher, Über das Wagnis von Demokratie und Erziehung, Beiträge zur Gesellschaftspolitik 1969, Frankfurt a. M. 1969, 55.); wenn, so möchte man hinzufügen, Curriculumforschung weiterhin als Produktion immer »neuer«, vor allem sozialwissenschaftlich-methodologischer Probleme betrieben wird von einem Personenkreis, der offensichtlich weitab von aller praktischen Verantwortung mit Erfolg nach einem Arbeitsbeschaffungsprogramm Ausschau gehalten hat.
27a) Vergl. Thomas S. Kuhn, Die Struktur wissenschaftlicher Revolutionen, Frankfurt/Main 1967 (Theorie 2, Suhrkamp)
28. Eine rühmliche Ausnahme im deutschen Sprachgebiet ist K. v. Frisch mit seiner »Biologie«, München 1965, ein Schulbuch, das einen wirklichen Beitrag zur Curriculumforschung allein durch seine Existenz liefert, sowie der amerikanische Nobelpreisträger E. Luria, der sich auf eine ausführliche Besprechung der »Biology« von H. Curtis eingelassen hat. Vergl. Beilage zur naturwiss. Rundschau, Stuttgart 2/1970, Nr. 156

Gottfried Bräuer

Die Grenzen des verhaltenspsychologischen Unterrichtsmodells

I.

Dann und wann muß man in den Humanwissenschaften von dem, was an der Front der Forschung geschieht, wieder zurückblicken auf das, was sich im Feld der Praxis auf Grund von Meinungen, wie sie oft durch Informationen aus zweiter Hand entstehen, abspielt. Einsicht in oder Rücksicht auf die nicht vorangekommene Praxis vermag in der Regel zwar den Forschungsprozeß nicht ohne weiteres zu regulieren; in der Analyse des Transports, der Rezeption und der Transposition von Ergebnissen können aber, so eigenartig das klingt, auch Schwächen eines theoretischen Ansatzes aufgedeckt werden. Die gilt mit Sicherheit für die Erforschung des Unterrichts: es ist nicht von vornherein ausgemacht, ob mit neuartigen Ziel- und Verlaufskonzeptionen nicht unter der Hand auch ein Verfall des Problembewußtseins einhergehen kann. In solchen Fällen tangiert die Frage nach den Ursachen auch die Forschung.

Unter diesem Aspekt wäre einmal die Einschätzung des schulischen Lernens in der Nachkriegszeit näher zu betrachten. Noch in der Phase der »inneren Schulreform« hatte das negative Urteil über die alte Lernschule eine nicht unerhebliche Rolle gespielt, wiewohl der Boden der Reformpädagogik verlassen und die Alternative von Erziehungs- und Lernschule funktionslos geworden war. Pädagogische Fachdiskussionen spielten sich in beträchtlicher Distanz von den Fragen des Unterrichtens ab; die empirische Unterrichtsforschung führte ein Schattendasein. So mußte es auf weite Kreise erfrischend wirken, als mit der allgemeinen bildungspolitischen Umorientierung und mit dem Einsetzen neuer schultheoretischer und curricularer Überlegungen mit einer neuen Unterrichtstechnologie, vorab dem programmierten Lernen, sich auch die lerntheoretischen Modelle des Behaviorismus durchzusetzen begannen. Der Nachholbedarf war groß auf diesem Gebiet, die Aufarbeitung notwendig und wohl auch verdienstvoll. Daß sich im Gefolge des Interesses an Lernmaschinen und programmierter Instruktion die Skinnersche Version der operativen Konditionierung so stark durchsetzte, halte ich für einen historischen Zufall mit beachtenswerten Folgen, — für einen Zufall, weil seine Forschungsergebnisse zunächst weitab von einer Analyse von Unterrichtssituationen gewonnen worden waren und auch das Verfahren des programmierten Unterrichts erst allmählich der Problematik unterrichtlichen

Lernens angepaßt werden mußte. Differenziertere Lerntheorien hätten auch damals schon zur Verfügung gestanden. Der genannte Zufall bewirkte, daß sich das öffentliche Interesse (und sagen wir es offen: auch der Markt) dieser Konditionierungstechnik besonders zuwandte.

Über die kennzeichnenden Züge dieses lerntheoretischen Konzepts kann man sich durch Originalschriften und Übersetzungen sowie durch zusammenfassende Darstellungen informieren[1]. Hier seien nur die wichtigsten Merkmale (ohne Nennung der amerikanischen Termini) in Erinnerung gerufen:

Vielfältige Tierversuche haben gezeigt, daß man das Verhalten eines Organismus fast beliebig ändern und formen kann, wenn man ihn unter eine mittelstarke Bedürfnisspannung versetzt, zu Äußerungen reizt und Züge, die in der Richtung des gewünschten Verhaltens liegen, planmäßig verstärkt, indem man sofort für positive Nacheffekte sorgt (durch Belohnung, was immer das auch heißen mag). Die Lernmotivation hängt damit von der Antriebsstruktur ab, die Antriebsarten sind aber z. T. gegeneinander austauschbar; entscheidend ist, daß das Lernen (die Verhaltensänderung, die zu einem festen Resultat führen soll) im Zuge einer Bedürfnisreduzierung erfolgt. Planmäßige Verstärkung baut über Reiz-Reaktions-Verbindungen Verhaltensformen auf, ausbleibende Verstärkungen bringen sie zum Verblassen und Verlöschen. Werden Verbindungen in der Art der bedingten Reflexe durch unmittelbare Stimulierung aufgebaut, so spricht man von reaktiver Konditionierung, wird dagegen vom Organismus geäußertes Verhalten in der Richtung des gewünschten Verhaltens umgesteuert, also sozusagen in Dienst genommen, so spricht man von operativer Konditionierung. (Der Unterschied wird meist stärker betont, als er in Wirklichkeit ist.) Zur konsequenten technischen Steuerung kommt man über die Auflösung der erwünschten Verhaltenssequenz in möglichst kleine, ohne Risiko zu bewältigende Lernschritte und deren schlüssige Anordnung. Das Prinzip der kleinsten Lernschritte macht die Verbindung mit prompten Erfolgsrückmeldungen oder die nahezu konfliktfreie Umsteuerung bei gelegentlichen Mißerfolgen (in einen sicheren Verstärkungszusammenhang) möglich. Massive Versagungserlebnisse werden vermieden. Derartige Trainingssequenzen lassen sich auf allen Gebieten einrichten, Einstellungen und Fertigkeiten können auf diese Weise genauso stabilisiert werden wie Gedächtnisleistungen. Auf dem Weg der Reizgeneralisation werden, so meinen die Behavioristen, auch Begriffe gebildet, symbolische Ordnungen hergestellt und intellektuelle Einsichten gewonnen. Schöpferisches Tun wird als ein Ergebnis der Kombination von erworbenen Reaktionsketten angesehen. (Daß mit Hilfe der Reaktionsquotenverstärkung und der Zeitintervallverstärkung unerwünschten Bequemlichkeitsneigungen entgegengearbeitet werden kann, sei am Rande angemerkt.)

Wie steht es in dieser Sichtweise mit dem Schulunterricht? Skinner und seine Schüler heben immer wieder die Berücksichtigung des individuellen Lerntempos hervor, das besonders durch den programmierten Unterricht möglich werde. Werden die Lernziele in Beschreibungen von Endverhaltensweisen so übersetzt, daß diese Beschreibungen aus eindeutigen, operationalisierten Begriffen bestehen und eine klare Überprüfung auf dem Weg unmittelbarer Beobachtung oder der Bestätigung im Test erlauben, so ist den verhaltenspsychologischen Anforderungen an die Unterrichtstheorie Genüge getan. Zum Vollzug liefert diese ja eine rein deskriptive, experimentell erprobte Methode der Verhaltensformung, die formal genug ist, um alle denkbaren Verhaltensmöglichkeiten schematisch einzubeziehen. Sie tut dies, ohne »mentalistische« Begriffe oder geisteswissenschaftliche Postulate (wie die der Verstehenslehre) in Anspruch nehmen zu müssen. Sie bietet ein starkes System, ein ideales Instrument, mit dem jedes geforderte Verhaltensmuster eingeübt werden kann. Und sie entlastet den Lerner von den für unvermeidlich gehaltenen Frustrationen, sie lenkt ihn trotz freier Gestaltung des Lerntempos und bürdet ihm nicht wie der herkömmliche Unterricht auch noch die Verantwortung für sein eigenes Lernen auf[2]. Die generelle Methode der Vermittlung liegt fest. Zu ihrer Handhabung bedarf es eben eines Kulturagenten, der selbst genug verstärkende Wirkung im Umgang aufbringt, aber dieses Rollenverhalten, über das der Lehrer verfügen muß, läßt sich ja prinzipiell ebenfalls konditionieren — entsprechende Fertigkeiten müssen eben im Seminar systematisch im Konditionstraining erworben werden.

Nicht nur tierisches, sondern auch Teilbereiche menschlichen Lernens lassen sich mit diesem Modell der Verhaltensformung erfassen: die Beherrschung des Schließmuskels etwa, das Erlernen des Radfahrens höchstwahrscheinlich, vermutlich auch die Aneignung eines einfachen Vokabulars im pattern drill. Es handelt sich weitgehend um ein Können, das gewohnheitsmäßig funktionieren soll, um Entlastungs- und Erledigungstechniken, deren Bedeutung gewiß nicht unterschätzt werden darf. Wo aber liegen die Grenzen dieser Deutung menschlicher Lernprozesse? Es muß einen stutzig machen, daß sowohl die Werbung wie auch die ideologische Indoktrination nach demselben Konditionierungsschema arbeiten. Und wenn dies wirklich der sicherste und einfachste Weg des Lernens wäre — wäre die Methode damit ausreichend pädagogisch legitimiert?

Was wird auf diese Weise nicht erreicht?

Worin liegen die Ursachen für gewisse Mängel?

In welchem Sinne müssen Lern- und Unterrichtsmodelle besser und differenzierter durchdacht werden?

II.

Fraglich ist, um gleich bei zwei komplexen Phänomenen einzusetzen, ob über behavioristisch konzipiertes Lernen zu kritischem und kreativem Denken erzogen werden kann. Die moderne Schule — wie auch immer sie aussehen wird — wird es sich nicht leisten können, diese Problemkomplexe in ein oberes Stockwerk abzuschieben und auf einer unteren Etage nur elementare Verhaltensformen,

Grundwissen, Grundbegriffe oder -kenntnisse (wie man das verräterisch nennt) zu vermitteln. Darüber ist unter den Pädagogen Übereinstimmung hergestellt. Wenden wir uns zunächst der Forderung nach einer Erziehung zum kritischen Denken und Urteilen zu. In unserer gesellschaftskritisch so aufgeladenen Zeit fällt dem unbefangenen Leser oder Zuhörer sofort die einseitige Hervorhebung und damit die Überwertigkeit des Verstärkungstheorems in den verhaltenspsychologischen Konzeptionen auf. Daß diese Lerntheorie aus einer Kultur herkommt, in welcher sich die Implikationen von ›to train‹ leicht vor die Bedeutung von ›to learn‹ schieben, ist eine Tatsache, über die nachzudenken sich einmal lohnte. Manches spricht außerdem dafür, daß Tiefenstrukturen der westlichen Industrie- und Konsumgesellschaft auch die Schematisierung der Kommunikations- und Lernformen kräftig beeinflussen. Der Stil der Optimierung der Lernleistungen und ihrer Kontrolle, die bildungsökonomische Nutzenmaximierung in der Schulplanung und das Prämienwesen (oder -unwesen) im behavioristisch konzipierten Lernen — sie und manches andere passen in einen umfassenderen Strukturzusammenhang hinein. Begriffe wie Effizienzsteigerung, Produktorientierung, Intensivierung, Leistungsmotivation, optimale Anpassung, Zeitersparnis, Arrangement von Verstärkungszusammenhängen, Konditionierung als geschickte Verhaltensdetermination usf. zwingen, wenn sie gehäuft auftreten, den Pädagogen zur Aufmerksamkeit. Man darf sich nicht wundern, wenn gegen entsprechende Unterrichtsmodelle der Verdacht ausgesprochen wird, daß sie ein Stück Systemapologie seien, ein konsequentes Glied der sich selbst affirmierenden Leistungsgesellschaft (mit Marcuse also: ein Teil der herrschenden Ideologie)[3]. Auch der im übrigen unverdächtige W. V. Quine spricht vom Reinforcement als einem Mittel der Erziehung zur Konformität[4].

Daß Bestätigung und Ermunterung im Lernen eine unersetzliche Funktion haben, ist nicht zu bestreiten; darum geht es nicht. Es läßt sich aber experimentell nachweisen, daß einseitige Verstärkung des Lernens i. S. des Erfolghandelns ein eigentümlich pauschales Denken zum Ergebnis hat[5]. Fertige Informationsbestände mag man sich über gezielt-verstärkende Verhaltenssteuerung aneignen; aber kritisch abwägen und urteilen lernt man auf diese Weise nicht.

Skinner würde auf diesen Einwand mit einem Hinweis auf seine Versuche zur Reizdiskrimination mit Tauben und kleinen Kindern antworten[6]. Allein es ist eine Frage, ob in solchen Versuchen ein über die Situation hinausweisendes Unterscheidungsvermögen entsteht. Einen Reiz präzise wiedererkennen und vom diffusen Hintergrund abheben können ist eines, die vergleichende Orientierung über ein tertium comparationis ein anderes. Entscheidender ist für das kritische Umgehen mit etwas aber noch die Negationsfähigkeit, für die es nun wirklich im animalischen Bereich kein Analogon gibt. Kritisch kann sich der Mensch verhalten, weil und insofern er die Radikalität des Denkens in der Form des Nein-sagen-könnens aufbringt. Seine Art zu denken und zu handeln, seine Weise, sich selbst zu bestimmen erlernt ein Mensch nur, wenn diese Fähigkeit mobilisiert und in die Auseinandersetzung mit Aufgaben produktiv einbezogen wird. Die Prolongation tierpsychologischer Ansätze enthüllt im Auftreffen auf die Probleme menschlicher Situationsbewältigung die Unableitbarkeit dieser Negationsfähigkeit (eines Mittels zu ganz neuartiger sachlicher Distanz)[7]. Über Widerstandserfahrungen mögen sich auch Tiere den Umweltgegebenheiten geschickt anpassen; eine kritische Position gegenüber einer Welt als einem Feld bejahbarer, verneinbarer und neutralisierbarer Möglichkeiten können sie prinzipiell nicht gewinnen.

Da geht es ans Denken. »Etwas so empfangen, wie es jeweils sich darbietet, unter Verzicht auf Reflexion, ist potentiell immer schon: es anerkennen, wie es ist; dagegen veranlaßt jeder Gedanke virtuell zu einer negativen Bewegung« schreibt Adorno[8]. Kritisch verhält man sich noch nicht, wenn man ein Merkmal identifizierend vom diffusen Hintergrund abheben kann. Dazu werden die anderen erkannten, aber theoretisch neutralisierten Möglichkeiten vorausgesetzt, also anderes, das in seiner Virtualität mitverstanden wird. Sich zu Möglichkeiten verhalten bedeutet aber in gewisser Weise immer Entstabilisierung, erneute Problematisierung, bedeutet: fragen nach möglicher Umstrukturierung, nach Kompossibilität oder Dysfunktionalität usw. Zum kritischen Verhalten gehört prinzipiell die kritische Situation des Zweifelns, des In-die-Irre-gehen-könnens beim Lernen, und zwar nicht nur i. S. einer leider nicht vermeidbaren Panne[9]. Es bedeutet ferner sprachgeleitetes Vergleichen, Schätzen und Wägen, es bedeutet vor allem Fragen-lernen, Fragen-können, ohne das intelligentes, zukunftsoffenes menschliches Lernen nicht gedacht werden kann und auch nicht konzipiert werden darf. Skinner scheint mehr am sichernden Einordnen als am verunsichernden Fragen zu liegen. Aber wie soll es überhaupt zu einem aufgabenzentrierten, problembezogenen Lernen kommen, wenn die Fähigkeit nicht angesprochen wird, Nichtverstandenes fragend in den Prozeß des Lernens einzubeziehen, also das Nichterkannte als unerschlossene Möglichkeit in seinem Aufgabencharakter mitzuerfassen?

Kritisch abwägendes Verhalten wird angesichts mehrdeutiger Situationen oder Problemstellungen gefordert. (Das Tier bleibt in solchen Fällen der Reizung ausgeliefert; der Computer wird im Zweifelsfall codierte Lösungen nebeneinander drucken.) Der Mensch muß lernen, ad hoc Präferenzordnungen herzustellen, sie zumindest zu improvisieren, und sich zu entscheiden. Diese Fähigkeit entwickelt man nicht als Partner einer programmierten Maschine. Man lernt es nur im Medium von Interaktionen, über mitmenschliche Lehre und Korrektur. Voraussetzung dafür ist, was man die praktische Einsicht in die Reziprozität der Perspektiven genannt hat[10], die Fähigkeit des Erwartens und Beantwortens von Erwartungen[11]. Kritisches Verhalten lernt man an Beispielen, die gegeben werden, und durch anregende Kritik[12]. In solchen wechselseitig-interpretatorischen Beziehungen von Partnern ist der eine nicht einfach der potentielle Verstärker des andern; auch wo Zustimmung erlangt und geäußert wird, verteilt man nicht eigentlich Prämien, sondern gibt zu verstehen, daß man in der gemeinsamen Bewegung des Sich-verstehens ein Stück weitergekommen ist (in der Teilhabe an der gemeinsamen Sache). Die Vorstellung wechselseitiger Prämiierung widerspricht im letzten der freien Zuwendung zur verhandelten Sache im hermeneutischen Gespräch zweier prinzipiell gleichberechtigter Partner. Aufnahme sachlicher Korrektur (i. S. des Sich-etwas-gesagt-sein-lassens) bedeutet für das Subjekt produktive Erschließung einer neuen Seite der Sache; der Widerspruch wird nicht als mögliches Versagungserlebnis gemieden, er wird als Gelegenheit, im Lernen weiterzukommen, aufgegriffen und u. U. auch gesucht[13].

Denken läßt sich allerdings folgendes: Eine extrem auf Verstärkung von Verhaltensweisen angelegte Lerntheorie erzeugt gut angepaßte Schüler und sie verstärkt dabei den Lehrer so gut, daß schließlich beide Seiten von der Vortrefflichkeit der Methode so überzeugt sind, daß auch beide Seiten kritische und kreative Schüler als Störer spontan ablehnen. Die Ablehnung mag dann auch sekundär rationalisiert werden. (Das wäre eine weitere ironische Version zu einer Karikatur, die Skinner — es sei zu seiner Ehre gesagt — seinen Versuchstieren einmal sozusagen unterschiebt)[14].

Ähnlich komplex steht es mit dem, was man heute mit dem Begriff der Kreativität bezeichnet (die nicht ganz unproblematische Bezeichnung sei der Kürze zuliebe einmal hingenommen). Der Mensch ist nicht nur reaktiv auf Reizmuster, sondern kreativ auf Anmutungen und Aufgaben bezogen. Der Behaviorist neigt dazu, kreatives Verhalten in Assoziations- oder Reaktionsketten oder in eine Kombination beider aufzulösen. Er kann sie auch nach Bedarf zu dem einer Analyse nicht weiter bedürftigen emittierten Verhalten des Subjekts schlagen. Der erste der beiden Wege, die Erklärung komplexen menschlichen Verhaltens als Kombination aus elementaren Lernresultaten steht wiederum in der Gefahr, tierpsychologische Erkenntnisse unkritisch extrapolieren zu wollen; solche Ableitungsversuche müssen jedoch versagen.

Nicht nur der erwachsene Mensch, sondern auch das schulfähige Kind steht der Mehrschichtigkeit und Bedeutungsfülle von Situationen von vornherein mit offeneren Erwartungen gegenüber als ein Tier. Sein Lernen entfaltet sich im Sog des ›Groß-werden-wollens‹. Setzt es sich erst einmal mit einer Sache um ihrer selbst willen auseinander (unter intrinsischer Motivation, wie man sagt), dann mag der Behaviorist von einer sich selbst verstärkenden Idee oder einem sich selbst verstärkenden System sprechen, der qualitative Unterschied zur von außen herangetragenen Verhaltensdetermination muß doch scharf hervorgehoben werden. Aus perfekter (immer schon vergangener) Determination läßt sich die Fähigkeit, einen Sachverhalt mit neuen Augen zu sehen (so, als ob einem Schuppen von den Augen gefallen wären), neue Strukturen zu entdecken und neue Zugangsarten zu finden, niemals herleiten. Es ist geradezu pädagogisch falsch, die wache, empfängliche Wahrnehmung in ihrer unvorgreiflichen Offenheit für künftige Wirkungen auf gemachte Lernerfahrungen reduzieren zu wollen[15].

In diesem Bereich muß auf individuelle Dispositionen Rücksicht genommen werden. Die behavioristische Programmierungs- und Unterrichtstechnik tut dies nur i. S. der Einstellung auf unterschiedliche Lerntempi; die kleinschrittigen Programme sind in der Art von Engführungen angelegt und lassen für inhaltlich divergierende Lösungsversuche wenig Raum. (Prinzipiell mehrdeutige Problemstellungen wie z. B. Gedichtinterpretationen, für deren Erledigung sich kein Algorithmus zur automatischen Lösung finden läßt, sind geschulten Programmierern ein Greuel.) Besonders im Rahmen programmierter Instruktion bleibt für individuelles Explorieren, Auswählen und Interpretieren oft kein rechter Spielraum; die Ermöglichung von Risiken läuft der Ersparnistendenz letztlich zuwider. Gibt man für individuelle Erprobungen nicht vielseitige Gelegenheit und weiß man von vornherein Bescheid über die Anzahl zugelassener Paradigmata, dann läuft man aber doch Gefahr, nur Assoziationen zu stiften, wo es um Verständnis, Verallgemeinerungsfähigkeit und Sensitivität für Probleme ginge.

Eine weitere Komponente darf nicht unterschlagen werden: Kreativität i. S. intelligenter Informationsraffung und -auswertung, weitreichender Hypothesenbildung und stilsicherer Durchmusterung von Lösungsmöglichkeiten ist nicht zu denken ohne das Medium der Sprache. Chomskys Kontroverse mit Skinner zielt auf diesen Punkt [16]. Die Fähigkeit, auf Grund der beherrschten Syntax Bedeutungszusammenhänge zu organisieren, spontan neue Sätze hervorzubringen und noch nicht gehörte zu verstehen, bedeutet für das Lernen des Menschen eine ihn von anderen Organismen grundsätzlich unterscheidende Dimension, von der nur die Verhaltenspsychologie nicht überall ausreichend Kenntnis genommen hat und die in rein verhaltenspsychologischer Terminologie auch nicht angemessen beschrieben werden kann. Diesen Sachverhalt darf man nicht sofort wieder auf eine Fähigkeit zu logischem Sortieren und Schließen reduzieren; auf derartige Operationen programmierte Maschinen sind dem Menschen bei der Lösung elementarer Probleme überlegen. Der sprachlich versierte Mensch, der über diese Fähigkeit hinaus Idiome verschiedener Sprachebenen, verschiedene Verbindungs- und Artikulationsstile beherrscht und sich darauf versteht, im Metaphorieren neue Hinsichten zu eröffnen und das Denken fluid zu erhalten, erweist sich bei komplexen (oder globalen), nicht eindeutig zu elementarisierenden Problemen wiederum den Rechenautomaten überlegen [17].

Wollen wir in Zukunft dem Problemzusammenhang von Lernen, Sprache und Kreativität didaktisch gerecht werden, dann müssen wir unterrichtsnahe Beschreibungen liefern, die weder aus isolierten Testitems bestehen, wie sie die gegenwärtige Kreativitätsforschung entwirft (man denke an die nicht ausrottbare Frage, wieviel originelle Verwendungsarten jemand von einem Backstein beibringen kann o. ä.), noch dürfen wir in die Vorstellung eines generellen Faktors Kreativität zurückfallen. Was unter bestimmten Bedingungen ›kreativ‹ genannt werden kann, muß wieder stärker von den strukturellen Erfordernissen eines Kulturgebiets aus profiliert werden (im ästhetischen Bereich, wo die Ansprechbarkeit und das sensitive Urteil über Wirkung zu schulen sind, liegen die Dinge anders als im technischen Bereich, wo analytische Trennschärfe mit projektierender Phantasie verbunden werden muß). Analysen von Projekten und Problemsituationen und -feldern, nicht kontextfreie Tests und aus ihnen abgeleitete Anweisungen helfen in der Erziehung zu produktivem Verhalten weiter. Das Verhältnis von kreativem Handeln und kritischem Verhalten ist nicht nur von der behavioristischen Lern- und Unterrichtstheorie vernachlässigt worden, es ist auch in der amerikanischen Kreativitätsforschung, wenn die Ulmannsche Darstellung sie richtig wiedergibt, ungeklärt geblieben [18]. Es scheint, daß dort eine naive Überbewertung der Phantasie Platz gegriffen hat, der unbeschwerten, frei schweifenden Phantasie, die neben wertlosen Einfällen auch abweichende Lösungen gebiert. Kritik ist dort in den entscheidenden Stadien des Findungsprozesses geradezu verboten, sie mischt sich erst in der nachträglichen Evaluation ein. Hier droht ein Rückfall ins ungeregelte Assoziieren, der nur durch eine mehrdimensionale didaktische Strukturtheorie, welche gebietsspezifische Erfordernisse und Erwartungen in formalen Lernintentionen und in ihre Spur gebrachten Aufgabenentwürfen artikuliert, aufgefangen werden kann. Eine didaktische Theorie muß also die Gegengewichte liefern und die Widerlager für das Hin und Her von individuellem Einfall und kritischer Korrektur konstruieren. Ort zur Eröffnung von Spielräumen des Denkens ist die Schule mit innerer Notwendigkeit, Ort unverbindlicher Spielereien kann und darf sie nicht sein. So darf denn auch dem verhaltenspsychologisch konzipierten Unterricht, der vorwiegend in die gebräuchlichen Begriffe und Regeln einführt, also konvergierendes Denken pflegt, nicht eine ebenso einseitige Kultivierung des divergierenden Denkens und Verhaltens nur gegenübergesetzt werden; divergierendes Denken braucht von sich aus mit Kreativität noch nichts zu tun zu haben (Ideenflucht z. B. ist eher ein Krankheitssymptom). Einübung gebräuchlicher Bewältigungsformen, Sensivierung für Probleme, Weckung der Lust, neuartige Wege zu gehen, aber auch Offenheit für die Kritik der Kompetenten müssen gleichermaßen im schulischen Lernen intendiert und aneinander entwickelt werden. Um derartig weitreichende Lernintentionen anzubahnen und diese dem Lernenden bewußt zu halten (denn das soll — trotz Skinner — der Unterricht doch gerade fertig bringen: ihn für sein Lernen mitverantwortlich zu machen bis in die Motivation hinein), bedarf es einer im evaluativen Teil sehr differenzierten didaktischen Theorie, — einer komplizierteren jedenfalls, als sie eine Verhaltenspsychologie, die mit einem Bein in der Tierpsychologie steht (und wohl mit ihrem Standbein), bieten kann. Mit anderen Worten: es bedarf einer pädagogischen Unterrichtstheorie.

III.

Das verhaltenspsychologische Modell des Lernens und des Unterrichtens ist zu grob; die Diskrepanz, die sich zwischen den Experimenten an niedriger organisierten Lebewesen einerseits und den komplexen Voraussetzungen, Verfahrensweisen und Lernphänomenen, den kulturabhängigen und kulturgenerierenden Zielvorstellungen andererseits ergeben muß, ist nicht zu übersehen. Woher rührt das Mißverhältnis?

Mit der methodologischen Problematik therimorpher Modellierung menschlicher Handlungen habe ich mich an andrer Stelle ausführlicher auseinandergesetzt, deswegen möge hier ein knapper Hinweis genügen [19]. Der Skinnerschen Version der behavioristischen Lerntheorie liegt die Vorstellung einer universellen, höchstens kontinuierlich ausgliederbaren Grundform des Lernens zugrunde. Verstärkung bleibt Verstärkung, wenn man sie auch in primäre (d. h. leib-, trieb-, bedürfnisnahe) und sekundäre (d. h. sozial-kulturelle) auseinanderlegen kann. Dieses Stufen- oder Überbauschema ist allerdings verräterisch, es kann als anthropologisches Modell keineswegs akzeptiert werden. Der Mensch braucht zwar auch Bestätigungen, und er braucht u. a. die, deren das Tier bedarf; er bedarf jedoch, je mehr er dem Zustand der Erwachsenheit zustrebt (mündig wird), Bestätigungen ganz andrer Art, innere Rechtfertigungen seines Tuns, die über die Zweckdienlichkeit hinausreichen. Solche Formen, kulturelle Parameter sozusagen, können nur geschichtlich von Gruppen und Gesellschaften gefunden werden (Claessens), und irgendwie bleibt die Menschheit eigentlich immer auf der Suche nach derartigen Motivationen [20]. Auch der Schulunterricht ist von diesem Prozeß abhängig. Das Arbeiten mit primären Verstärkern in Skinners Sinn ist nicht etwa natürlicher; es kann, wie wir dies im Zusammenhang mit der sog. Gehirnwäsche kennen, sogar zu einem System terroristischer Finessen ausgebaut werden.

Die wichtigste Voraussetzung menschlichen Lernens, die wirklich erst mit dem Menschen auf den Plan tritt und aus tierischen Kommunikationsformen nicht hergeleitet werden kann, ist die Sprache, die Sprache als Mittel der Darstellung, als Befähigung zum Umgang mit Universalien, als das, wodurch Sinn- und Selbstbestimmung nicht nur probiert, sondern auch gedacht werden kann.

Skinner erhebt den Anspruch, sprachliches Verhalten durch kausale Analyse verstehen lehren zu können. Nun steht zwar ebenso entschieden die Gegenthese im Raum, daß intentionales, kommunikatives, symbolisch vermitteltes Verhalten im Ursache-Wirkungs-Schema der Physik nicht angemessen erklärt werden kann [21]. Aber Skinner und seine Anhänger versuchen doch, die Entstehung und den Gebrauch von Begriffen, Symbolen, Universalien als induktiven Aufbauvorgang, also aus der Summation einzelner Erfahrungen (als Reizgeneralisation) zu erklären. Der Begriff des Reizes muß allerdings bereits aus der physikalischen Fixierung heraus in die Richtung des Bedeutungsbegriffs verschoben werden, wenn dem Erklärungsversuch ein Schein von Berechtigung gegeben werden soll.

Eben da liegt ein Problem. Menschliche Erfahrungen, ja schon die Entfaltung der Sinnestätigkeit, sind sozial, kulturell, und damit sprachlich vermittelte Erfahrungen. Allgemeine Züge, qualitative Grundcharaktere, die mit dem Kommerzium von Mensch und Welt gegeben sind, gehen besonderen Differenzierungshandlungen immer schon voraus[22]. Aus den Adjektiven, mit denen wir z. B. solche qualitative Anmutungen, Befindlichkeiten usw. beschreiben, werden Abstrakta abgeleitet. Von der Wahrnehmung läßt sich bereits sagen, daß sich in gegenläufiger Bewegung zum Aufbau aus Elementen auch eine Tendenz zum Allgemeinen registrieren läßt[23]. In anderen Bereichen, z. B. in der sittlichen Erziehung, stehen überhaupt die vom Erwachsenen angetragenen Regeln und Prinzipien am Beginn, und sie werden erst allmählich zugeschärft im Begreifen von Ausnahmemöglichkeiten[24]. Ganz ähnlich liegen die Dinge beim Erlernen von Verkehrsregeln und anderen Sozialregulationen. Skinner wird natürlich sagen, daß bei der operativen Konditionierung vom Organismus emittiertes Verhalten aufgenommen und verwertet werde, — aber genau auf die mit diesem Deckwort bezeichnete Komponente kommt es an: das Begreifen der Regel kann man nicht von außen erzwingen, irgendwie andemonstrieren, es muß vom Subjekt selbst geleistet werden, und ob es das Subjekt wirklich geleistet hat, zeigt sich ausschließlich daran, ob es selbständig unter veränderten Bedingungen nach der Regel handeln kann[25].

Diskriminieren und Transferieren können wir lernen, weil wir über das Identifizieren des Selbigen hinaus Ähnlichkeiten zu entdecken imstande sind. Auch dafür muß eine Verallgemeinerungstendenz schlicht vorausgesetzt werden. Skinner verficht den Gedanken, diese Diskriminationsfähigkeit müsse im Kleinkindesalter maschinell an Reizfigurationen erlernt werden (gleichsam vorsprachlich, sprachfrei). Aber liegt hier die Wahrheit nicht doch eher in Pestalozzis Abhandlung vom »Sinn des Gehörs«[26], wo der Erwachsene, hier die Mutter, mit dem Zeigen auch die Sprache anträgt? Skinner betont mit Vorliebe das nicht-sprachliche Verhaltensrepertoire; fortschreitender Unterricht soll durch Einbezug programmierter Instruktionen ganz allgemein zu einer Abnahme sprachlich-verlautender Verständigung führen[27]. Hier kann man Bedenken schwer unterdrücken. Es ist gut, daß einige russische Forschungen die Funktion sprachlicher Instruktion und auch Interaktion in ihrer Bedeutung für das kognitive Lernen stärker herausgestellt haben[28].

Welche Fehler Skinners Sprachtheorie enthält, hat der Linguist Chomsky deutlich gemacht; auf Einzelheiten braucht man hier nicht eingehen. Was die herkömmliche Sprachtheorie als Denotation und Konnotation unterscheidet, wird nur vage gefaßt, die Sicht der Satzstruktur ist inadäquat (auch Brown/Dulaney grenzen das Konditionieren vorsichtig auf den lexikalischen Bestand der Sprache ein und müssen offen lassen, ob das Erlernen grammatikalisch strukturierter Neukombinationen überhaupt behavioristisch beschrieben werden kann)[29]. Immer wieder dreht sich die Diskussion um das Verstärkungstheorem. Chomsky findet keinen Anlaß dafür, langsame und sorgfältige Verhaltensformung durch differentielle Verstärkung im sprachlichen Umgang für eine absolute Notwendigkeit zu halten. Kinder lernen Äußerungen verstehen und konstruieren ohne die beschriebenen Praktiken. Er meint, es müsse unabhängig vom Prozeß ständiger Erfolgsmeldungen im feed-back ein anderer, fundamentaler Prozeß kindlicher Hypothesenbildung am Werk sein. Verstärkung spiele wohl eine Rolle, aber sie spiele neben anderen Faktoren (a variety of motivational factors) bei einem menschlichen Wesen eine Rolle[30].

Hier geht es um das Grundsätzliche. Während dem Behavioristen daran liegt, den Spracherlernungsprozeß möglichst eng mit einer Abfolge von Reiz-Reaktions-Situationen zu verbinden, liegt uns daran, herauszuarbeiten, daß mit Hilfe der Sprache solche unmittelbare Reiz-Reaktions-Situationen überschritten werden können. Sprachliches Handeln, oder besser: sprachliche Verständigung löst vom Situationsdruck, entkonkretisiert in einem positiven Sinn. Erst auf dieser Basis kann die weit ins Leben ausgreifende Sinnbestimmung für den einzelnen zum Thema seines Denkens werden. Von solchen Möglichkeiten handelt auch der Unterricht.

Das Verständnis der Sprache (und des Erlernens der Sprache) ist ein entscheidender Punkt, die Frage der Berücksichtigung der menschlichen Subjektivität und das Verständnis ihrer grundsätzlichen Beschaffenheit der andere. Beide hängen eng zusammen, sie bedingen sich gegenseitig. Der transzendentale Charakter der Symbolfunktion und der der Bedingungen der Möglichkeit menschlichen Daseins haben denselben durchbruchartigen Ursprung[31].

Schon diese Ausdrucksweise verfiele freilich bei Skinner dem Mentalismus-Verdikt und dem Verdacht, man wolle sich auf Formen einer introspektiven Vergewisserung beziehen. Für den Behavioristen ist nur das wissenschaftlich zu behandeln, was unmittelbar beobachtet und in einer naturwissenschaftlichen Fachsprache beschrieben werden kann. Man könnte für eine Analyse eine ganze Liste von Wörtern aufstellen, die nach Skinners Auffassung wissenschaftlich nicht zu gebrauchen sind; »denken« gehörte auf jeden Fall dazu. Hier stehen die Behavioristen auf einem Boden mit den Positivisten, bei deren Forschungen das Subjekt ebenfalls methodisch ausgeschaltet wird. Die Vertreter der Reflexionsphilosophie haben allerdings darauf hingewiesen, daß die Einschrumpfung des Bewußtseins auf eine Art konditionierten Verhaltens unter der Haut in unüberwindliche Denkschwierigkeiten führt[32]. Nicht viel besser ist jene Art der Enthaltung, in der die Interiorität und was sich in ihr abspielt, zu einer Art black box erklärt und dann beiseitegelassen wird[33].

Es geht wohl auch nicht nur um methodische Enthaltsamkeit. Wer so viel von der Formung des Verhaltens spricht, setzt das Zu-Formende zumindest unbewußt zu einer Art Rohmaterial herab. Vollends absurd wirkt der Versuch eines Skinner-Schülers, die menschliche Freiheit (d. h. doch: das Zentrum des Selbstseins) in »multipler Kausation« zu fundieren[34]. Da ist offenbar wirklich der letzte Verbindungsgang von der Psychologie zur europäischen Reflexionsphilosophie abgebrochen.

Subjektivität als fungierende Intentionalität, Bewußtsein als erweckbare Fähigkeit, sich denkend zu distanzieren, sich ein Feld von Möglichkeiten vor Augen führen zu können, sich zu desituieren und das Feld umzustrukturieren, um schließlich sinnvoll zu handeln — sind solche Ausdrücke nur Wendungen einer verblasenen mentalistischen Ideologie? Oder wäre nicht in der umgekehrten Richtung zu fragen, ob eine anthropologische Handlungslehre einen adäquateren Ansatz zu einer Lerntheorie liefern könnte, da in ihr nicht nur der prinzipiell reaktive Charakter des Verhaltens, sondern das aktive Operieren des Subjekts besser artikuliert würde?

Wer auf solche Gedanken entgegnet, daß es doch auch gelungen sei, Vorgänge des logischen Schließens, des Kombinierens und der Informationsverarbeitung i. w. S. technisch zu simulieren, also in technische Abtastvorgänge und Schaltungen zu transformieren, dem muß mit einem Hinweis auf G. Günther gesagt werden, daß entsprechende Rechenautomaten eben genau das nicht haben, wovon gesprochen werden sollte: einen eigenen Bewußtseinsvollzug i. S. der Introszendenz eines menschlichen Subjekts[35]. Solche wird vielmehr im Programmierungsstadium gebraucht und vorausgesetzt. Wir wollen die Anregungen, die von der Arbeit an adaptiven Lehrmaschinensystemen (Stolurow) auf die Erforschung des kognitiv-perzeptiven Teils des Unterrichts ausgehen, nicht geringschätzen[36]. Man muß sich nur vor Augen halten, daß die Apparate (wenn unsre Worte überhaupt noch einen verbindlichen Sinn haben sollen) bewußtlos bleiben. Es gilt zu unterscheiden, wofür sie Modell sein können und wofür nicht. (Im übrigen gehen die Kybernetiker dazu über, den Menschen nicht mehr als passives Glied eines nachrichtentechnischen Vermittlungssystems zu interpretieren, sondern als ein mit Hilfe von Plänen ordnendes und manipulierendes System, womit wohl wiederum nicht nur empirisch Spontaneität, sondern auch ein Gefüge von Bedingungen der Möglichkeit theoretisch vorausgesetzt wird)[37].

Nun wäre es aber völlig falsch, gewisse Irrtümer und Ausfallserscheinungen Skinner oder seinen Anhängern i. S. irgendwelcher Defekte zuzurechnen und an ihnen ein Stück Individualpsychologie zu demonstrieren. Es geht nicht um Symptome, es kann nur um Methodenkritik gehen. Unter diesem Blickwinkel wäre Kritik an gewissen Restriktionen zu üben, die mit der Labor- und Experimentalsituation meist schon gegeben sind: künstlich produzierte Reize setzen die Entflechtung des Bedeutungszusammenhangs in der Regel voraus. E. Straus hat eine solche kritische Analyse an Pawlows Theorie der Reflexbildung vorgenommen, und sie wäre auf einer zeitgemäßen Reflexionsebene auch an Skinners Modell durchzuführen. Beim Durchlaufen seiner Versuche und seiner theoretischen Ausführungen käme, was Chomsky schon andeutete, zum Vorschein, daß er in der Absicht, seinen Ansatz aufrechtzuerhalten, seine Kategorien so überdehnt, daß die Begriffe z. T. ihren objektiven Sinn verlieren. (Der Verstärkungsbegriff, sagt Chomsky, hat in manchen Zusammenhängen nur noch rituelle Funktion)[38].

Am offensten liegt freilich ein Angriffspunkt zutage: Skinners Reduktionismus. Kaum ein anderer Psychologe hat je so unbefangen im Stile des »nichts anderes als ...« theoretisiert, wie eben Skinner es tut. Gegen derartige monistische, nur experimental-ökonomisch konzipierte Erklärungsversuche muß das phänomenologische Postulat wieder in Kraft gesetzt werden, nach welchem ein Sachverhalt differenzierter gesehen werden muß, als er im Alltag so geradehin aufgefaßt wird. Skinner reduziert auch noch die in umgangssprachlicher Beschreibung faßbaren Phänomene auf wenige operationale Begriffe — bzw. das, was er dafür ausgibt. Daß angesichts der hohen Komplexität der Sachverhalte, mit denen er es zu tun hat, die Entscheidung für eine einzige, sehr restriktive Terminologie schlechthin unbegründbar bleibt, kann hier nicht umgangen werden. Skinner zeigt zwar dann und wann einen Anflug von Selbstironie, aber diese bleibt eine Art Privatangelegenheit; einer Relativierung der wissenschaftlichen Position öffnet er sich kaum.

Schon den exakten Wissenschaftler wird es verblüffen, daß Skinner die Probleme in jeder gewünschten Hinsicht für gelöst hält, obgleich er mit Vorliebe Einzelfallstudien treibt und aus ihnen Gesetzesformulierungen ableitet, ohne die eventuell begrenzte Reichweite an einem breiteren statistischen Material festgestellt zu haben[39].

Die andere Seite ist eben seine Terminologie. Auch Foppa bemängelt die Geringschätzung der theoretischen Formulierung, die hier zu spüren ist[40]. Verplanck soll (wie ich finde sehr treffend) gesagt haben, Skinners Theorie sei sehr formal, aber nicht sehr formalisiert. Chomsky spricht von einer metaphorischen Ausweitung seines Laborvokabulars bis zu nahezu völlig leeren Schemata[41]. Nicht nur mit Begriffen wie Reiz und Verstärkung werden recht verschiedenartige Phänomene bezeichnet, es wird auch durch Manipulation mit dem Wahrscheinlichkeitsbegriff gelegentlich nur eine Illusion von Wissenschaftlichkeit heraufbeschworen. (Man könnte so fortfahren.)

Was ist in dieser Lage zu tun? Ich glaube, daß hier nur ein unabhängiger Neuansatz theoretisch weiterhilft. R. M. Gagné[42] hat sich auf seine Weise von den Einseitigkeiten seiner behavioristischen Herkunft entfernt; ein Konzept, das sowohl für die Experimentalpsychologie wie auch für phänomenologische Differenzierung offen wäre, hat C. F. van Parreren[43] vorgelegt, O. W. Haseloff und E. Jorswieck haben mit anderen Mitteln die Verschiedenheiten der Lernformen sichtbar gemacht. Eine gleichermaßen pädagogisch und anthropologisch orientierte und zur Experimentalpsychologie wie zur Systemtheorie geöffnete Lerntheorie steht noch aus.

IV.

Welche Verbindungslinien laufen von der verhaltenspsychologischen Lerntheorie zur Unterrichtstheorie im volleren Sinne, und welche Grenzen zeigen sich hier? Um dieser Diskussion Stoff zu liefern, befasse ich mich mit dem Aufgehen der Lehrmethode im Rollenverhalten des Lehrers, mit der behavioristischen Auffassung von der Operationalisierung von Lernzielen[44], mit der testtheoretischen Konzeption der Erfolgskontrolle und einigen interessanten Punkten in neueren Ansätzen zur Curriculumevaluation.

Der erste Punkt wird den Didaktiker am meisten verblüffen. Der Abstand zwischen der Lehrmethode und dem Rollenverhalten des Lehrers ist in der verhaltenspsychologischen Konzeption so stark geschrumpft, daß man die Begriffe synonym verwenden kann. N. E. Wallen und R. M. W. Travers machen dies in einem von Fr. Weinert bearbeiteten Beitrag über Lehrmethoden im Handbuch der Unterrichtsforschung ganz deutlich[45]. In dieser Auffassung der Methode wird also nicht etwa ein Weg, ein Verfahren in seiner projektierten Verlaufsstruktur vorgestellt, die Methode ist eigentlich eine identifizierbare Gruppe von Verhaltensweisen, ein »Satz« i. S. eines Verhaltensmusters. Auch die Schulbücher sind unter diesem Blickwinkel Lehrerverhalten in einem bestimmten Aggregatzustand, sie können, so meint N. L. Gage, als gefrorenes Lehrerverhalten betrachtet werden[46].

Identifiziert man sich mit dieser Deutung der Methode, dann muß man konsequenterweise das geeignetste Verhaltensmuster herauszufinden versuchen und, wie dies ja auch gefordert wird, in der Lehrerausbildung die Studenten auf dieses Muster konditionieren. Ein nicht unerheblicher Teil der Ausbildung muß in Trainingsseminare verlagert werden, in welchen durch kluges human engineering und Konditionstraining die entsprechenden Gesten, die Stimmführung, das Aufrechterhalten des Blickkontakts, das Lächeln und Nicken erlernt wird. Nach Meinung der Experten ist es nur leider noch nicht gelungen, ein Verhaltensmuster aufgrund eindeutiger empirischer Ergebnisse zu favorisieren. Die kritische Gegenfrage muß zugelassen werden: wie sollte das auch jemals rein psychologisch ausgemacht werden können ohne Rücksicht auf fachspezifische Erfordernisse, ohne Rücksicht auf übergreifende pädagogische Zielsetzungen, ohne Kenntnis der Vielfalt der an einer Sachstruktur hängenden Zugangsarten und Problemstellungen, also ohne Einbezug der didaktischen Erwartungen?

Die zeitgenössische Pädagogik hat nicht wenige Argumente gegen die Vorstellung vorgebracht, in der Erziehung gehe es um die Formung junger Menschen nach einem von außen gesetzten Menschenbild. Es wäre absurd, wollte man jetzt akzeptieren, daß eine Lehrmethode erlernen identisch sei damit, daß sich der künftige Lehrer einer sozialtechnischen Manipulation unterziehe, bei welcher er auf einen Satz von Fertigkeiten konditioniert wird. Übung im menschlichen Umgang in Ehren, — gelegentlicher taktvoller Korrektur bedürfen wir da alle. Das beschriebene Verhaltenstraining vermag jedoch unter der Hand zu einer sehr massiven Außenlenkung zu werden, bei der nicht mehr genau zu sagen ist, wer denn nun eigentlich wen mit welcher Begründung so und nicht anders zu konditionieren versucht. (Wer konditioniert die Konditionierer?)

Den Vertretern dieses einseitigen Methodenkonzepts fehlt vor allem das Bewußtsein für den Implikationszusammenhang von Aufgabenstellung und Verfahren, oder in den Begriffen der Berliner Schule der Didaktik: von Intentionen, Themen und Methoden. Wenn die Verhaltenspsychologie sich nicht in einem Mindestmaß um die Einsicht in diese wechselseitige Abhängigkeit innerhalb des umfassenderen didaktischen Strukturzusammenhanges bemüht, wird sie bei allem Aufwand im Detail für die Schulpädagogik nichts beitragen. Verhaltensmuster oder Verhaltensstile für sich allein bleiben funktionslos, solange nicht geklärt ist, in welchem unterrichtlichen Erwartungszusammenhang sie einen Stellenwert haben sollen.

Nicht leicht wird man es sich mit der Forderung nach einer präzisen Formulierung und Operationalisierung der Lernziele machen dürfen. Unterrichtsprogramme können nur erstellt werden, wenn die Lernziele in der Form genau gefaßter Endverhaltensweisen, die beherrscht werden sollen, formuliert sind. Auswirkungen dieser Programmierungspraxis haben ohne Zweifel in die gesamte Curriculumtheorie unsrer Zeit ausgestrahlt. Keinem Didaktiker, der im einzelnen Bedenken hat, stünde es schlecht an, sich in solchen Beschreibungen von gewünschten Endverhaltensweisen zu versuchen.

Könnte es aber nicht sein, daß bei der starken Konzentration auf solche Endverhaltensweisen zu wenig Interesse für die Verlaufsformen des Lehrens und Lernens übrigbleibt? Daß die behavioristische Vorstellung in Zweifel gezogen werden muß, es könne nur eine universale Lernart und ein durchweg am besten geeignetes Rollenverhalten des Lehrers geben, wurde schon zum Ausdruck gebracht. Ist es nicht auch so, daß überhaupt ein bestimmter äußerlich wahrnehmbarer Lernerfolg auf verschiedene Weisen zustandekommen kann, wobei die Weisen des Erwerbs pädagogisch durchaus verschieden beurteilt werden können? [47] Ergibt sich der Stellenwert der einzelnen Endverhaltensweisen nicht auch hier erst in einem übergreifenden Gefüge pädagogischer Relationen und Intentionen? H. Blankertz hat zu zeigen vermocht, daß trotz oder mit moderner behavioristischer Lernzielbestimmung auch ein recht antiquierter Unterricht entworfen werden kann [48].

Auf der methodologischen Ebene steht das Beschreibungs- oder vielleicht besser: das Bestimmungsproblem zur Debatte. Das Sistieren des Verhaltenspsychologen auf konkret beobacht- und beschreibbaren Endverhaltensweisen steht stets polemisch in Beziehung zu formalen, weiten, mehrdeutigen und deshalb vagen Begriffen. Formale Begriffe können aber nicht einfach als Leerformeln beiseitegeschoben werden; es ist zum einen zu fragen, ob es reine Leerformeln in der Sprache überhaupt geben kann (die sog. Leerformeln sind oft eher ein Problem des Adressaten, seiner Artikulations- und Apperzeptionsschemata, seiner Fairness, seines guten Willens), zum andern ist doch anzumerken, daß Mehrdeutigkeit auf keinen Fall mit Leere und vermutlich auch nicht mit Vagheit verwechselt werden darf.

Formale oder funktionelle Ziele (i. S. von M. Wagenschein[49]) gehen notwendig über die Fassung beobachtbaren Endverhaltens hinaus. Sie zu disqualifizieren, ist nicht sinnvoll, es ist vielmehr auf die Möglichkeit begrifflicher Aufstufung (i. S. der Hierarchisierung) zu achten: was auf dem einen begrifflichen Niveau formal ist, kann auf dem nächst höheren zum Inhalt im Rahmen eines übergreifenden Systems werden. Nun können aber in einer didaktischen Theorie die beobachtbaren und abzählbaren Endverhaltensweisen nicht isoliert nebeneinander stehen bleiben, auch für sie ist ein auf übergreifende Ziele hin gespanntes Bezugssystem zu entwerfen, innerhalb dessen das Postulat eindeutiger begrifflicher Fassung überhaupt erst sinnvolle Anwendung finden kann. Dieses Bezugssystem hat mit hoher Wahrscheinlichkeit den Charakter eines mehrdimensionalen Relationsgefüges, verwendete Begriffe werden also diesem verschiedenartige Orientierungen zulassenden Kontext gerecht werden müssen. Die Verschiedenartigkeit möglicher Beispiele (dies und jenes nennen, beschreiben, erklären, reparieren können usw.) kann grundsätzlich eine Begriffsbestimmung nie voll decken[50]. Und ebenso grundsätzlich gilt, daß es eine vollständige Beschreibung einer konkreten individuellen Leistung nicht geben kann[51].

Der Begriff der Lernzielbeschreibung ist überhaupt inadäquat; Ziele gibt man an, man steckt sie. Über die treffende Terminologie muß für jede Ebene eine Entscheidung getroffen werden. Neurophysiologische Begriffe, die auf der Ebene der Mikrostrukturen eine Rolle spielen mögen, dürfen z. B. nicht auf die Makroebene der Lehrplanforschung übertragen werden. H. Blankertz hat im Blick auf B. und Chr. Möller mit Recht gesagt, daß von einer rein logischen Ableitung auf keinen Fall gesprochen werden könne[52]; an den Gelenkstellen muß das Urteilsvermögen des Sachverständigen eingreifen.

Der Begriff der Lernzielbeschreibung ist auch deswegen irreführend, weil es sich im Grunde ja nicht um deskriptive Aussagen handelt, über die unter dem Aspekt der Wahrheit und Falschheit befunden werden könnte, sondern um präskriptive Aussagen, auch wenn sie das Gewand hypothetischer Sätze tragen. Es handelt sich um Anforderungen in Normsituationen, für die auch sinnkonstituierende Möglichkeitsbereiche sowie Erfüllungs- oder Bewertungskriterien entworfen werden müssen. Die letzteren sollten so beschaffen sein, daß der heranwachsende, die Chance der Selbstbestimmung ergreifende Schüler solche Möglichkeiten antizipieren und sich im langfristigen Lernen auf sie einrichten kann. Die Fixierung auf isolierte konkrete Endverhaltensweisen könnte genau das u. U. verhindern.

Im übrigen kann der Operationalisierungsdrang auch in ein steriles Klassifizieren hinüberführen. H. v. Hentigs Fassung der Lernziele der Gesamtschule[53] ist gewiß in manchem aphoristisch, sprunghaft, jedenfalls eigenwillig, aber sie ist anregend, da sie ständig auf die gesellschaftlichen Probleme dieser Zeit reflektiert, und sie ist in diesem Sinn nicht nur immer noch präziser als einige Zielbestimmungen, die Skinner liefert (eine imaginäre Welt der Ordnung schaffen, über Unordnung trösten[54] oder: »Das Erziehungsziel sollte man in nicht weniger als der vollsten und breitesten Entwicklung der menschlichen Natur sehen«[55]) und intelligenter im Ansatz als das Bloomsche Modell, das für unser Jahrhundert noch einmal — unter Mißachtung wesentlich anderer anthropologischer Modelle — die alte Trias von Denken, Fühlen und Wollen klassifikatorisch wiederholt. Letzte Leitlinien und Zielvorstellungen sind im strengen Sinne sowieso nicht operationalisierbar, sie müssen entdeckt und in Entscheidungsprozessen zu einander in Beziehung gebracht werden.

Mehrere Autoren haben in jüngster Zeit auch leise Bedenken gegen eine einseitige Fixierung der Lernerfolgskontrolle auf ein testtheoretisches Konzept vorgebracht. Wenn Meßtheorie und Muster von Testkonstruktionen angeben, was im strengen Sinne beobachtbar und der Beobachtung wert sein soll, dann landet diese Effizienzkontrolle doch bei einer Liste abzähl- und abhakbarer Merkmale. Der Gesichtspunkt der perfektesten Registration darf aber gewiß die Frage nach der Bildungswirksamkeit, um ein so verpöntes Wort einmal zu gebrauchen, nicht verdrängen. Bildung ist in der Tat etwas formaleres, weil Bildung im Unterschied (aber das heißt nicht ohne sie) zu den konkreten Endverhaltensweisen auf Bewährung in einer unvorgreiflichen Zukunft geschehen sollte. Deswegen mehren sich die Stimmen aus dem gesellschaftskritischen Lager, die im Blick auf langfristige Veränderungsprozesse einer modernen formalen Bildung mehr Recht einräumen wollen[56]. Es ist höchste Zeit, daß der Streit um die formale Bildung, der angeblich mit Thorndikes Ergebnissen der Transferforschung schon entschieden worden ist, aufs neue entfesselt wird. Von den negativen Folgen der bloßen Ausrichtung auf konkret beobachtbare und im Test abzuprüfende Endverhaltensweisen kann ein Licht fallen auf das, was der Bildungsbegriff darüber hinaus anvisieren sollte: Wem klar gemacht worden ist, daß es ausschließlich auf diese oder jene präzis definierten Endverhaltensweisen ankommt, der wird, mit welchen Mitteln auch immer, auf das Examen oder den Test pauken. Bei einem Lernen, das ausschließlich auf Examensergebnisse fixiert ist, geht aber jegliche produktive Offenheit verloren; selbst der Student wird auf diese Weise wieder in die Primitivform der extrinsischen Motivation zurückversetzt. Der Sinn des Lernens muß letzten Endes immer über die akute Prüfungssituation hinausweisen. Von einer Seite her ist damit die Evaluationsproblematik der Curriculumtheorie erreicht. Die Diskussion um die Kriterien der Beurteilung von Lernzielformulierungen, Planungsstrategien, Unterrichtskonzeptionen usf. ist bei aller Umständlichkeit der begrifflichen Zurüstung doch bald die problemempfindlichste Stelle der Pädagogik. Weit über die Vorstellung hinaus, Didaktik und Curriculumtheorie könnten als eine Art angewandter Lern- und Rollentheorie interpretiert werden, artikuliert sich hier nicht nur die Einsicht in den Implikationszusammenhang von didaktischer Erwartung, sachlicher Aufgabenstellung und unterrichtlicher Methode, es wächst auch das Interesse an den ethischen Implikationen derartiger Entwürfe. Diese

Komponente wird wichtig, wenn die These stimmt, daß wir immer mehr einen Unterricht brauchen, der nicht nur für ein Leben der Gratifikationen und des permanenten Bedürfnisausgleichs vorbereitet, sondern für ein waches und vernünftiges Leben in einer komplizierten und widerspruchsvollen Gesellschaft fähig macht.

Geradeheraus gesagt: wir brauchen eine Ethik des Unterrichts, weniger als eigene Disziplin denn als durchgehende Perspektive, die der heutigen Bewußtseinslage entspricht und die bis zu den Punkten des Unterrichts ausgreift, wo die herkömmlichen Alternativen und die alten arbeitsteiligen Verfahren der Einzelwissenschaften nicht mehr sinnvoll aufrecht zu erhalten sind. Sie wäre als Korrektiv für die empirische Unterrichtsforschung ein Gewinn.

Anmerkungen

[1] Vgl. K. Foppa: Lernen, Gedächtnis, Verhalten. Ergebnisse und Probleme der Lernpsychologie. 2. Aufl. Köln und Berlin 1966; E. R. Hilgard/G. H. Bower: Theorien des Lernens, Bd. I und II Stuttgart 1971; O. W. Haseloff/E. Jorswieck: Psychologie des Lernens. Methoden, Ergebnisse, Anwendungen, Berlin 1970; W. Correll: Pädagogische Verhaltenspsychologie. Grundlagen, Methoden und Ergebnisse der neueren verhaltenspsychologischen Forschung, 2. Aufl. München/Basel 1967.

[2] B. F. Skinner schreibt i. S. einer Kritik: »Die Lehrer wurden bisher weniger zum Lehren angeleitet als dazu, die Schüler für ihr Lernen selbst verantwortlich zu halten« (vgl.: Warum wir Lehrmaschinen brauchen, in: W. Correll (Hrsg.): Programmiertes Lernen und Lehrmaschinen. Eine Quellensammlung zur Theorie und Praxis des programmierten Lernens, 4. Aufl. Braunschweig 1970, S. 195).

[3] Vgl. H. Marcuse: Der eindimensionale Mensch. Studien zur Ideologie der fortgeschrittenen Industriegesellschaft. Neuwied und Berlin 1967.

[4] N. Chomsky: Aspekte der Syntax-Theorie. Frankfurt/M. 1969, S. 254 f.

[5] Vgl. den Hinweis auf die Untersuchung von J. Helm bei Fr. Süllwold: Bedingungen und Gesetzmäßigkeiten des Problemlösungsverhaltens, in: C. F. Graumann (Hrsg.): Denken. Köln und Berlin 1965, S. 283. Ein Beispiel für die systematische Erzeugung eines falschen Denkansatzes enthält ein Heft zur Stillarbeit im muttersprachlichen Unterricht (G. Seidl: LÜK Muttersprache 1, Wilhelmshaven o. J., S. 8):

Was nicht weiß ist, das ist . . . . . alt
Was nicht lang ist, das ist . . . . . böse
Was nicht hell ist, das ist . . . . . dumm
Was nicht trocken ist, das ist . . . . dünn
Was nicht neu ist, das ist . . . . . dunkel
Was nicht heiß ist, das ist . . . . . faul
Was nicht gut ist, das ist . . . . . . häßlich
Was nicht groß ist, das ist . . . . . hungrig
Was nicht süß ist, das ist . . . . . . kalt
Was nicht voll ist, das ist . . . . . klein
Wer nicht satt ist, der ist . . . . . . krank
Wer nicht schnell ist, der ist . . . . kurz
Wer nicht stark ist, der ist . . . . . langsam

Was nicht breit ist, das ist . . . . . laut
Was nicht schön ist, das ist . . . . . leer
Was nicht billig ist, das ist . . . . . naß
(usw. in einer längeren Reihe)

Die Schüler haben die Aufgabe, die »entsprechenden« Eigenschaftswörter aufzu-
suchen und die Sätze zu vervollständigen. Daß sie auf diese Weise falsch programmiert werden (die Dichotomien sind in vielen Fällen wirklich irreführend), scheint
der Autor nicht gemerkt zu haben. Die Beeinflussung durch die verhaltenspsychologische Programmierungstechnik ist in diesem Fall nicht zu verkennen, wenngleich
es sich um eine besonders primitive Anwendung handelt, die nur für gewisse Abwege symptomatisch sein kann.

[6] Warum wir Lehrmaschinen brauchen, a. a. O., S. 199 ff.

[7] Vgl. E. Tugendhat: Die sprachanalytische Kritik der Ontologie, in: H.-G. Gadamer
(Hrsg.): Das Problem der Sprache. 8. Deutscher Kongreß für Philosophie, Heidel-
berg 1966; München 1967, S. 483 ff. und N. Luhmann: Sinn als Grundbegriff der
Soziologie, in: J. Habermas/N. Luhmann: Theorie der Gesellschaft oder Sozial-
technologie — Was leistet die Systemforschung? Frankfurt/M. 1971, vor allem
S. 35 ff., 60 f.

[8] Th. W. Adorno: Negative Dialektik. Frankfurt/M. 1970, S. 46.

[9] Vgl. hierzu die Ausführungen von H. Rumpf in diesem Band.

[10] Vgl. Th. Litt: Individuum und Gemeinschaft, 3. Aufl. Leipzig 1926, H. Pleßner:
Conditio humana, Pfullingen 1964, S. 36 ff. und D. Claessens: Instinkt, Psyche,
Geltung. Bestimmungsfaktoren menschlichen Verhaltens, Köln und Opladen 1968,
S. 157, 160 f., 196.

[11] Vgl. N. Luhmann, a. a. O., S. 63 ff.

[12] G. Ryle: Der Begriff des Geistes, Stuttgart 1969, S. 51.

[13] Vgl. O. F. Bollnow: Die Objektivität der Geisteswissenschaften und die Frage nach
dem Wesen der Wahrheit, in: Maß und Vermessenheit des Menschen, Göttingen
1962, vor allem S. 151 ff. und H.-G. Gadamer: Wahrheit und Methode. Grundzüge
einer philosophischen Hermeneutik, Tübingen 1960. »A contradiction is not a
failure, it is an opportunity« lautete das methodologische Prinzip Whiteheads (vgl.
J. M. Bocheński: Wissenschaft und Glaube, in: Grenzen der Erkenntnis, hrsg. von
L. Reinisch, Freiburg 1969, S. 132).

[14] Vgl. Programmiertes Lernen und Lehrmaschinen, a. a. O., S. 141 f.

[15] Vgl. G. Bräuer: Das Finden als Moment des Schöpferischen, Tübingen 1966.

[16] N. Chomsky: A Review of B. F. Skinner's »Verbal Behavior«, in: J. A. Fodor/
J. J. Katz (Hrsg.): The Structure of Language. Readings in the Philosophy of
Language. Englewood Cliffs, New Jersey 1964, S. 547 ff.

[17] H. M. Lipp: Problemlösen und Erkennen aus der Sicht der Nachrichtenverarbeitung,
in: K. Steinbuch/S. Moser (Hrsg.): Philosophie und Kybernetik, München 1970,
S. 161 f.

[18] Vgl. G. Ulmann: Kreativität. Neue amerikanische Ansätze zur Erweiterung des
Intelligenzkonzeptes, Weinheim und Berlin 1968.

[19] Vgl. G. Bräuer: Vom menschlichen Lernen. Fragen aus der Sicht der philosophischen
Anthropologie angesichts der Rezeption der amerikanischen Verhaltenspsychologie,
in: Bräuer/Giel/Loch/Muth: Studien zur Anthropologie des Lernens, Essen 1968,

S. 11 ff. Unterschiede sind hier auf verschiedenen Ebenen zu konstatieren: zum einen ist tierisches und menschliches Lernen vom Pseudolernen von Mechanismen zu trennen (vgl. F. J. J. Buytendijk: Prolegomena einer anthropologischen Physiologie, Salzburg 1967, S. 200), zum andern lassen sich prägnante Unterschiede innerhalb des Bereichs tierischen Lernens nicht übersehen (vgl. F. J. J. Buytendijk: Zur Untersuchung des Wesensunterschieds von Mensch und Tier, in: Das Menschliche. Wege zu seinem Verständnis, Stuttgart 1958, S. 30 und die Anmerkung bei N. Chomsky: A Review . . ., a. a. O., S. 541). Skinner gibt nicht an, in welcher Weise die Entscheidungen, die bei der Extrapolation der im Tierversuch gewonnenen Ergebnisse auf menschliches Lernen gefällt werden müssen, gerechtfertigt werden können (N. Chomsky: A Review . . ., a. a. O., S. 555).

20 D. Claessens: Instinkt, Psyche, Geltung, a. a. O., S. 132, 134, 141. Der Verhaltenspsychologe meint bei der Deutung des Lernens mit den Primitivformen der Zuwendung, mit Lohn und Strafe auskommen zu können. J. S. Bruner schreibt dagegen mit Recht: »Über die Bedeutung von Belohnungen und Bestrafungen beim Lernen ist schon viel geschrieben worden, aber sehr wenig über die Rolle, welche Interesse, Neugier und die Verlockung zum Entdecken spielen« (Der Prozeß der Erziehung, Berlin und Düsseldorf 1970, S. 59).

21 Vgl. E. Straus: Vom Sinn der Sinne. Ein Beitrag zur Grundlegung der Psychologie, 2. Aufl., Berlin/Göttingen/Heidelberg 1956, F. J. J. Buytendijk: Prolegomena einer anthropologischen Physiologie, a. a. O., P. Winch: Die Idee der Sozialwissenschaft und ihr Verhältnis zur Philosophie, Frankfurt/M. 1966, J. Habermas: Zur Logik der Sozialwissenschaften, Beiheft 5 der Philosophischen Rundschau, Tübingen 1967.

22 Vgl. E. Straus: Vom Sinn der Sinne, a. a. O., S. 98 ff.

23 Vgl. E. Cassirer: Philosophie der symbolischen Formen, III. Teil: Phänomenologie der Erkenntnis, 4. Aufl. Darmstadt 1964, S. 236, 270 f. u. a.

24 Vgl. R. M. Hare: The Language of Morals, Oxford 1961, S. 250 ff., 60 ff.

25 Vgl. L. Carroll: What the Tortoise said to Achilles, bei P. Winch a. a. O., S. 73 ff.

26 J. H. Pestalozzi: Über den Sinn des Gehörs, in Hinsicht auf Menschenbildung durch Ton und Sprache, in: Pestalozzis Sämtliche Werke, hrsg. von A. Buchenau, E. Spranger und H. Stettbacher, 16. Bd. Berlin und Leipzig 1935, S. 263 ff.

27 B. F. Skinner: Warum wir Lehrmaschinen brauchen, a. a. O., S. 203, 220.

28 Vgl. die Beiträge von P. J. Galperin, N. J. Shinkin, A. N. Sokolow, A. R. Lurija und E. J. Boiko in: H. Hiebsch (Hrsg.): Ergebnisse der sowjetischen Psychologie, Stuttgart 1969.

29 Vgl. P. Henle (Hrsg.): Sprache, Denken, Kultur, Frankfurt/M. 1969 Kap. 3: Eine Analyse von Sprache und Bedeutung im Rahmen von Reiz und Reaktion, vor allem S. 134 f.

30 N. Chomsky: A Review . . ., a. a. O., S. 563.
Chomsky hat mit seinen gewichtigen theoretischen Ausführungen die Gegenposition zum extremen Behaviorismus bezogen. Er hat sich damit leider das Gesetz des Handelns stark von den Empiristen aufdrängen lassen. Das bewußte Vertreten einer quasicartesianischen These (mit der er in die Nähe der ideae innatae geraten ist), ist wissenschaftstheoretisch nicht unbedenklich; E. Coseriu hat geradezu von einer Panne gesprochen. Mit seiner Berufung auf W. v. Humboldt hat es denn auch seine Schwierigkeiten. Aber wie der individuelle Spracherwerb anders mit dem

gesamtkulturellen Prozeß verflochten gedacht werden muß, damit man nicht einem neuen unkritischen Apriorismus verfalle, kann hier nicht unser Thema sein.

[31] Vgl. P. Ricœur (unter Berufung auf Cl. Lévi-Strauss) in seiner Abhandlung: Die Zukunft der Philosophie und die Frage nach dem Subjekt, in: H. R. Schlette (Hrsg.): Die Zukunft der Philosophie, Olten und Freiburg i. B. 1968, S. 154 f.

[32] D. Henrich: Selbstbewußtsein. Kritische Einleitung in eine Theorie, in: R. Bubner/ K. Cramer/R. Wiehl (Hrsg.): Hermeneutik und Dialektik I, Tübingen 1970, insbesondere S. 272.

[33] Vgl. E. Oldemeyer: Überlegungen zum phänomenologisch-philosophischen und kybernetischen Bewußtseinsbegriff, in: K. Steinbuch/S. Moser, a. a. O., S. 89 f.

[34] W. Correll: Verhaltenspsychologische Grundlagen des programmierten Lernens, in: W. S. Nicklis (Hrsg.): Programmiertes Lernen, Bad Heilbrunn 1969, S. 12 f.

[35] Vgl. G. Günther: Das Bewußtsein der Maschinen. Eine Metaphysik der Kybernetik, Krefeld und Baden-Baden 1963.

[36] Vgl. Handbuch der Unterrichtsforschung Teil I, hrsg. von K. Ingenkamp in Zusammenarbeit mit E. Parey, Weinheim/Berlin/Basel 1970, Sp. 327 ff.

[37] O. W. Haseloff/E. Jorswieck, a. a. O., S. 258.

[38] N. Chomsky: A Review . . ., a. a. O., S. 558.

[39] N. Chomsky: A Review . . ., a. a. O., S. 552, Anm. 5.

[40] Kl. Foppa, a. a. O., S. 358.

[41] N. Chomsky: A Review . . ., a. a. O., S. 552 f.

[42] R. M. Gagné: Die Bedingungen des menschlichen Lernens. Berlin/Darmstadt/Dortmund 1969.

[43] C. F. van Parreren: Lernprozeß und Lernerfolg. Eine Darstellung der Lernpsychologie auf experimenteller Grundlage, Braunschweig 1966.

[44] Vgl. R. F. Mager: Lernziele und Programmierter Unterricht, Weinheim/Berlin/ Basel 1965.

[45] Fr. Weinert: Analyse und Untersuchung von Lehrmethoden. Deutsche Bearbeitung von N. E. Wallen/R. M. W. Travers: Analysis and Investigation of Teaching Methods, in: Handbuch der Unterrichtsforschung Teil II, hrsg. v. K. Ingenkamp in Zusammenarbeit mit E. Parey, Weinheim/Berlin/Basel 1970, Sp. 1223 ff.

[46] Handbuch der Unterrichtsforschung Teil I, a. a. O., Sp. 277 f.

[47] Auf dieses Problem weist R. Messner ganz richtig hin (Funktionen der Taxonomien für die Planung von Unterricht. In: Zeitschrift für Pädagogik 1970/6, S. 763). E. J. Boiko hat unabhängig davon denselben Sachverhalt im Auge, wenn er schreibt: »Die angeführten experimentellen Ergebnisse zeigen also, daß bei gleichen Reizen und gleichen Endreaktionen die sie verknüpfenden inneren Prozesse ganz unterschiedlich sein und im einen Falle aus einfachen Assoziationen, im anderen dagegen aus komplizierten intellektuellen Akten produktiver Art bestehen können« Bedingtreflektorische Grundlagen der höheren psychischen Prozesse, in: Ergebnisse der sowjetischen Psychologie, a. a. O., S. 555).

[48] Vgl. H. Blankertz: Theorien und Modelle der Didaktik, 2. Aufl. München 1969, S. 156 f. (die Auseinandersetzung mit dem Möllerschen Unterrichtsbeispiel vom Einnähen eines Reißverschlusses).

[49] Vgl. M. Wagenschein: Ursprüngliches Verstehen und exaktes Denken. Pädagogische Schriften, Stuttgart 1965, S. 230 ff., 254 ff., 371 ff.

[50] Vgl. schon L. Wittgenstein: Philosophische Untersuchungen, in: Schriften I, Frankfurt/M. 1960, S. 300 f., 510, 537 u. a.

[51] Vgl. W. Stegmüller: Probleme und Resultate der Wissenschaftstheorie und Analytischen Philosophie, Bd. I, Teil 3, Berlin/Heidelberg/New York 1969, S. 337 f., Teil I, a. a. O., S. 112.

[52] H. Blankertz: Theorien und Modelle der Didaktik, a. a. O., 5. Kap.: Taxonomie von Lernzielen, S. 150 ff.

[53] Lernziele der Gesamtschule. Deutscher Bildungsrat, Gutachten und Studien der Bildungskommission Bd. 12, Stuttgart 1969, S. 13 ff.

[54] »Wie ich schon an anderer Stelle ausgeführt habe, ist es die Aufgabe der Lerntheorie, eine imaginäre Welt der Gesetzmäßigkeit und der Ordnung zu schaffen und uns so über die Unordnung, die wir im Verhalten selbst beobachten, zu trösten« (Eine Fallstudie zur wissenschaftlichen Methode in der Psychologie, in: Programmiertes Lernen und Lehrmaschinen, a. a. O., S. 137).

[55] Warum wir Lehrmaschinen brauchen, a. a. O., S. 224.

[56] B. Bernstein schreibt: »Änderungen der Arbeitsteilung führen zu neuen Fähigkeitsbegriffen. Dadurch werden ganze Fähigkeitsbereiche obsolet und die Bedeutung kontext-spezifischer Arbeitsweisen nimmt ab. Dagegen wächst die Bedeutung komplexer und genereller Fähigkeiten, aus denen viele verschiedene Arbeitsweisen abgeleitet werden können« (Klassifikation und Vermittlungsrahmen im schulischen Lernprozeß, in: Zeitschrift für Pädagogik 1971/2, S. 170 f.). Daß U. Oevermann auf dem Hintergrund soziolinguistischer Untersuchungen ein neues Verständnis für das Problem der Allgemeinbildung entwickelt, ist in diesem Zusammenhang von hoher pädagogischer Bedeutung (vgl. Schichtenspezifische Formen des Sprachverhaltens und ihr Einfluß auf die kognitiven Prozesse, in: H. Roth (Hrsg.): Begabung und Lernen. Deutscher Bildungsrat, Gutachten und Studien der Bildungskommission Bd. 4, 2. Aufl. Stuttgart 1969, S. 300).

Lernschnellwege?

*Über das Recht auf Fehler, Umwege, Einfälle und seine Liquidation
in zweckrationalen Unterrichtskonzepten*

Nicht mehr als die Verdeutlichung eines Verdachts will ich versuchen, des
Verdachts, daß eine um sich greifende Art, Unterricht wissenschaftlich anzu-
schauen, zu analysieren, zu überprüfen, zu verändern, zu entwickeln mancherlei
wichtige Aktivitäten, Einstellungen, Fähigkeiten der am Unterrichtsgeschäft
Beteiligten übersieht, unterschätzt, liquidiert — und das nicht aus Unachtsamkeit
oder aus persönlicher Abneigung, sondern auf Grund einer bestimmten Modellvorstellung davon, wie Unterricht »eigentlich« sei, wie er abzulaufen habe,
nach welchen Kriterien er zu entwickeln sei.

Der Verdacht stützt sich auf Beispiele — Splitter der Unterrichtsforschung,
Einzeläußerungen; ein Verdacht ist kein Beweis, er pflegt von Einzelindizien
auszugehen. Hier also einige Thesen, die jeweils durch einiges illustrative
Material und durch einige Überlegungen dazu angereichert werden sollen.

These 1:

Die Frage nach der Beschaffenheit von Aktivitäten von in Unterricht ver-
wickelten Personen, die als falsch, als Fehler eingestuft werden, dürfte auf ein
Symptom zielen, an dem wichtige strukturelle Merkmale des Unterrichts zutage-
treten. Der Zuschnitt der Lehrinhalte, der Lernhilfen, der Lernkontrollen, die
Art und die Abfolge dieser Größen — sie wirken mit sozialen Normen auf
eine hier nicht näher zu analysierende Weise zusammen dahin, daß manches,
was im Kursablauf vorkommt, als richtig und manches als falsch beurteilt
werden kann. Das Bezugssystem, von dem aus bestimmte Aktivitäten, Inhalte
als falsch eingeordnet werden, ist dem Unterrichtselement, der sich in ihm
niederschlagenden Modellvorstellung von Unterricht zu entnehmen. Fehler im
didaktischen Feld sind nicht »Fehler an sich«, sie sind Produkte des didaktischen
Kontexts.

Am Beispiel:

Lehrer: »Was ist also heute unsere Aufgabe?«
Schüler 1: »Das ist zu beweisen, ob das Wasser zu zerlegen geht.«

Lehrer:	»Ja, gut. Wie nennen wir diesen Versuch?«
Schüler 2:	»Analyse.«
Lehrer:	»Nun, ich habe hier Wasser in diesem Gefäß. Wie heißt das Gerät gleich?«
Schüler 3:	»Kochflasche.«
Lehrer:	»Oder?«
Schüler 4:	»Kolben.«
Lehrer:	»Richtig. Ich habe unter diesem Kolben noch ein Gerät. Wie heißt denn das?«
Schüler 1:	»Bunsenbrenner«[1].

Nicht nur, was als richtig und als falsch gilt, ist Funktion des didaktischen Zuschnitts, sondern auch, ob überhaupt etwas als falsch gilt und wie scharf die Grenze zwischen den als richtig und den als falsch beurteilten Aktivitäten gezogen wird.

Offensichtlich gestatten die den zitierten Abschnitt regulierenden Normen klare Zuordnungen: kein Zweifel, Bunsenbrenner ist richtig, Bunsenkocher wäre falsch. Die Normen, an denen Schüleraktivitäten gemessen werden, sind einerseits die Zielvorstellungen des Lehrers über den Ablauf des Unterrichts — falsch wäre, was diesem Plan zuwiderliefe (wenn beispielsweise Schüler 1 als Aufgabe dieser Stunde das periodische System der Elemente genannt hätte); falsch wäre zweitens eine Antwort, die der hier geforderten Zuordnung von Dingen zu feststehenden Begriffen nicht entsprochen hätte, die beispielsweise das Gerät nicht Kochflasche, sondern Wasserflasche genannt hätte.

Es dürfte sich lohnen, Unterricht auf die in ihm investierten Normen zu betrachten, von denen aus bestimmte Aktivitäten als unzureichend, abweichend eingestuft werden. Die Zielvorstellung des Lehrers oder die sachliche Korrektheit (in diesem Fall der begrifflichen Zuordnung) können solche determinierenden Größen sein.

These 2:

Wer sich in der empirischen Unterrichtsforschung etwas umsieht, also etwa im jetzt übersetzten und bearbeiteten Handbuch von *Gage*[2], wird dort im Zusammenhang von Unterricht öfter auf Begriffe wie »Schwächen« und »Fehler« stoßen — und zwar bemerkenswerterweise oft nicht im Zusammenhang von einzelnen Schüler- oder Lehreraktivitäten, sondern bei der Beschreibung von Merkmalen eines Lehrgangs, eines Kurselementes, eines Lehrverfahrens. Die herkömmliche Fixierung auf Schülerfehler scheint da überwunden.

Der Maßstab, nach dem hier die Qualität bestimmter Kurselemente beurteilt wird, ist die getestete Endleistung der Schüler. Insofern werden Schülerfehler in Endtests zu Signalen, an denen die Defekte des didaktischen Instruments abzulesen sind.

Um zwei ganz beliebige Beispiele von Unterrichtsforschung herauszugreifen: da wird berichtet von Fernsehlektionen über Wärmelehre und Chemie, die *Gropper* und *Lumsdaine*[3] an Hand von Schülerantworten nach Durchlaufen einer ersten Fassung revidiert haben. Die Fehler, die die Adressaten der ersten Kursfassung machten, waren die Quellen zur Verbesserung einzelner Elemente — Ziel war, den Kurs so zu verändern, daß möglichst viele Teilnehmer möglichst hohe Punktwerte sowohl in der Dimension des Wissens von Fakten als auch des Verständnisses der Prinzipien aufwiesen — wenn »Informationen effektiv übertragen« wurden, dann galt das Verständnis der Prinzipien als dokumentiert.

Oder: *Rehage*[4] hat Begleiterscheinungen und Auswirkungen verschiedener Formen der Kursplanung untersucht — ein Sozialkundekurs, den der Lehrer allein plante, wurde mit einem entsprechenden Kurs verglichen, bei dem die Schüler an der Planung teilhatten. Ergebnis: bei der Stoffbeherrschung waren keine Unterschiede festzustellen, im Fall der Schülerteilhabe zeichneten sich gewisse Tendenzen zu besseren Leistungen bei der Lösung von Problemen ab — indes wird von Expertenstreit über die Validität der Testitems berichtet.

Nicht die methodologische Sauberkeit oder Anfechtbarkeit dieser Splitter aus der Unterrichtsforschung kann hier interessieren, es geht nur um als ganz selbstverständlich vorausgesetzte und den Forschungsplan inspirierende Leitvorstellungen von Unterricht: Unterricht ist um so besser, je weniger Fehler im Schlußtext von denen, die sich ihm unterzogen haben, gemacht werden. Ein Schüler hat um so besser gelernt, je weniger Fehler er im Endtest macht.

Zweierlei bei diesen so banal und selbstverständlich scheinenden Feststellungen über Fehler sind festzuhalten:

Was sich während des Kurses abspielt, wird an dem gemessen, was an meßbaren, testbaren Endverhaltensweisen der Teilnehmer herauskommt — die Qualität einer Lehr- und Lernaktivität bemißt sich an ihrem Beitrag zu dem getesteten Endverhalten. Fehler werden vom feststehenden Kursziel her definiert — ob eine Aktivität positiv oder negativ einzuschätzen ist, hängt von ihrem Beitrag zum Kursziel und von nichts sonst ab.

Zum Zweiten: Die Gruppe von Aktivitäten, die nicht zum Ziel führt oder gar die Zielleistung erschwert, verhindert, verzerrt, wird — wegen der kaum explizit gemachten Monopolisierung des Beurteilungsmaßstabes — als Defekt und als sonst nichts aufgefaßt. So wenig ein Zahnarzt angesichts einer Karies auf andere Gedanken, auf andere Taten kommt als diese, Karies durch Bohrungen und Füllungen nachhaltig aus der Welt zu schaffen, so wenig kann der Didaktiker von den genannten Voraussetzungen aus die Fehler anders behandeln als etwas, was möglichst wirksam zu beseitigen ist. Was den Kursdurchlauf angeht, so geht in die Beurteilung der Lernleistung auch die Lerngeschwindigkeit ein: Lernfähigkeit wurde von *Goldbeck*[5] als Quotient von Testpunktwerten am Kursende und Lernzeit definiert: kurz gesagt: je schneller, desto besser und je fehlerloser, desto besser — beides im Hinblick auf das zu erreichende Endverhalten. Beide Merkmale hängen offensichtlich zusammen — denn vom Ziel Abführendes oder den Weg dahin Blockierendes — kurz Fehler, kosten Zeit, die den Lerngeschwinderen Vorsprung gewinnen läßt.

Fehler werden in dieser Optik nicht mehr — wie zuweilen in der überlieferten Schulpraxis — moralischen Normen zugeordnet und mit Entrüstung oder Beschämung quittiert, aber sie sind von diesem zielorientierten Ansatz aus ein Defekt, ein Mangel, ein Ausfall, ein Minus und nichts sonst.

These 3:

Das erkenntnisleitende Interesse vielfältiger empirischer Unterrichtsforschung liegt in der Aufdeckung der Ursachen von Fehlern, Fehlverhalten bei Lernenden, um so Strategien zur Beseitigung dieser Ursachen gewinnen zu können.

Die interessanten Forschungen von *Leith*[6] über den Zusammenhang von Persönlichkeitsmerkmalen und Lernstilen sind ein Beispiel dafür: *Leith* geht davon aus, daß Fehlverhalten während des Kurses, das in fehlerhaften Endtestleistungen zu Buche schlägt, durch die fehlende Angepaßtheit von Lehrverfahren, Präsentationsformen etc. an Persönlichkeitsmerkmale der Lernenden verursacht sei; er untersucht infolgedessen, ob und wie extravertierte, introvertierte, ängstliche, nichtängstliche Schüler/Studenten auf Entdeckungs- und Diskussionsmethoden etwa ansprechen. Zweck dieser Untersuchung ist, die den jeweiligen Persönlichkeiten optimal angemessene Form des Lernens und Lehrens auf empirischem Weg herauszufinden und so zu wissenschaftlich begründeten Empfehlungen zu kommen.

Es ist gar nicht gegen die aufschlußreichen Ergebnisse dieser Arbeiten gesagt, wenn hier die implizite Konzeption vom Fehler als einem mit allen Mitteln zu verhindernden Etwas bewußt gemacht werden soll: es ist der *richtige* Lernstil zu finden, und richtig ist der Stil, in dem der Lernende möglichst selten Aktivitäten mobilisiert, die zum angestrebten Endverhalten quer liegen, sei es, daß das Lernen zu langsam vonstatten geht, sei es, daß es vor Hürden zurückscheut, sei es, daß es sich auf Abwege begibt. Hierin stecken Annahmen über die Normen, von denen aus Lernaktivitäten zu beurteilen sind.

Diese Normen sind in der empirischen Unterrichtsforschung so unbestritten und verbreitet, daß sie auch an scheinbar abliegenden Details wirksam sind. So hat *Stolurow* von seinen Versuchen berichtet, bei Testverfahren über die üblicherweise gestellten richtig-falsch-Alternativen hinauszukommen und differenziertere Reaktionen der jeweiligen Kursteilnehmer zu provozieren. *Stolurow* legt am Ende eines Kurses den Absolventen eine Aufgabe mit vier Namen als möglichen Antworten vor — *Lincoln, Harding, Harrison, Adams.* Außer der üblichen Möglichkeit, nur den ihnen richtig scheinenden Namen anzukreuzen, können sie auch in Prozenten angeben, mit wieviel Prozent Wahrscheinlichkeit sie etwa den Namen 2 für richtig halten und wieviel Prozent sie einem oder auch mehreren anderen geben. Der Grad und die Solidität der Informiertheit läßt sich dann am Ende sehr klar in Zahlen abbilden. Bei diesem Versuch zur Entdinglichung und Differenzierung der Testprozedur, die nach *Stolurow* im Zeichen der »personalization of instruction«[8] steht, ist die zugrundeliegende Annahme interessant, daß es das absolut richtige Endverhalten gibt. Es wird keinen Augenblick mit dem Gedanken gespielt, es könne und müsse auch Testfragen geben, die nicht 100 %ig mit einer richtigen Antwort versehen werden könnten, und das läge bei diesem Testverfahren nahe genug; um so deutlicher kommt die unangefochtene Sicherheit bezüglich der Existenz der absolut richtigen Antwort, des korrekten Endverhaltens zum Vorschein. Wankte diese Sicherheit, verlöre der Kurs die ihn letztinstanzlich regierende Größe.

These 4:

Wenn trotz der Bemühungen der Unterrichtskonstrukteure, möglichst wenig Fehlverhalten unterwegs und am Kursziel aufkommen zu lassen, Fehler gemacht werden, sind sie irgendwie zu verarbeiten — nach der zugrunde liegenden Annahme kann diese Verarbeitung nur darin bestehen, aus den Fehlern in der Weise zu lernen, daß der Lernende möglichst zügig und möglichst nachhaltig zu den präexistierenden Richtigkeiten geführt wird.

Fehler können im programmierten Unterricht sogar als Mittel zur um so wirkungsvolleren Zielerreichung vorgeplant und provoziert werden — *Parry*[9] hat 1963 vier solcher Fehlertypen beschrieben:

ein sonst verborgen bleibender Lerndefekt wird offenkundig und also leicht auslöschbar;

ein besonders relevanter Aspekt des Richtigen wird deutlich gemacht;

ein Fehlraten kann Interessen erzeugen;

der Konstrukteur erhält Informationen über die passenden individuellen Lernwege.

Diese Fehlerrechtfertigungen kommen darin überein, daß akzeptable Fehler nur als Instrumente auf dem Weg zum angezielten korrekten Endverhalten aufgefaßt und respektiert werden.

Stolurow berichtet von einer, wie er sagt, interessanten Lehrstrategie im Umkreis des computergestützten Unterrichts in einem Histopathologiekurs: der Student bekommt fünf verschiedene Krankheitsbilder gezeigt und wird aufgefordert, den Namen der Krankheit zu nennen — also zu sagen, was er sieht. »Er kann richtig antworten, dann folgt der nächste Lernschritt; er kann aber verwirrt sein und falsch wählen. In diesem Fall würde ihm gezeigt, was er gewählt hat. Die dahinterstehende Idee liegt darin, daß dem Studenten visuell gezeigt wird, was er gedacht hat, so daß er seinen Irrtum prüfen kann, bevor er zum Original zurückgenommen und zu einer anderen Wahl aufgefordert wird.

Dem Studenten wird also visuelle Unterstützung hinsichtlich seines Irrtums zuteil — er bekommt nicht einfach nur gesagt, er habe sich geirrt. Es wird ihm zugestanden, die den Irrtum korrigierende Technik auszumachen«[10].

Auf der Scheibe erscheint also nicht: »Sie haben sich geirrt — wählen Sie noch einmal«, sondern es erscheint offensichtlich ein Bild der fälschlich gewählten Krankheit, damit der Student Aug in Aug mit seiner Fehlwahl mit sich zu Rate gehen kann, um eine Neuwahl vorzunehmen. Der Fehler wird charakteristischerweise aus einer »Verwirrung« erklärt (nicht etwa — was selbst bei dieser auf Richtigkeit fixierten Materie möglich sein könnte — aus einem gescheiten und originellen Einfall, der Merkmale neu kombiniert); man bekommt den Irrtum ohne Kommentar vorgehalten, damit man sich jetzt nicht mehr verwirren läßt bei der nächsten Wahl: Fehler provozieren nichts anderes als »error correcting techniques«.

These 5:

Das erkenntnisleitende Interesse dieser Art von Unterrichtsforschung, Unterrichtsentwicklung, Unterrichtsüberprüfung ist zweckrational: mit dem Mittel eines als Instrument konstruierten Unterrichtsarrangements soll der Zweck einer möglichst perfekten, d. h. aber fehlerfreien Endkompetenz erreicht, produziert werden. Die Zweckrationalität setzt Normen der »efficiency«, die aus der technischen Güterproduktion und aus ökonomischen Denkweisen geläufig sind — Normen, deren Herkunft sie keineswegs unbesehen und unbestreitbar als Letztinstanzen für die Modellierung von Unterricht legitimiert. Daß vielerlei Lern- und Lehraktivitäten als »Fehler« eingestuft und entweder verhindert oder möglichst nachhaltig ausgelöscht werden müssen, erklärt sich aus der Zweckrationalität dieses Unterrichtsmodells.

Dafür zwei vielleicht extreme, aber die Pointe verdeutlichende Beispiele:

In einer warm empfehlenden Rezension eines programmierten Lehrganges über Lehrmaschinen und programmiertes Lernen von *Silvern* schreibt Wolfram van *Hanwehr* (Los Angeles)[11] von *Silverns* Erfahrungsbasis aus seiner Tätigkeit als Trainingsprojektingenieur und Fachmann für Lerntechnologie bei der amerikanischen Luftwaffe und Luftfahrtindustrie; zwei charakteristische Stellen aus der Besprechung:

»Die Schaffung zweckentsprechender Trainingsmittel erfordert, die menschliche Leistungsqualität für eine bestimmte Aufgabe ingenieurmäßig nach einem Bauplan herauszubilden und auf wissenschaftlich fundierte Trainingsmethoden zu stellen, die nicht nur den gewünschten Erfolg zeitigen können, sondern diesen auch garantieren.«

»Es ist nämlich ein Kurs geschaffen und ein Trainingsprogramm vorgezeichnet worden, in dem der Trainingsingenieur die Effektivität des Trainingsinstrumentes vorausbestimmt hat und der Erfolg des Kurses vorliegt, bevor sich der Ausbildende dem Training selber unterzieht oder für die Teilnahme an einem

Programm bestimmt wird.« Die Endverhaltensweisen, die Trainingsschritte und der Enderfolg liegen fest, bevor die Individuen feststehen, die mit diesem Instrument garantiert erfolgreich bearbeitet werden. Wie ein Ingenieur eine Maschine, ein Haus plant und konstruiert, so konstruiert und plant der Lerningenieur den Aufbau einer Leistungsqualität, ganz unabhängig und abgelöst von den Subjekten, die diesen Ingenieur so wenig interessieren wie den Bauingenieur die Landschaft, aus der der von ihm zu verbauende Kies stammt.

In dem wichtigen und für die Curriculumentwicklung folgenreichen Buch »Psychological Principles in System Development«, herausgegeben von Robert M. Gagné, beschreibt Meredith P. Crawford in dem Kapitel »Concepts of Training« an einem exemplarischen Beispiel die Entwicklungsarbeit an einem effizienten Trainingskurs — er wird »Curriculum« genannt — in den späten fünfziger Jahren [12]. Es ging um die Verbesserung der Ausbildung von Panzerbesatzungen — im besonderen für die Panzerführer, die Fahrer, die Schützen (»gunner«) und die »Lader« (loader). Sorgfältige Befragungen und Beobachtungen an agierenden Panzerbesatzungen erlaubten die Auseinanderlegung der geforderten job-duties — für den commander gab es 8, für den gunner 4, den driver 9, den loader 5. Ein raffiniertes Trainingsprogramm wurde entwickelt, in dem auch die Freizeitumwelt während der 6 Trainingswochen ganz daraufhin stilisiert wurde, die präzis festgelegten Endverhaltensweisen zu begünstigen und zu befestigen — Endverhaltensweisen, die in operations, knowledges und responsibilities klassifiziert wurden. Verglichen mit einem herkömmlichen achtwöchigen Trainingskurs produzierte das neue technologisch entwickelte Curriculum in 6 Wochen bei 11 von 21 relevanten Verhaltensbereichen höhere Testpunktwerte bei den Kursadressaten — das heißt, das neue Trainingsinstrument produzierte schneller und besser: Crawford vergißt nicht anzumerken, daß 25 % Gewinn an Trainingszeit und an Kosten zu verzeichnen waren [13] — es wurde also auch billiger produziert. Um das zu erreichen wurden die Lernsituationen hinsichtlich etwa der Feuerziele, der Feuersequenzen, der Feuerpositionen für die gunner so verändert, daß sie die Schlachtsituation widerspiegelten.

Der Kommentar von Crawford ist von erfrischender Deutlichkeit: Die Ziele jedes Trainingsprogramms lagen in dem Kompetenzzuwachs seitens des Trainierten einerseits, in der Verminderung des Zeit- und Kostenaufwandes andererseits; wer etwas besser kann, braucht weniger Zeit und kostet infolgedessen weniger Geld. »Weil die Zeit, die in einem Trainings-Subsystem verbraucht wird, wesentlich nicht produktiv hinsichtlich der Arbeit ist, die in dem arbeitenden Subsystem geleistet wird, ist es gewöhnlich wichtig, diese Trainingszeit zu verkürzen. In Industriebetrieben kann die Trainingszeit in Begriffen von Dollarkosten beurteilt werden. In militärischen Systemen ist Zeit eine wesentliche Größe während einer Periode nationaler Notlage, wenn jeder Tag zählt, an dem eine trainierte militärische Einheit für spezifische Einsätze früher zur Verfügung steht« [11].

Die schnelle Änderung und die wachsende Komplexität der Aufgaben im militärischen und wirtschaftlichen Bereich werden zuvor als Ursachen der Entwicklung kurzfristig und zielstrebig wirksamer Trainingsinstrumente — sprich Kurse angeführt.

In diesem Kontext ist die Liquidation des Fehlverhaltens und seiner Ursachen verständlich. Man braucht sich nur einmal auszudenken, was passierte, wenn ein Teilnehmer an dem sechswöchigen gunner-Training nun in seiner Freizeit zufällig an ein Buch von *Marcuse* geriete; eine Folge von Fehlverhaltensweisen wäre immerhin nicht ganz unwahrscheinlich; der gunner hätte vielleicht etwas von seiner feuernden Unschuld verloren, und das bekäme vermutlich seinen Testpunktwerten, seinem reibungslosen Kompetenzzuwachs schlecht. Deswegen wird schon Vorsorge getroffen sein, daß solche Störquellen nicht virulent werden können. Immerhin mag das andeuten, welche Probleme übergangen werden, wenn man die Qualität von Aktivitäten während eines Kursablaufs ausschließlich an ihrem Beitrag zur von vornherein festliegenden Endkompetenz mißt.

These 6:

Die technologische Rekonstruktion von Unterricht ist nicht so neutral, wie sie zu sein scheint. Im Zuge dieser Modellierung von Unterricht werden menschliche Lernaktivitäten restringiert:
a) die Lernaktivitäten, die zielorientiert sind, die also instrumentalen Charakter haben und über den Augenblick hinausweisen, werden bevorzugt;
b) die Lernaktivitäten, die nicht zielführend sind, verfallen in gleicher Weise dem Verdikt des Unerwünschten, zu Verhindernden, Auszulöschenden.

Diesem von ökonomischen und technischen Wertvorstellungen geleiteten Denken wird vielerlei Verschiedenartiges zum Ausschuß, zum Abfall; und es stehen keine Normen und Instrumente zur Verfügung, diese Fehlverhaltensweisen anders denn als Fehlprodukt, als zu minimierenden Lernmüll sozusagen einzustufen. Man kann von einer weitgehenden Mediatisierung und Domestizierung dieser möglichst fehlerfrei gemachten Lernvorgänge sprechen. Es darf und soll dem Lernenden nichts einfallen, beikommen, was den reibungslosen Ablauf des Kurses, den zügigen Übergang zur nächsten Kompetenz, zum nächsten Lernziel erschwert — nichts Grüblerisches, Zweifelndes etwa darf den gunner und den loader im beschriebenen Trainingskurs ankommen; keine reflektierenden Rückfragen auf Grundlagen und Grundannahmen eines Lerninhalts sind erwünscht, keine verwegenen Vorgriffe, wie sie einem auf Abenteuer erpichten Denken naheliegen, keine ironischen Bissigkeiten, keine zögernden Äußerungen vom Typ »Vielleicht — vielleicht auch nicht«, keine Ratlosigkeit, keine Faszination, die sich von einer Sache nicht lösen kann, kein protestierendes Umwerfen des präsentierten Lernarrangements, weil es den Lernenden unerträglich langweilt — solche und ähnliche Reaktionen und Aktionen sind nicht nur nicht vorgesehen und nicht erwünscht, sie überhaupt nicht aufkommen zu lassen, wird eine gehörige Portion didaktischer und lerntheoretischer Scharfsinn aufgewendet.

Ein Beispiel für die Domestikation und Restriktion möglicher Lernaktivitäten, wie sie konsequent aus dem zweckrationalen und instrumentalen Konzept von Unterricht folgt, findet sich etwa in folgendem Bericht über ein Stück eines Lehrgangs in computergestütztem Lehrverfahren; das Beispiel ist rühmlich zitiert in *Knaurs Buch vom neuen Lernen* von *W. R. Fuchs:* Ein etwa 12jähriger Lerner sitzt vor seinem computergesteuerten Lernapparat und liest, was ihm der Computer zunächst zuschreibt:

»Dies ist eine Lektion über Verhältnis und Prozent.

Ergänze jede Aufgabe wie angezeigt.

Das Verhältnis von 2 zu 5 ist 2/5.

Das Verhältnis von 1 zu 3 ist 1/3.

XXX O PPP

Das Verhältnis der Anzahl von 0-Zeichen zur Anzahl der X-Zeichen ist —/—«

Es folgt die Beschreibung von Fuchs: »Tippt der Schüler als Meldung die *richtige* Antwort, so stellt ihm der Computer sofort die nächste Aufgabe. Wird dagegen eine *falsche* Antwort gegeben, meldet sich die Maschine per Fernschreiber mit dem Wort »FALSCH« (wrong) und wiederholt die gleiche Aufgabe. Bleibt die Schülerantwort nach weiteren 10 Sekunden aus, so druckt der Computer die Meldung »DIE ZEIT IST UM (»time is up«). Mit ›programmierter Engelsgeduld‹ legt der Automat die Aufgabe schließlich noch ein drittes Mal vor. Erst wenn die richtige Antwort nun vom Schüler immer noch nicht geliefert wird, gibt die Maschine ihre ›Bemühung‹ programmgemäß auf. Sie druckt: »FALSCH. DIE ANTWORT IST 1/3.« Als ›Dreingabe‹ steuert der Computer die Aufgabe ein letztes Mal bei und gibt so den Schülern die Möglichkeit, die richtige Antwort wenigstens selbst zu tippen. Unabhängig von dieser ›kopierten‹ Schülermeldung rückt er aber dann zur nächsten Aufgabe vor. Der Schüler kann an dieser Stelle also auch passen oder gar »BUH«, »DOOF« und ähnliche Äußerungen seines Unmuts in die Tastatur hämmern: den Automaten ›bekümmert‹ das nicht. ›Böse sein‹ steht nicht auf seinem Programm . . .

Am Ende eines jeden Drillprogramms wird nüchtern Bilanz gezogen. Es erscheinen die Prozentzahlen der richtigen Antworten und die Arbeitszeit des Schülers: 17 AUFGABEN ZU 88 % RICHTIG IN 183 SEKUNDEN.« Zuletzt verabschiedet sich der Automat in programmierter Heiterkeit: »GOODBYE, BARBARA, REISS BITTE DAS BLATT AN DER PUNKTIERTEN LINIE AB«[15].

Wehe wenn ein Schüler seine Gedanken auf etwas anderes richtet als auf die Überwindung der jeweils vor ihn gerückten Aufgabenhürde, wehe wenn er Grundlagenzweifel bekommt oder die Frage nicht unterdrücken mag, wozu denn dieses Verhältnistraining gut sei, wie in aller Welt man auf den Einfall **verfallen** konnte, so etwas Skurriles für lernwürdig zu erklären und dem Computer einzugeben. Kein Zweifel: Hier gibt es richtig und falsch, hier werden abwegige Gedanken schon mittels der Zeitbegrenzung verhindert und der fleißige Aufgabenbewältiger erhält zum Schluß den Lohn in Gestalt der sportlich anmutenden Bilanz: soviel Prozent richtige Antworten in soviel Sekunden. Es liegt zutage, daß so konzipierter Unterricht vielerlei als fehlerhaft ausrottet und verhindert, was bei einem anderen Bezugssystem keineswegs negativ bewertet werden mußte. Bemerkenswert an dieser Art von Schlußabrechnung scheint mir auch noch das Folgende: die Lernleistungen werden hier in blanken Zahlen greifbar gemacht; was aber diesem Meßinstrument sich nicht fügt, sind die Unterdrückungen, die mit dem so geschnittenen Kurs einhergehen, die Unterdrückungen undomestizierter Vorgriffe, Rückgriffe, Faszinationen — die Verhinderung alles dessen, und zwar sowohl in ihren Auswirkungen im affektiven und im kognitiven Bereich.

Um ein Mißverständnis zu vermeiden: Es ist keineswegs behauptet, alles, was so konstruierten Kursen Widerstand entgegensetzt, sei hochinteressant und hochqualifiziert; es geht nicht um eine fragwürdige Mystifizierung dessen, was von diesem Konzept aus als Fehler eingestuft werden muß — es geht nur um die Undifferenziertheit, mit der hier alles nicht zielführende Verhalten als Defizit gedeutet werden muß.

These 7:

Die den Unterrichtsablauf steuernde Norm des richtigen Endverhaltens bleibt nicht ohne Folgen für den Lerninhalt, sie produziert eine spezifische Feinstruktur von Unterrichtseinheiten: wenn der Kursablauf zu einer Folge von Gelegenheiten wird, bei denen »richtiges«, d. h. zielführendes Verhalten gezeigt werden soll, sind diese Inhalte so zu stilisieren, daß ihnen leicht die entsprechenden Verhaltensweisen zuzuordnen sind — die Inhalte werden zu einer Menge von Richtigkeiten. Es scheint ein charakteristischer Zug des zweckrationalen Unterrichtskonzepts, daß nach ihm konstruierte Lehrgänge entproblematisierte Inhalte haben. Der *Stolurow*-Test war ein Beispiel. (Zu allen Fragen gibt es die richtige Antwort, die falsche Antwort —) Das Terrain des Inhalts ist gereinigt von Ambiguitäten, problematischen Grundlagenfragen, ambivalenten Deutungen, Dissonanzen, Lücken, Hinweisen auf zweifelhafte oder kühne Annahmen; so zugeschnittene Lerninhalte würden offenkundig die Reibungslosigkeit des Lernablaufs gefährden, die Fehlerquote erhöhen, die Lernzeit verlängern.

Zur Rechtfertigung dieser Reduktion und Versteinerung der inhaltlichen Dimension wird implizit immer wieder hingewiesen auf inhaltliche Modellfälle, bei denen das zielorientierte Unterrichtskonzept tatsächlich angemessen sein dürfte. Beim Autofahrenlernen, beim Skifahrenlernen, beim Lernen einer Reihe von Handgriffen in einem Betrieb gibt es ohne Zweifel ganz eindeutige Maßstäbe für die Richtigkeit und Falschheit einer Handlung an einem bestimmten Objekt: das Objekt gibt sozusagen die Richtigkeit/Falschheit vor. Aber es ist eine ungeprüfte Annahme, daß das für alle Objektbereiche gelten müßte und gelten dürfte. Möglicherweise laugt die Bemühung um Verhinderung von Fehlern die inhaltliche Dimension von Unterricht in vielen Themenbereichen bedenklich aus — und zwar keineswegs nur in den sogenannten nichtexakten Disziplinen.

These 8:

Die wissenschaftstheoretische Herkunft[16] des genannten Konzepts ist unverkennbar: der Unterricht ist auf die Änderung intersubjektiv beobachtbaren Verhaltens ausgerichtet, der Lernende wird in seinem Verhalten beobachtet und planmäßig verändert. Unterricht ist die Behandlung von Verhaltensweisen; das Subjekt, das diese Verhaltensweisen trägt, tritt nicht ins Blickfeld, weil es den wissenschaftlich approbierten Instrumenten nicht zugänglich ist — das gleiche gilt übrigens für die Seite der Lehre, wie sich an dem Computer deutlich zeigte. Das Lehrsystem ist nichts anderes als das zweckrational arrangierte System von lernfördernden Verhaltensweisen, deren Subjekt belanglos ist; deshalb kann es ja ein Computer schaffen, die Lerner zu richtigen Verhaltensweisen zu geleiten.

Unter dem Gesichtspunkt der »Fehler« ist diese Subjektlosigkeit, besser die Ausklammerung des Subjekts aufschlußreich. Denn Fehlverhalten ist Fehlverhalten — es bedarf nicht etwa der Interpretation, der Deutung aus einem individuellen Schicksal, es bedarf der Veränderung, wenn es schon nicht verhindert werden kann. Fehler sind nicht zu verstehen, sie sind zu beobachten, auszuwerten und auszuschalten. Das genannte Konzept scheint überhaupt dazu zu tendieren, die Subjektdifferenzen, die verschiedenen Horizonte der Primärerfahrungen möglichst weitgehend aus dem Kursablauf auszugrenzen. Wenn Aufgaben gestellt würden, die die Mobilisierung ganz verschiedener Erfahrungspotentiale herausforderten, wäre die Vergleichbarkeit der Leistungen und die eindeutige Richtigkeit der Antworten gefährdet. Neugier, Staunen, Faszination, Nachdenklichkeit, wilder Einspruch gegen selbstverständlich Scheinendes — solches ließe sich — mit *Berlyne* — theoretisch als Resultat eines Konflikts erklären, eines Aufeinanderprallens der Erwartungsschemata der seitherigen Lebens- und Denkererfahrung mit einem nicht dazu passenden Lerninhalt. Was nicht zusammenpaßt, ist ein Unruheherd für das Denken wie für den zweckorientierten Kursablauf. In den vom Subjekt eingebrachten Erwartungsschemata hat sich das biographische, soziale Schicksal des Lernenden niedergeschlagen — es ist nicht zu erwarten, daß diese Schemata sich reibungslos den Erfordernissen der Lernsituation anpassen, wenn man sie nur erst vorkommen läßt. Die Didaktik der Fehlerminimierung muß solchen Aufeinanderprall als zeitraubenden und nicht unter Kontrolle zu haltenden Störfaktor einschätzen. Sie versucht daher, diesen Unruheherd auszusperren und Primärerfahrungen in der Primärsprache gar nicht erst zu provozieren[17]. Die Rolle des Lernens wird abgetrennt von der Rolle des Subjekts, das die zu lernenden Verhaltensweisen trägt. Nach Möglichkeit werden nur solche Aktivitäten mobilisiert, die leicht unter Kontrolle zu halten sind — der Computer-Dialog war ein Beispiel dafür. Man kann der Meinung sein, daß durch diese Amputation das Lernen zwar effizient, aber auch schicksallos gemacht wird[18]. Der Lerningenieur bekommt Lerndefekte und Lernzuwachsraten in den Griff, er behandelt Verhaltensweisen wie der Zahnarzt Zähne behandelt. Das ermöglicht Transparenz und Erfolgskontrolle — aber es kostet auch einiges.

These 9:

Unterricht läßt sich beschreiben als geplante Einflußnahme auf Lernvorgänge. Die Normen, nach denen im Ablauf und im Ergebnis die Aktivitäten der am Unterricht Teilnehmenden beurteilt werden, sind offensichtlich von höchstem Belang — denn auf die Begünstigung der positiv beurteilten und die Verhinderung oder Auslöschung der negativ beurteilten wird alles zusammengestellt, was Unterricht ausmacht, die Inhalte, die Medien, die Hilfen, die Räumlichkeiten, die sozialen Gruppierungen, die Überprüfungsinstrumente und anderes.

Hier wurde die Ansicht verfochten, daß das beschriebene zweckrationale Unterrichtsmodell eine der möglichen Quellen zur Beurteilung von Lernaktivitäten als Hauptnorm impliziert oder suggeriert — und zwar die nachweisbare und direkte Beziehung der Aktivität zu dem durch den Kurs angezielten Endverhalten. Niemand wird bestreiten, daß das angestrebte Lernresultat *ein* legitimer Bezugspunkt zur Beurteilung von Lernaktivitäten ist. Die Monopolisierung dieses Bezugspunkts läßt allerdings das Terrain des Unterrichts in bedenklicher Weise veröden — im Bild gesprochen: es droht zu einer Hürdenlaufbahn zu werden, bei dem die Lernenden möglichst schnell ihre Aufgabenhürden zu nehmen haben, um in einer guten Zeit ohne zu stolpern oder eine Hürde umzuwerfen durchs Ziel zu gehen.

Es lassen sich andere Bezugspunkte nennen, von denen aus Lernaktivitäten so beurteilt werden könnten, daß der Kursablauf weniger an einen Hürdenlauf oder an die technisch effiziente Warenproduktion erinnert.

a) Man kann Lernaktivitäten vom Potential des Lernenden, seiner Geschichte, seinem Erziehungsschicksal, seiner soziokulturellen Umwelt, seiner Affektivität her beurteilen. Was vom Lernziel abführt, was infolgedessen als »falsch« beurteilt werden müßte, wenn dieses Endverhalten letztinstanzlich das Urteil bestimmt — das kann von diesem Bezugspunkt aus in hohem Maß »richtig« sein, weil es die spezifische Denkerfahrung, Interessiertheit, Neugier mobilisiert, weiterführt und befriedigt. Das für meine Begriffe recht revolutionäre Unterrichtsmodell, das *Heipcke* und *Messner* jüngst in hochschuldidaktischem Zusammenhang ausgearbeitet haben[19] und das fordert, Kursteilnehmer seien im Verlauf des Kurses an der Entdeckung, Umformulierung, Verwerfung vorgegebener Lernziele eines Kurses zu beteiligen, dieses Modell rückt von der alleinigen Normierung der Lernaktivitäten durch vorgegebene Ziele ab und bezieht die Subjektivität der den Kurs mittragenden und erzeugenden Individuen als Größen ein, die die Ziele mitentdecken und mitbestimmen.

b) Man kann Lernaktivitäten auch von der inhaltlichen Region her beurteilen. Und da ist es durchaus denkbar, daß manche Aktivitäten, die nicht geradewegs zum angestrebten Endverhalten führen, doch das Sachgebiet in relevanter Weise strukturieren, in überraschender Weise sehen lassen, in neue Zusammenhänge rücken, unverhofft problematisieren. Was unter der Norm des Beitrags zum Endverhalten »falsch« sein mag, weil es auf Abwege führt, das kann von der Sache her betrachtet »gut«, »treffend«, »wichtig« sein. Wo steht geschrieben, daß solcherlei sachrelevante Aktivitäten im Unterricht von vornherein nichts zu suchen hätten? Ich könnte mir denken, daß es bei der Arbeit an der Inszenierung eines Theaterstückes öfters vorkommt, daß ein Schauspieler, eine Gruppe mit dem Regisseur eine sehr relevante Deutungsmöglichkeit durchspielt, ausprobiert — und sie dann schließlich doch nicht in die Endfassung einbringt, etwa weil sie zu anderem nicht paßt. Wenn man Unterricht nicht ausschließlich als effiziente Produktion von Endverhaltensweisen auffaßte, wenn man die die Theorien steuernden und inspirierenden Erfahrungen etwa auch aus anderen als technischen und ökonomischen Feldern bezöge, dann könnte es nicht abseitig wirken, die Qualität von Lernaktivitäten auch unter dem Gesichtspunkt der sachlichen Bedeutsamkeit zu beurteilen.

Ein anderer Gesichtspunkt hinsichtlich der Rolle der Inhalte sei angedeutet: der Vergleich des zielorientierten Kurses mit dem Hürdenlauf peilt diese Rolle an, Inhalte erscheinen da also gewöhnlich als etwas, was durch bestimmte Aktivitäten zu bewältigen, auseinanderzunehmen, zu überwinden ist; man läßt die Hürde hinter sich, den erfolgreich bewältigten Inhalt hat man mittels einer Operation so bearbeitet, daß er keine Probleme mehr enthält — man kann fortschreiten; die Didaktik hat dafür zu sorgen, daß der Lerner gewissermaßen immer über die Werkzeuge, die Schlüssel — die kognitiven Operationen etwa — verfügt, mittels deren das Aufgabenobjekt bearbeitet und verfügbar gemacht werden kann. Fehler bestehen im Versagen bei dieser Lösungs- und Bewältigungsaktivität. Aber wie, wenn das Scheitern solcher Operationen gerade von der Qualität des Objekts herrührte — wenn jemand die operative Behendigkeit abhanden käme, weil er die Unzulänglichkeit, Unzulässigkeit seiner instrumentellen Behandlung der Aufgabenlösung gewahrt hätte? Diese hier nur anzudeutende Frage mag durch wenige Sätze von Jean *Améry* illustriert werden, der sich wundert, wie behend ein auf Strukturen und Generalisierungen erpichtes Denken, das hinter sich, unter sich gebracht hat, was an Entsetzlichem konkret zwischen 1933 und 1945 geschehen ist: »...Die Flucht in eine abstrakte Historizität rettete sie vor ihrer konkreten, eben erst katastrophal in ihrer eigenen äußersten Verdichtung zur Hölle gefahrenen Geschichte. Dialektische Geistesschärfe höchster Ordnung brachte das Irreduktible, was sich in diesem Lande ereignet hatte, unter in einer keimfreien Denkstruktur ... Der Faschismus —

denn ihn hatte es offenbar nur gegeben und nicht originale, unverwechselbare Tatbestände des SS-Staates — war Sache kritischer Reflexion. Der Tod war kein Meister aus Deutschland, er war faschistisch oder faschistoid . . .

In den Seminaren wurde der Schrecken transsubstantiiert. Nun konnte jedermann, frei von geschichtlichem Erdenschmutz, die Fahrt nach morgen antreten. Wer hartnäckig rückwärts blickte, weil ein für allemal sein Auge sich da hinten verfangen hatte, erschien bald als reaktionär«[20].

Nur so viel sei vermutet: das Scheitern in der operativen Bewältigung von Lerninhalten kann auch Signal für hohe Aufmerksamkeit auf das durch die verfügbaren Instrumente nicht zu Bewältigende, nicht Auseinanderzunehmende, nicht Zusammenzusetzende, nicht zu Bewertende sein. Was unter dem Gesichtspunkt der Aufgabenbewältigung unzulänglich, fehlerhaft sein kann, mag von der in Frage stehenden Sache her als angemessen beurteilt werden. Der Verdacht, daß Inhalte — anfechtbarerweise — immer schon so präpariert werden, daß bei den Kursteilnehmern solche Blockierungen, Verweigerungen nicht auftreten, liegt freilich nahe.

c) Man kann schließlich Lernaktivitäten, sofern sie in einer sozialen Gruppe auftreten, auch unter dem Gesichtspunkt ihrer sozialen Anregungskraft beurteilen: was unter dem Gesichtspunkt des Zielbezugs, der sachlichen Dimension, des Individualpotentials des Lernenden belanglos oder abwegig sein mag, kann wichtige, interessante Erwiderungen, Ergänzungen, Korrekturen, Kooperationen provozieren; sie müssen ihrerseits keineswegs ausschließlich wegen ihrer Hinordnung zur Zielerreichung einer im Voraus festgelegten Endkompetenz wichtig, interessant, fruchtbar genannt werden.

Um wenigstens anzudeuten, wie ein Unterrichtsablauf aussieht, in dem die auftretenden Aktivitäten nicht von vornherein auf ihren Beitrag zum korrekten Endverhalten ausgerichtet und begutachtet werden, hier wenige Zeilen eines Protokolls mit einer Bubengruppe des 4. Schuljahres:

Versuch:

Der Lehrer stellt zwei Glasbehälter verschieden hoch auf, füllt den oberen mit Wasser, nimmt ein gebogenes Glasrohr, hält ein Ende ins Wasser, saugt am anderen, bis die Röhre voll Wasser ist, hält dieses Ende kurz zu, öffnet es und das Wasser fließt aus, bis das obere Gefäß leer ist. Der Lehrer nickt den Kindern auffordernd zu, sich zu äußern.

Klaus-Jochen: »Das hab ich schon mal gesehen mit einem Gummischlauch. Da hat man aus einem Faß was rausgeholt, Most oder so, und da ist's auch immer geflossen.«

Der Lehrer wiederholt den Versuch.

Roland: »Niemand schuckt's, 's geht allei.«

Robby: »Da drückt's von unten rein, aber woher?«

Der Lehrer wiederholt den Versuch noch einmal. Pause (12 Sekunden).

Einige Buben haben sich auf die Tische gesetzt, um besser sehen zu können; einer sitzt am Ende der Stunde noch oben.

Jörg II: »Am Schluß geht auch Luft mit, viele Lufttropfen.«

Nicolai II: »Eine tolle Pumpe!«

Werner: »Da sieht man richtig, wie die Luft da vordrückt, die Luft macht's daß es läuft.«

Bernhard: (leise) »Kannst's ja gar nicht sehen; 's geht doch ganz allein. Am Anfang, wo's angefangen hat, war doch auch keine Luft da.«

Wolfhardt: »Das läuft da ganz allein rauf und dann runter«[21].

Der Vergleich mit dem Computer-Lehrdialog könnte deutlich machen, daß dieses Lerngeschehen offensichtlich noch von anderen Normen als denen der möglichst zügigen und umweglosen Zielerreichung in Gestalt abrufbarer Fertigkeiten und Kenntnisse reguliert wird: die Primärsprache, die Primärerfahrung, das Grübelnde, die Sache hin und herwendende auf der Stelle Treten, das unkorrigiert geäußerte sachlich Falsche, undomestizierte Konflikte über die Ursachen, verwegene Vermutungen und Vorgriffe — dem ausschließlich zielorientierten Unterrichtskonstrukteur muß dieses Geschehen als chaotische Zeitverschwendung anmuten, und zwar deshalb, weil sein normatives Bezugssystem vielerlei nur als falsch, überflüssig, abwegig einstufen kann, was dem Inszenator dieser Lernepisode — von anderen Bezugssystemen aus — als richtig, wichtig, der Provokation würdig eingestuft wird. An dem, was als fehlerhaft und abwegig gilt, scheiden sich offensichtlich die Geister.

These 10:

Die vorherrschende empirische Unterrichtsforschung und die sie steuernde zweckrationale Unterrichtstheorie haben das unschätzbare Verdienst, den Blick für das reale Geschehen von Unterricht in seiner sinnlichen Greifbarkeit und in seiner Veränderbarkeit geschärft zu haben. Daran vorbei führt gottlob kein Weg mehr zurück in Wesensspekulationen, leere Sollvorschriften, blind tradierte didaktische Handwerkstraditionen.

Die hier angedeuteten Einwände gegen die ausschließlich zweckrationale — vom Endverhalten her normierte — Modellierung von Unterricht sind in der Hoffnung formuliert, es müsse sowohl in der Analyse wie in der Entwicklung von Unterricht theoretische Filter und Verfahren geben, die es gestatten, auch andere Unterrichtsmuster aufzufassen und zu entwickeln. Der Verdacht, daß die instrumentelle und lernzielorientierte Normierung von Unterricht unkritisch mit ökonomischen und technischen Verfahrensidealen auch fragwürdige Lehrtraditionen unserer Schule aufgreifen und wissenschaftlich-technologisch aufrüsten könnten — dieser Verdacht mag durch den Hinweis auf das anfangs referierte Unterrichtsgespräch über die Kochflasche und den Bunsenbrenner begründet werden.

Die zuweilen grotesk anmutende Verbissenheit der aktuellen internationalen Curriculumforschung in die Probleme der Präzisierung, Katalogisierung, Auswahl und Rechtfertigung innerhalb der Lernzielregion scheint auch mit dem hier kritisierten Konzept von Unterricht zusammenzuhängen: Wenn die Ziele festliegen, gilt die entscheidende Schlacht um den Unterricht als geschlagen — so ist wohl deshalb die Meinung, weil der Unterrichtsablauf als überprüfbares und effizientes Instrument zur Erzeugung der Zielkompetenz angesetzt wird; die Herrschaft der instrumentellen Vernunft in Sachen Unterricht scheint den Blick dafür zu trüben, daß durch die Festlegung bestimmter Lernziele noch nichts darüber gesagt ist, auf welchen Unterrichtswegen dieses Ziel angegangen wird; und dadurch gewinnen die so präzis beschriebenen Endverhaltensweisen wieder eine fatale Vieldeutigkeit, denn wenn zwei dasselbe Verhalten zeigen können, tun sie nicht das Gleiche ... Wer nach dem Computer-Kurs ein physikalisches Gesetz beherrscht und wer nach dem zuletzt zitierten Tübinger Unterrichtsgespräch dasselbe Gesetz mit derselben Testpunktzahl beherrscht — sind diese beiden identischen Kompetenznachweise gleichgewichtig? Der auf beobachtbare Verhaltensweisen fixierte Blick wird das bejahen, aber liegt hier die Blickverkürzung nicht offen zutage?

Man kann bei der curricularen Entwicklung von Unterricht, also bei der Erfindung, Kombination, Inszenierung von Lernsituationen, Lernumwelten, Materialien, Schwierigkeiten, Hilfen, Medien, Gruppierungen viel von der zweckrationalen Vernunft lernen — die Genauigkeit in der Analyse von Details, die Sorgfalt und die Dimensionierung in der Planung, den Sinn für die Veränderbarkeit und Machbarkeit von Lerngeschehnissen, den Rückgriff auf psychologische Theorien, die Rechtfertigungspflicht einzelner didaktischer Maßnahmen, und natürlich die Mitveranschlagung der Zieldimension als einer Determinanten von Unterricht. Nur — und darin läßt sich die Intention dieser Überlegungen zusammenfassen — sollten die den Unterricht Planenden ebenso wie die ihn Bestreitenden die Zielregion mitsamt den einzelnen Lernzielen nicht als letztinstanzlich diktierende, sondern als inspirierende Richtgröße auffassen. Sonst verfallen sie der dürftigen Vorstellung, Unterricht sei nichts anderes als die kürzeste Verbindung zwischen zwei Lernzielen, als die Produktion von Lernschnellwegen. Solche Produktion kann bei bestimmten Inhalten, unter bestimmten Umständen wichtig und vernünftig sein (wer wollte schon nicht möglichst schnell und möglichst perfekt das Autofahren oder das Schreibmaschine-Schreiben lernen!). Nur gegen die naive Generalisierung dieses Modells sollten hier einige Bedenken angemeldet werden, auch namens der Fehler, die dann nicht mehr gemacht werden dürfen[22].

Anmerkungen

[1] Zitiert bei Wolfgang Klafki und Mitarbeiter: Erziehungswissenschaft, Funkkolleg Band 2, Frankfurt/Main 1970, S. 154/155

[2] Handbuch der Unterrichtsforschung, herausgegeben von Karlheinz Ingenkamp in Zusammenarbeit mit Evelore Parey. Bd. I und II, Weinheim, Berlin, Basel 1970

3 Handbuch der Unterrichtsforschung a. a. O., Bd. II, Sp. 1564/1565
4 Handbuch der Unterrichtsforschung, Bd. II, Sp. 1282
5 Handbuch der Unterrichtsforschung, Bd. II, Sp. 1624/1625
6 G. O. M. Leith: Learning and Personality; in: W. R. Dunn, C. Holrody: Aspects of Educational Technology, Vol. 2, Methuen u. Co., London 1969, besd. S. 108/109
7 Lawrence Stolurow: CAI — Some Problems and Perspectives; in: Dunn/Holrody (Eds.) a. a. O. (Anm. 6), S. 507
8 Stolurow a. a. O., S. 501
9 Taber/Glaser/Schaeffer: Verhaltenspsychologie — Didaktik — Programmierter Unterricht. Weinheim, Berlin, Basel 1970, S. 175
10 Stolurow a. a. O., S. 506
11 In»pl« »programmiertes lernen und programmierter unterricht«, Sonderdruck o. J. (1970), S. 2/3
12 »Psychological Principles in System Development« ed. by Robert M. Gagné; Holt, 2. Aufl. New York 1966; darin Meredith P. Crawford: Concepts of Training, bsd. S. 321 ff.
13 Crawford a. a. O., S. 325 ff.
14 Crawford a. a. O., S. 311/312
15 W. R. Fuchs: Knaurs Buch vom neuen Lernen. München-Zürich 1969, S. 180/181
16 Zum Folgenden vgl. vor allem Jürgen Habermas: Zur Logik der Sozialwissenschaften, 2. A. Frankfurt/Main 1970, besd. S. 138 ff. und »Technik und Wissenschaft als Ideologie«, 3. Auflage Frankfurt/Main 1969, besd. S. 153—158; auf Seite 48 steht der Satz: »Die technische Vernunft eines gesellschaftlichen Systems zweckrationalen Handelns gibt ihren politischen Inhalt nicht preis«. Die hier vorgebrachten Überlegungen können als Versuch gelesen werden, die in zweckrationale didaktische Systeme eingewanderten und darin sich verbergenden erzieherischen Inhalte und Normen bewußt zu machen.
17 Vgl. Theodor W. Adorno in »Logik der Sozialwissenschaften« hrsg. von Ernst Topitsch, Köln-Berlin, 3. Aufl. 1966, S. 516 f. und S. 521.
18 Vgl. dazu auch Klaus Holzkamp: Zum Problem der Relevanz psychologischer Forschung für die Praxis. In: »Psychologische Rundschau«, Heft 1/1970, S. 1 ff.; besonders einschlägig S. 6. Cf. auch Klaus Holzkamp: Kritische Psychologie. Fischer TB. Ffm. 1972.
19 Klaus Heipcke/Rudolf Messner: Einführung in wissenschaftstheoretische Fragen der Erziehungswissenschaft: Teil I. Didaktische Probleme bei der Beschreibung von Kurszielen. Monographien zur Hochschuldidaktik/Arbeitsgruppe für Hochschuldidaktik an der Universität Konstanz. Uni Konstanz 1971
20 Jean Améry: Expedition jenseits des Rheins. Merkur, 25. Jgg. Heft 1/1971, S. 39
21 Siegfried Thiel: Kinder sprechen über Naturphänomene. Die Grundschule, Juli 1970, Seite 3
22 Die vorliegende Skizze habe ich ins Grundsätzliche auszuweiten versucht in dem Aufsatz »Zweifel am Monopol des zweckrationalen Unterrichtskonzepts« (Neue Sammlung Heft 5/1971). Aus ihm insbesondere wird deutlich, daß es mir nur um Kritik an der Monopolstellung einer bestimmten Spielart der Curriculumentwicklung geht, nicht um Zweifel an der Wichtigkeit und Dringlichkeit curricularer Forschung und Entwicklung überhaupt.

Hans Bolewski

Die kritische Theorie und ihre Folgen

Die Geisteshaltung, die uns heute in vielen Äußerungen junger Menschen begegnet, in Aufsätzen, in der Primanerlyrik, in Stellungnahmen zu sozialen, politischen und beruflichen Problemen, hat Johannes Flügge in seinem Beitrag zur »Pathologie des Unterrichts« als »das große Mißtrauen« beschrieben. Die Freiheit des kritischen Umgangs mit der Überlieferung, in der die Schule und die Berufsbildung ihre wichtigste Voraussetzung haben, ist der Vorstellung von der machbaren Welt und dem machbaren Menschen gewichen. Das für viele von uns Unerwartete besteht nun aber darin, daß die jüngeren und vielleicht nicht nur die jüngeren, sondern auch viele ältere Zeitgenossen nicht die Freiheit gegen die Machbarkeit verteidigen, sondern mit großer Leidenschaft lediglich die Machart in Frage stellen. Nicht daß man programmiert ist, erregt einen, sondern daß man unter Umständen falsch programmiert sein könnte, das heißt nicht nur mit einem falschen Programm, sondern auch von den falschen Leuten. Wer so denkt muß sich auf die Seite der für ihn vermeintlich besseren Leute und damit auf die Seite des nach seiner Meinung richtigen Programms begeben. Das große Mißtrauen gilt nicht dem drohenden oder schon vollzogenen Verlust der Autonomie der Person. Es gilt dem System, innerhalb dessen der verbleibende Mensch nicht mehr glaubt, entsprechend seinen neuen Daseinsbedingungen funktionieren zu können. Es gilt daher, dies System durch ein besseres zu ersetzen. Der längst akzeptierten Vorstellung der Machbarkeit korrespondiert dementsprechend der Gedanke der Auswahl zwischen verschiedenen Systemen, wobei die soziale und politische Wirklichkeit als ein Ding, als ein Erzeugnis unter anderen gedacht werden. Politische und soziale Systeme erscheinen ja in der Tat im Bereich der Massenkommunikationsmittel wie andere Einrichtungen der Versorgung oder der Organisation. Ihr geschichtliches Gewordensein wird nur selten bewußt. Es scheint, als stünden sie ganz einfach zur Wahl.

Allerdings gibt es hinter diesem vordergründigen politischen Denken und Verhalten ebenso etwas wie eine Ahnung oder ein Bewußtsein davon, daß nicht wir das System des Lebens wählen, sondern daß es uns mindestens ebenso wählt; daß es bei aller Werbung, mit der solche Systeme heute vorgestellt werden, immer auch einen Herrschaftsanspruch beinhaltet und daß die eigentliche Frage wohl erst darin besteht, wie man diesem Anspruch begegnet. Oder auch: wie man sich ihm entzieht. Denn beansprucht oder, um dies Modewort auch einmal zu gebrauchen, »manipuliert« fühlt man sich nun einmal in den unpersönlichen Großformen der von der Technik bestimmten Welt, in der wir alle leben. Der Schüler oder der Lehrling weiß zwar, daß er das Recht der freien Berufswahl hat, aber er weiß oder ahnt zumindest, daß das Berufsfeld ständigen, jedenfalls von ihm und vielleicht auch von der Allgemeinheit nicht voraussehbaren Wandlungen unterliegt. Der Städter kann es täglich hören und lesen und sehen, daß die Lebensbedingungen seiner Stadt sich laufend verändern und sehr oft verschlechtern. Das Land und die Kleinstadt erleben eine Umstrukturierung, deren Ende noch nicht abzusehen ist. Dort wo früher die größte Seßhaftigkeit bestand, herrscht heute die Unruhe der Mobilität. Niemand ist zu dieser Unruhe gezwungen, aber niemand kann auch sagen, er folge seinem eigenen freien Wunsch, oder die Mobilität sei doch die schönere Lebensform. Die Institutionen büßen in dieser Unruhe ihre Tragfähigkeit ein, die alten ebenso wie die neuen: Staat, Familie, Kirche; ebenso die Gewerkschaften, Parteien, Schulen oder Hochschulen. Sie werden immer mehr zu bürokratischen Großapparaten, die die Möglichkeit, sich mit ihnen zu identifizieren schon durch ihre Größe und durch die immer unpersönlicher werdende Form des Lebens- und Umgangsstils ausschließen. Das alles ist nicht »kritische Theorie«, und daß unsere Welt so erfahren wird, ist auch nicht die Folge irgendeiner pessimistischen Weltanschauung. Im Gegenteil: der in der sogenannten Industriegesellschaft zweifellos vorhandene Pessimismus, die Angst, die Einsamkeit finden literarisch, auch in der philosophischen Literatur, kaum einen Niederschlag. Selbst dort, wo sie etwa in Meinungserhebungen bewußt gemacht werden, geschieht das ja nur in gebrochener Form. Eine soziologische Untersuchung darüber wird sich niemals mit den Aussagen selbst identifizieren können, und die Tatsache, daß man sie anstellt, enthält ja schon das unausgesprochene Versprechen, dem Übel sei beizukommen. Man gibt sich in der literarischen Produktion optimistisch. Das gilt gerade für die wissenschaftliche, nicht zuletzt auch für die pädagogische Literatur. Man will »die Dinge in den Griff bekommen«. Organisatorische, wirtschaftliche oder finanzielle Fragen gehen ja den wissenschaftlichen Autor im allgemeinen wenig an. Sie sind Sache der Politiker. So verschwindet das Elend der Schule hinter dem Glanz der wissenschaftlichen Pädagogik; die Glaubens- und Predigtnot der Kirche hinter den vielen Bestsellern von der Sache mit Gott; die Ratlosigkeit der Richter hinter den aufregenden Problemen des Rechts und der Rechtspolitik. Das ist wohl in allen Bereichen so. Ob Autoren wie Schopenhauer, Nietzsche oder Kierkegaard, wenn sie heute lebten, das heißt Denker, die den Optimismus, den auf praktische Umsetzung angelegten Wissenschaftsbegriff unserer Zeit in Frage stellen, überhaupt einen Verleger finden würden, kann man bezweifeln. Auch die Autoren der kritischen Theorie lassen den von ihnen diagnostizierten Ernst ja erst bei einiger Beschäftigung und bei einiger Befragung erkennen. Auf alle Fälle ergibt sich dieser Ernst erst aus einer Zusammenschau der Publikationen aus den 40 Jahren, in denen diese Theorie sich entwickelt hat. Was in der zweiten Hälfte der Sechziger Jahre von der kritischen Theorie sichtbar und wirksam geworden ist, ist ja eigentlich gerade nicht ihre kritische Reflexion über die tiefe Gefährdung des Menschen, sondern eher ihre utopischen Hoffnungen von einer Überwindung dieser Gefahr, ihre manchmal demagogische Manier, aus der ihr im Grunde immer bewußten Krise zu einer politischen Lösung zu gelangen. Man hielt unter den Autoren der kritischen Theorie Ende der Sechziger Jahre jedenfalls teilweise die Stunde für gekommen, um den gordischen Knoten durchzuhauen, dessen mühsame Verflochtenheit man bis dahin so eindringlich dargestellt hatte. Man wollte aus der Reflexion heraus und zur Aktion durchstoßen. Man machte aus der *kritischen* Theorie eine kritische *Theorie* mit gewissen Ansätzen zu einer Strategie revolutionären Handelns. Das gab Ende der Sechziger Jahre den Reden und Stellungnahmen oft einen gewissen appellierenden Charakter. Das führte auch dazu, die Geschichts- und Gesellschaftsvorstellungen, vor allem auch die ökonomischen Vorstellungen von Karl Marx, die ursprünglich im wesentlichen dazu gedient hatten, den Begründern der kritischen Theorie zur Distanz von der eigentlichen bürgerlichen Herkunft zu verhelfen, jetzt sehr viel mehr zu betonen. Die Zeit schien reif, den Kampf für die bessere Zukunft zu führen: gegen eine Staats- und Wirtschaftsbürokratie, gegen den Militarismus, gegen ein mandarinenhaft ohne Rücksicht auf die Menschen, vor allem auf die jüngeren Menschen sich fortschleppendes Erziehungs- und Bildungswesen. So Max Horkheimer beim Nürnberger Gespräch über Opposition in der Bundesrepublik 1968: »Wer gegen irgendeine gesellschaftliche Situation anficht, wer sie bekämpft — und ich bin der letzte, der davon abrät — der sollte wissen, daß die Rebellion gegen das Erziehungswesen ebenso wie die gegen politische Verhältnisse sehr gründlich überdacht sein muß. Um nicht mißverstanden zu werden: daß es mit der Politik nicht in Ordnung ist, darüber sind wir uns selbstverständlich einig«[1]. Wer heute von kritischer Theorie redet, denkt wohl vornehmlich an solche Stellungnahmen. Er denkt vor allem daran, daß Männer wie Herbert Marcuse, Adorno, Horkheimer, Habermas jedenfalls in der frühen Phase der jugendlichen Revolution deren Sprecher oder, wie man in der amerikanischen Literatur zu den Studentenunruhen gerne sagt, deren »gurus« waren. Daß die weitere Entwicklung über sie hinweggegangen ist, daß sie im Gegenteil selber zu Gegnern oder auch zu Opfern der neuen Linken wurden, hat der kritischen Theorie einen anderen Platz in der politischen aber auch in der philosophischen und theologischen Diskussion gegeben. Der neue Platz, der vor allem durch die Neuauflage der Horkheimerschen Aufsätze aus den dreißiger und vierziger Jahren und nicht zuletzt durch Horkheimers eigene Äußerungen zu Fragen des Glaubens und der Metaphysik in der letzten Zeit bestimmt wurde, sollte aber nicht über die revolutionäre Sprengkraft hinwegtäuschen, die auch in der kritischen Theorie steckt, in ihr und wohl überhaupt in der Weise, in der wir heute unsere geistige Überlieferung mit den äußeren und inneren Bedingungen und Regulierungen der modernen Welt konfrontieren. Es sind diese Fragen und nicht die kritische Theorie allein, denen die Möglichkeit der Revolution ebenso wie der Kontemplation oder der Verzweiflung innewohnen.

Das wird bei Horkheimers Werdegang deutlich, der über seinen Lehrer Hans Cornelius aus dem Neukantianismus kommt, und er hat ohne Zweifel bei den vielen Denkansätzen, die er aus dem 18. und 19. Jahrhundert übernimmt, zu Kant immer eine besonders enge Verbindung gehabt. Von ihm übernimmt er ja auch den Begriff der Kritik, nur daß Kritik bei ihm Kritik der Geschichte, Kritik des Wirtschaftssystems, Kritik der Organisation menschlicher und vor allem wissenschaftlicher Arbeit wird. Das nämlich soll die kritische von der traditionellen Theorie unterscheiden. In dieser traditionellen Theorie »erscheint nicht die reale gesellschaftliche Funktion der Wissenschaft, nicht was Theorie in der menschlichen Existenz, sondern nur, was sie in der abgelösten Sphäre bedeutet. worin sie unter den historischen Bedingungen erzeugt wird«[2]. Die wirkliche Selbsterkenntnis des Menschen aber wird vermittelt »durch die vom Interesse an vernünftigen Zuständen durchherrschte kritische Theorie«[3]. Das ist 1937 geschrieben, aber von diesem Interesse ist schon die Gründung des Frankfurter Instituts für Sozialforschung bestimmt, dessen Leitung Horkheimer 1930 übernahm. Die 1932 gegründete »Zeitschrift für Sozialforschung«, in der dann die wichtigsten Aufsätze Horkheimers erschienen, ist dazu bestimmt, die Theorie des gegenwärtigen Gesellschaftsprozesses durch Konzentration aller für ihre Weiterbildung wichtigen Fachwissenschaften auf das Problem der Gesellschaft zu fördern«[4]. Daß dabei auch die als Wissenschaft bis dahin noch kaum anerkannte Tiefenpsychologie mit gemeint war und daß Horkheimer sich in dieser Zeit bei einem Frankfurter Analytiker einer Analyse unterzog, sollte später Auswirkungen haben, die damals wohl niemand voraussehen konnte. Das gilt auch für Marcuse, der in diesen Jahren nicht eigentlich als Interpret Freuds, sondern als Herausgeber der Frühschriften von Karl Marx zu erstem Ansehen gelangte. Adorno habilitierte sich — um die Weite der Thematik in diesem Kreis junger Wissenschaftler anzudeuten — 1932 mit einer Arbeit über Kierkegaards Konstruktion des Ästhetischen. Das alles geschah auf dem Höhepunkt der Weltwirtschaftskrise und unmittelbar vor der Machtübernahme Hitlers, die man kommen ahnte, ohne doch recht daran glauben zu wollen. Die wichtigsten Mitarbeiter des Frankfurter Instituts emigrierten über Genf und Paris nach den Vereinigten Staaten, wo sie nach verhältnismäßig kurzer Zeit ihre Arbeit fortsetzen konnten. Die Kritik an der Gesellschaft hatte durch die Vorgänge in Deutschland neue Berechtigung für die Weltöffentlichkeit erhalten. Man erlebte, welcher barbarischen Grausamkeit eine technisch hochentwickelte Gesellschaft fähig war. Die furchtbare Gefahr, der die meisten entronnen waren — freilich nicht alle; Walter Benjamin, der auch zu dem Kreise gehörte, beging an der spanisch-französischen Grenze in einer Paniklage Selbstmord — machte sie überhellsichtig für alles, was auf eine solche Entwicklung schließen ließ, auch in der Welt der Vereinigten Staaten. So blieben gerade die Vertreter kritischer Theorie der amerikanischen Welt, bei aller Dankbarkeit für den dort empfangenen Schutz, in einer gewissen Distanziertheit und Fremdheit. Ihre Auswirkungen gerade in den Sozialwissenschaften der Vereinigten Staaten sind mit den Auswirkungen der Wiener Schule in keiner Weise zu vergleichen. Daß Marcuse, der anders als Horkheimer und Adorno nicht nach Deutschland zurückkehrte, später für einige Zeit ein Idol der studentischen Linken auch Amerikas wurde, hängt möglicherweise gerade mit dieser Fremdheit zusammen. In der dritten Phase der Geschichte der kritischen Theorie, im Wiederaufbau des Frankfurter Instituts, haben dann die durch den Nationalsozialismus gestellten Themen eine besondere Rolle gespielt: das Syndrom der »authoritarian personality«, worüber die Gemeinschaftsarbeit 1950 allerdings nur in englischer Sprache veröffentlicht wurde. »Studies in prejudice«, heißt sie im Untertitel, und die Auseinandersetzung mit ihr hat wohl in der Tat Vorurteilsforschung, Familienforschung — die autoritäre Struktur gerade der deutschen Familie wurde in der Studie ja mit Nachdruck behauptet — und die kritische Reflexion der Lebens- und Kunstformen im 19. Jahrhundert und in der ersten Hälfte des 20. Jahrhunderts unter den Vorzeichen des Autoritären bzw. des Antiautoritären, sowohl wissenschaftlich wie praktisch, politisch vorangetrieben. In der Phase der äußeren Restauration der deutschen bürgerlichen Lebensformen, der Familie, des Bildungswesens, der politischen Repräsentation, die die fünfziger und die frühen sechziger Jahre kennzeichnet, wirken diese Gedanken wie ein Sprengstoff, der langsam weiterglimmt und der schließlich zur wirklichen Explosion, aber eben nicht zu der erhofften Alternative, zur Revolution oder zur Reform oder zu der nicht repressiven Gesellschaft der Freien und Gleichen führte. Daß diese Explosion in Deutschland fast gleichzeitig mit dem Regierungswechsel erfolgte, konfrontierte die neue Regierung vom ersten Tage an mit übersteigerten, politisch sicher nicht erfüllbaren Hoffnungen, Hoffnungen, die die praktischen Politiker auch der neuen Regierungsparteien sicher eher verwirrten als beflügelten. Für Horkheimer und Adorno aber bestand jetzt offenbar die Notwendigkeit, in einer erneuten Veröffentlichung ihrer Hauptschriften Rechenschaft über den Weg ihres Denkens abzulegen. Diese Hauptschriften waren bis dahin zum großen Teil mit Billigung der Autoren nur als Raubdrucke des SDS erhältlich. Ein erster Querschnitt durch die Veröffentlichungen von rund 40 Jahren ergibt nun heute ein Gesamtbild der kritischen Theorie von verwirrender Vielfalt, aber auch von verwirrendem Reichtum. Um dies Gesamtwerk und seine Ausweitung und Fortsetzung bei Jürgen Habermas und den Jüngeren, Albrecht Wellmer, Alfred Schmidt u. a. geht heute die Diskussion. Sie findet vorwiegend, aber nicht nur im philosophischen und darüber hinaus im sozialwissenschaftlichen Bereich statt. Viele der neuen Linken haben sich von der kritischen Theorie abgewandt, aber dabei doch ihre Herkunft und ihre spätere Enttäuschung nicht vergessen.

Damit sind wir bereits bei den Folgen der Theorie, von denen jetzt auch

in der Tat die Rede sein soll, von den Folgen auch für die Schule und die Päd-
agogik. Zuvor aber noch ein paar Bemerkungen zu dem, was mit dem Wort
Theorie selbst gemeint sein kann. Wir haben schon auf das hingewiesen, was das
Element des Kritischen ausmacht. Weniger leicht verständlich ist aber der Gebrauch des Wortes Theorie. Um ihrer kritischen Funktion willen kann diese
Theorie ja weder Theorie im Sinne eines wissenschaftlichen Systems noch im
Sinne der idealistischen Philosophie sein. Sie hat auch nicht wie die Existenz-
philosophie ihre eigenen Kategorien und Begriffe. Mag Adorno bisweilen
schwer lesbar sein, Horkheimer ist es sehr viel leichter, aber eine Schulsprache
spricht keiner von ihnen. Dafür sind die verschiedenen Begriffe der philosophischen Schulsprachen des 18. und 19. Jahrhundert in sie eingegangen, allerdings immer in einer weiter entwickelten, weiter durchdachten sprachlichen Form.
Das gilt vor allem für den Gebrauch von »Dialektik«. Gerade dies Wort, aus
dem Idealismus übernommen, bekommt eine anti-idealistische Spitze, die keineswegs nur durch Karl Marx, sondern auch durch Schopenhauer und Nietzsche
bestimmt ist. Denken ist keineswegs Abstraktion, sondern im Sinne von
Nietzsche-Schopenhauer auch Wille zur Macht. »Denken widerspräche schon
seinem eigenen Begriff ohne Gedachtes, und dies Gedachte deutet vorweg auf
Seiendes.« Das Denken bemächtigt sich des Seienden. »Allein Dialektik kann
es in der Selbstkritik des Begriffs begreifen«[5]. Diese Selbstkritik des Begriffs
ist aber nicht ein spiritueller, innersubjektiver Vorgang, vielmehr wird der
Denkende durch die materiellen Fakten darauf gestoßen. Das ist das Pathos
des Materialismus, auch der Rezeption der ökonomischen Theorie von Karl
Marx. Auschwitz, der Hunger in der Welt, Versklavung und Unmündigkeit
setzen das kritische Denken in Bewegung. Es wird verständlich, wieso Denken
sowohl Befreiung wie Versklavung im Gefolge haben kann. Die Herrschaft
über die Natur würde, wenn sie mit den gleichen Mitteln der »instrumentellen
Vernunft« fortgesetzt würde, zur Herrschaft über den Menschen. Dieser Prozeß
ist bereits weit fortgeschritten, aber erst in der »Selbstkritik des Begriffs« wird
er in seinem Ernst sichtbar. Jetzt kann die ursprüngliche Intention der Aufklärung bewußt gemacht und durchgesetzt werden, die »Befreiung des Menschen aus der selbstverschuldeten Unmündigkeit« (Kant). Diesen emanzipatori-
schen Denkprozeß will die kritische Theorie leisten. Ohne diese Theorie kann
die Aufklärung nur ihren eigenen Untergang betreiben, und sie tut es in dem
Maß, in dem die gleichen Mittel, die einmal zur Beherrschung der Natur geführt haben, Mittel zur technischen und ökonomischen Beherrschung der Gesellschaft werden. Wie das in der politischen und gesellschaftlichen Entwicklung
verhindert werden kann, kann Aufgabe der Auflehnung, auch der »Rebellen
der Jugend« sein. »Besteht nicht die Gefahr«, so fragt Horkheimer angesichts
der damals in Nürnberg stark vertretenen studentischen Jugend, »und ich
glaube«, so fährt er fort. »daß alle diese Momente bewußt, unbewußt oder halb
bewußt in der Jugend stecken, besteht nicht die Gefahr, daß das was wir Geist,

Phantasie, Autonomie nennen, aufs allerhöchste bedroht ist?«[6] Freilich deutet sich schon bei Horkheimers Auseinandersetzung mit dem Positivismus in den dreißiger Jahren an, den er als »neuesten Angriff auf die Metaphysik« kennzeichnet[7], daß der Verlust der traditionellen Metaphysik unter dem kritischen Einfluß der Wissenschaft diese Wissenschaft dem inhumanen Mißbrauch zugänglich macht: so gibt es ... metaphysische Schriften, in denen mehr Einsicht in die Realität enthalten ist als in den Werken der den Bedürfnissen der Gegenwart angepaßten Fachwissenschaft«[8]. Jetzt soll unter neuen Bedingungen die kritische Theorie diese Rolle übernehmen. Kritische Theorie ist also auf eine Transzendenz bezogen, freilich auf eine Transzendenz, die so wie der Gott in manchen Schriften des Alten Testaments nicht gedacht und schon gar nicht genannt werden kann. Diese Transzendenz wäre ja dann wiederum ein Seiendes, dessen sich das Denken bemächtigt. So ist die kritische Theorie zu dem Versuch gezwungen, »Metaphysik ohne Absolutes, Theologie ohne Dogma zu betreiben«[9]. Ob eine Transzendenz dieser Art als Voraussetzung humaner Praxis, als Voraussetzung auch zum Ertragen oder zum Verändern der Welt gelten kann, wird noch zu prüfen sein. Sie ist möglicherweise eine Chiffre der modernen Glaubensnot und zwar gerade der sozialen Relevanz dieser Not. Möglicherweise wiederholt sich in der radikalen Kritik an der Welt und an der Gesellschaft, die wir heute bei vielen jungen Theologen erleben, und die in vielen Schriften von Horkheimer und Adorno in einer hohen Reflexionsstufe vorliegt, das, was Karl Marx schon vor über 120 Jahren an den Junghegelianern scharf gesehen und angegriffen hatte. »Der Umgestaltungsakt der Gesellschaft reduziert sich auf die Hirntätigkeit der kritischen Kritik.« Diese kritische Kritik sieht »nicht in der grob materiellen Produktion auf der Erde, sondern in der dunstigen Wolkenbildung am Himmel die Geburtsstätte der Geschichte«[10]. Marx war nicht an der metaphysischen oder der Glaubensnot des Menschen interessiert, sondern an der geschichtlichen Wirksamkeit des Denkens. Daß sich heute, nach 125 Jahren das unerledigte Problem der Metaphysik wieder meldet, gehört sicher auch zu den Folgen der kritischen Theorie. Von dieser Folge soll abschließend noch kurz die Rede sein. Zunächst aber wenden wir uns den unmittelbaren Folgen, vor allem den Folgen auf dem Gebiet des Bildungswesens zu.

Auf diesem Gebiet hat ja die kritische Theorie offenbar besondere Unruhe ausgelöst. Ob störende, vielleicht gar zerstörende oder schöpferische Unruhe, das ist die Frage. In vielen Kreisen der Hochschule und der Hochschulpolitik, auf die sie einmal besonders gewirkt hat, wird heute sogar die Auffassung vertreten, sie habe jedenfalls in ihrer Fassung bei *Adorno und Karl Marx* überhaupt nichts bewirkt. »Die kritische Theorie büßt ihre soziale Funktion als radikale Totalkritik in zentralen Bereichen ein. Die Höhe ihres Abstraktionsniveaus wird ihr entgolten mit verunsicherter Kommunikationsfähigkeit. Das Potential ihrer theoretischen Radikalität steht zu ihren Möglichkeiten einer Innervierung radikaler praktischer Veränderungen in umgekehrt proportionalem Verhältnis. Die Subjektivität ihrer Begriffsarbeit erkauft sie um den Preis ihrer Lähmung in praxi und ratifiziert dergestalt die Stellung der Intelligenz in der Gesellschaft«[11]. Das klingt wie eine Wiederholung der Marxschen Kritik an den Links-Hegelianern, nur daß der Erfolg der »radikalen praktischen Veränderungen« bei dieser Wiederholung den Kritikern so wenig wie den kritisierten Lehrern und Vertretern der Theorie in der älteren Generation bisher beschieden war. Daß diese Konsequenz aus der kritischen Betrachtung selbst unmittelbar folgte, ist wohl auch den Vertretern der Frankfurter Schule erst im letzten halben Jahrzehnt deutlicher geworden. Daß schon »in der an Marx theoretisch anknüpfenden Überlieferung ... Kritik der Kultur nicht zufällig an die Stelle einer Kritik der politischen Ökonomie getreten« sei, hält Jürgen Habermas für eine legitime Entwicklung[12], wie er auch die These der »Dialektik der Aufklärung« von Horkheimer und Adorno übernimmt, »daß technische Rationalität heute mit der Rationalität der Herrschaft selber verschmilzt«[13]. Er fährt dann aber fort: »die totalisierende Perspektive erlaubt andererseits nicht, partielle Vorgänge soweit zu isolieren, daß sie in die Reichweite eines verändernden Zugriffs rücken.« Insofern habe die kritische Theorie eher zu »einem gewissen Attentismus« geführt und bei den damals Jüngeren »eine politische Resignation bekräftigt«, die sich seit der Bundestagswahl ab 1953 immer weiter ausgebreitet habe[14].

Das hier ausgesprochene Bewußtsein von der politischen Verantwortung der Wissenschaft war und ist nun allerdings unabhängig von der kritischen Theorie ein unmittelbares Element wissenschaftskritischen und wissenschaftstheoretischen Denkens in allen Ländern geworden. Daß Wissenschaft in ihrer Verbindung mit der Technik zu einer von ihren eigenen Vertretern nicht mehr kontrollierten Macht geworden ist, hat in der unmittelbaren Nachkriegszeit die Diskussionen um die Probleme der Rüstung, insbesondere der atomaren Rüstung, ausgelöst, die sich dann in die anderen Wissenschaftsbereiche Biologie und Medizin, aber schließlich auch in die nicht aus den Naturwissenschaften hervorgegangenen Disziplinen, die Sozialwissenschaften, die Pädagogik und nicht zuletzt auch die Theologie fortgesetzt haben. Gewiß hat die kritische Theorie Kategorien geliefert, die die Zusammenhänge zwischen wissenschaftlicher, gesellschaftlicher und politischer Entwicklung begreifbar zu machen schienen. Aber diese Zusammenhänge wurden ohnehin geahnt, und diese Ahnung war bereits in den fünfziger und den frühen sechziger Jahren Grund einer zwar überschaubaren, aber immerhin spürbaren Unruhe, auch an den Universitäten und an den höheren Schulen. Daß in der Behandlung dieser nun einmal vorhandenen lebensentscheidenden Fragen die großen Institutionen von den Parteien bis zu den Kirchen — Schulen und Universitäten nicht ausgenommen — ebenso zögernd waren wie in der Erweiterung vorhandener Möglichkeiten der Partizipation und der Mitsprache ihrer Mitglieder und Mitarbeiter, mußte wohl schließlich den Verdacht bestätigen, daß die Pflege und Fortsetzung tradierter wissenschaftlicher und didaktischer Inhalte und Formen letzten Endes nur den Zweck habe, eine bestimmte Herrschaftsstruktur zu bestätigen, die den unter ihr Lebenden längst uneinsichtig und unverständlich geworden war. Das Leiden an der Hochschule, an einem qualitativ und quantitativ unzureichenden Bildungssystem, die erfahrene Banalität des Betriebes, das alles hat den Vertretern der kritischen Theorie in der zurückliegenden Zeit das große moralische Pathos verliehen. Horkheimer und Adorno waren ja als philosophische Ordinarien an den Prüfungen für das Höhere Lehramt beteiligt und haben mit den Prüflingen und für die Prüflinge an diesen Prüfungen gelitten. Sie konnten wahre Horrorgeschichten über ihre Gespräche mit angehenden Philologen erzählen, angefangen mit dem im Frankfurter Philosophicum offenbar besonders beliebten Hobbes, dessen Namensaussprache im Hessischen Adorno immer fatal an »ebbes« erinnerte, bis hin zu Wendungen wie »in etwa«, »echtes Gespräch« oder »totales Anliegen«, hinter denen sich nur Unkenntnis oder Beziehungslosigkeit verbergen konnten [15]. Und Horkheimer hat in vielen Gesprächen darüber geklagt, daß der Geschichtslehrer oder auch der Religionslehrer zu den von ihm gewählten Fächern keinen Zugang hätte. In diesen Gesprächen kam immer wieder auch die eigene Erschütterung darüber zum Ausdruck, wie in der zur Routine gewordenen Behandlung in Wissenschaft und Unterricht die tradierten Inhalte nachhaltiger zerstört würden als durch irgend einen äußeren Gegner, die Angst, durch die eigene Mitwirkung in einer so organisierten Wissenschaft und Bildung an der Zerstörung dessen, was einmal damit gemeint war, selbst beteiligt zu sein. »Wissenschaft als Ritual dispensiert vom Denken und von der Freiheit« [17].

Der kritische Ernst der Theorie besteht nach solchen Einsichten gerade in ihren qualitativen Erkenntnissen, in der Einsicht, daß die Fehlentwicklungen in unserem Bildungswesen nicht in einem politischen oder ökonomischen Versagen, in einer unwirksamen Bildungswerbung oder in einer fehlenden Zuweisung öffentlicher Mittel liegen, sondern in dem fehlenden humanen Willen zur Beherrschung der politischen und ökonomischen Mittel. Sie finden den Grund für diese Entfremdung weithin in der von Karl Marx ausgehenden Kritik am kapitalistischen Wirtschaftssystem, aber auf der anderen Seite fehlt angesichts der komplizierter gewordenen Vorgänge in der ökonomischen Welt gerade der Optimismus, mit dem Marx noch hoffen konnte, daß die Entwicklung zwangsläufig zu dem berühmten Sprung aus der Notwendigkeit in die Freiheit führen werde. Aus dem Fehlen dieses Optimismus entsteht dann der Appell, auf den für viele die Aktion zu folgen hat. Die wissenschaftliche Theorie wird dann zur rechtfertigenden Ideologie, sobald sie von bestimmten Gruppen in ihren kritischen Aussagen übernommen und zum Mittel des politischen und sozialen Kampfes gemacht wird. Sie wird, wie Horkheimer dies richtig an so verschiedenen Denkrichtungen wie dem Positivismus und dem Thomismus gesehen hatte, zum »gegensätzlichen Allheilmittel« [18]. Offenbar ist auch die kritische Theorie wehrlos gegenüber jenem Mißbrauch von Theorie, gegen den sie sich ursprünglich

richtete, den Mißbrauch, durch die »aufbegehrenden Studenten... vom Unge-
nügen an der (häufiger beschworenen als gedanklich bewältigten) Theorie zur
abstrakten Unmittelbarkeit eines Praktizismus überzugehen, der jeden Gedanken daraufhin befragt, ob er politisch-agitatorisch verwertbar ist oder nicht;
der dadurch unbewußt mit jener beschränkt instrumentellen Vernunft paktiert,
gegen welche die kritische Theorie von Anbeginn gerichtet war«[19].

Nun wird man die kritische Theorie ganz sicher nicht oder jedenfalls nicht
nur nach diesen ihren Folgen beurteilen dürfen, obwohl diese von den Begründern nicht gewollten Folgen auf ihre möglichen Ursachen in der Theorie selbst
bedacht werden müssen. Man wird der kritischen Theorie auch nicht ihren radikalen und umfassenden Charakter vorhalten können. Auch wenn die Rolle der
Philosophie heute im wissenschaftlichen System eine andere sein muß als im
19. Jahrhundert, so wird doch die Wissenschaft insgesamt nicht auf gewisse umfassende Deutungen der mit und von ihr bestimmten Welt verzichten können,
und diese Deutungen werden ebenso wie die Wissenschaften selbst für das Zusammenleben in den politischen und gesellschaftlichen Organisationen Folgen
haben. Man wird schließlich bei keinem Versuch, den Entwurf der modernen
Welt zu formulieren und solche Formulierungen zur Grundlage weiterer Entwicklungen und Planungen zu machen, die Gefahr des Mißbrauchs ausschließen
können. Habermas hat nicht nur die kritische Theorie gegen den Vorwurf verteidigt, unmittelbar Ursache der Studentenunruhen gewesen zu sein[20], er hat
auch in seiner Auseinandersetzung mit Niklas Luhmann auf den »eigentüm-
lichen Appeal« hingewiesen, den wiederum gerade die von Luhmann vertretene
und nicht auf revolutionäre Veränderungen angelegte Systemtheorie »zum Er-
staunen ihres konservativen Autors für den instrumentalistischen Aktionismus
von links zu haben scheint«[21]. Luhmann hat diesen Vorwurf nicht nur aufgenommen, sondern seinerseits darauf aufmerksam gemacht, daß hier in der Tat
ein »reales Problem in der Entwicklung der Sozialwissenschaften« stecke. Für
die Gesellschaft wie auch für die Wissenschaft von ihr ist es verhängnisvoll,
wenn diese Wissenschaft »Hypothesen bildet, die nur durch Herstellung entsprechender Verhältnisse verifiziert werden können«. Die Frage kann daher
nur sein, welche Denksysteme... für Entwicklungssymptome sensibel machen
und es (das Problem) in forschungsgünstige Fragestellungen überführen können«[22]. Für den Theologen, aber ebenso auch für den Pädagogen ist bei Luhmann
wichtig die Aufnahme zweier Kategorien, die im Verstehen konkreter Gesellschaften immer besonders beachtet werden müssen, der Kategorien des Sinnes
und der Kontingenz. Eine Gesellschaft hat ihren »Sinn«, aus dem sie lebt und
mit dem sie sich in der Umwelt, der sie ausgesetzt ist, behauptet. Und sie ist so,
wie sie ist, und nur so, nicht durch die Theorie eines möglichen Andersseins,
entwickelt sie sich auch. Sie hat eine Fülle von unterschiedlichen Funktionen
und eine Fülle von Deutungen ihrer selbst; aber erst die Auseinandersetzung
verschiedener Weisen des Verstehens und des Handelns bestimmt ihr Leben und

ihre Entwicklung. Die heute erschütterte Überzeugung des Forschers, des Erziehers, des Predigers, des Journalisten, in seinem Bereich an der gesellschaftlichen Entwicklung beteiligt zu sein, bedarf gewiß erneuter Verifizierung und
erneuter Legitimation; aber diese Überzeugung wird ganz sicher nicht dadurch
wiederhergestellt, daß sie ihr Rezept in der Ideologiekritik und ihr Ziel ausschließlich in einer globalen Emanzipation des einzelnen gegenüber einem ebenso global gedeuteten Herrschaftsanspruch sieht. Erst das Verstehen der verschiedenen Ansprüche könnte zur Mündigkeit des einzelnen und dadurch zu
einer Veränderung der Gesellschaft führen. Das Verstehen hat den Vorrang.
»Verstehen ist selber Geschehen.« In diesem Satz hat Hans-Georg Gadamer
nicht nur den Kern der Hermeneutik, sondern auch eine politische Überzeugung
als Vertreter dieser Forschungsrichtung formuliert [23]. Die politische Dimension
der Hermeneutik besteht nämlich gerade darin, der fatalen Alternative einer
von der Wissenschaft bestimmten Weltgestaltung zu entgehen, daß sich der
einzelne in diese Welt »resignierend und einsichtslos« ergibt oder sich, nicht
weniger einsichtslos »revoltierend« dagegen wehrt [24]. Letzten Endes wird die
Fatalität dieser so formulierten Alternative bestätigt, wenn Hans Joachim
Giegel in der Auseinandersetzung mit Gadamer an die Revisionismusdiskussion
in der Sozialdemokratie um die Jahrhundertwende anknüpft und die Klassenkampftheorie von der Unmöglichkeit der »Verständigung zwischen der herrschenden und der unterdrückten Klasse« mehr oder weniger unmodifiziert auf
die heutige gesellschaftspolitische Diskussion überträgt und schließlich seinen
Beitrag zu dieser Diskussion mit dem Argument schließt, »aus diesem Traum«
könne man »wohl kaum durch Gegenkritik, sondern nur durch die Entfaltung
des revolutionären Kampfes selber gerissen werden« [25].

Daß Auseinandersetzungen zwischen wissenschaftlichen Schulen und Gruppen
im Gewande und im Vokabular des Klassenkampfes geführt werden, daß jede
Form der Autorität als ökonomisch bedingte und ermöglichte Form der Herrschaft verdächtig wird, daß jede Äußerung einer Wirtschaftsinstitution wie des
Deutschen Industrie-Instituts oder des Deutschen Industrie- und Handelstages
von vielen Pädagogen nur unter diesen Kriterien gesehen und beurteilt wird [26],
daß die Erziehung immer als soziale und ökonomische Aufklärung gesehen wird,
die deshalb »die Grundbedingungen der jeweiligen historischen gesellschaftlichen Existenz genau kennen« muß [27], das alles dürfte nicht nur neu, sondern
jedenfalls im literarischen Aufwand, der damit getrieben wird, auch eine spezifisch deutsche Erscheinung sein. Daß die Industriegesellschaft auch die Pädagogik
zu einer neuen Orientierung zwingt, scheint allzu spät und unter den Stichworten Herrschaft und Emanzipation allzu einseitig in Kategorien ins wissenschaftlich pädagogische Bewußtsein gelangt zu sein, die wiederum zu solchen
Repriseñ aus der Aufklärungszeit oder dem 19. Jahrhundert verleiten. Die
kritische Theorie scheint auch dazu ungewollt beigetragen zu haben. Vielleicht
verführt die Unheimlichkeit der deutschen Geschichte im 20. Jahrhundert auch

gerade die heutige junge Generation dazu, sich mit den Äußerlichkeiten von vor 100 und 200 Jahren zu behängen und sich einzubilden, sie brauche das Erbe dieses 20. Jahrhunderts dann nicht mehr anzutreten.« Jener Musikgelehrte, auf den Thomas Mann den Blendkegel gerichtet hatte, tat es ihnen an ... Es konnte keine gelehrigeren und keine begabteren Schüler geben als die Deutschen. Die Flucht in eine abstrakte Historizität rettete sie vor ihrer konkreten, eben erst katastrophal in ihrer eigenen äußersten Verdichtung zur Hölle gefahrenen Geschichte ... Das Gewesene konnte kaum noch aufschauen, ohne daß es als anekdotische Beigabe in seine Schranken verwiesen wurde. Die Philosophen taten nichts als ihre Pflicht, und ihre Schüler vollzogen, wozu sie angetreten«[28]. So wenig man im 20. Jahrhundert die Realitäten der industriellen Wirtschaft und der technischen Rationalität übersehen kann, so wenig kann man an den ganz anderen Realitäten eigener und geschichtlicher Schuld vorbei. Jean Amérys Sätze reden von dieser Schuld, damit sie nicht vergessen wird. Die, die vergessen, sind in diesem Fall schlimmer dran als die, die aus sehr verschiedenen guten Gründen nicht vergessen können. Auch die Systemkritik kann zum Alibi werden, über das man sich dem Hauptgeschäft, der Übernahme des eigenen Lebens in Schuld und Verantwortung, und das dürfte auch das Hauptgeschäft der Erziehung sein, entzieht. Das führt dann zu dem der kritischen Theorie entspringenden, von Hermann Giesecke scharf gekennzeichneten »pädagogischen Defaitismus«. »Was immer man pädagogisch anstreben mag, immer werden die Ziele und Methoden sich im Rahmen dessen bewegen, was von dieser Theorie politisch als ›systemkonform‹ denunziert werden muß«[29]. Diese Diagnose hat in einem umfassenderen Sinne recht, als man nach den etwas spärlichen Belegstellen zur kritischen Theorie bei Giesecke vermuten sollte[30]. Nur darf man nicht übersehen, daß der übrigens nicht nur auf den pädagogischen Bereich sich erstreckende Defaitismus der kritischen Theorie lediglich das Umschlagen eines uneingestandenen und unaufgebbaren Optimismus darstellt.

Die Aufklärung verstand sich als Fortschritt, weil sie die Identität der Macht mit Religion und Metaphysik durchschaute und überwand. Im gleichen Sinne versteht sich die kritische Theorie als notwendigen Fortschritt gegenüber der Aufklärung, weil sie die durch die Aufklärung bedingte Identität von Herrschaft und Wissen überwinden will. Im Unterschied zur Aufklärung fehlt ihr aber das greifbare geschichtliche Ziel, die »Überwindung der Naturabhängigkeit des Menschen«, durch die »Metaphysik und Religion gegenstandslos« werden und »wie die Häute einer Schlange auf ihrem Wege« zurückbleiben[31]. Die kritische Theorie sieht die Heillosigkeit der geschichtlichen Situation, in die dieser Weg geführt hat, aber sie kann, wenn sie überhaupt eine Hoffnung ausspricht, diese nur im Weiterschreiten zu verwirklichen suchen. Der dabei herauskommende »Fortschritt« kann sehr wohl auch alte religiöse Einsichten neu und ohne die alte Belastung durch Machtansprüche vermitteln; der Pessimismus, für den Schopenhauer weithin das Vorbild liefert, kann eine kritische Vorbereitung auf das Ertragen und Bestehen einer möglicherweise bedrückenden Zukunft sein. »Die das Christentum stützenden Argumente der pessimistischen Philosophie . . . sind jedenfalls plausibler als die der Rationalisten« [32]. Die Zukunft kann auch optimistischer im Sinne immanenter Glückserwartungen gedeutet werden. Das geschieht bei allen Jüngeren, auch bei Habermas. Allen gemeinsam aber ist ein uneingestandenes und weithin auch unreflektiertes prognostisches Verhältnis zur Geschichte. Die gegenwärtigen Probleme und Aporien werden ihre Antwort in einer glücklichen oder schrecklichen Zukunft finden. Die Zukunft ist die letzte und letzten Endes unenträtselbare Instanz, gegenüber der man sich nur erwartend und in der Erwartung zwischen Heil und Heillosigkeit schwankend verhalten kann. Das ist der große Unterschied zur historischen Aufklärung, die die Zukunft zu kennen glaubte und die aus diesem Glauben ihre Gegenwart verstand und verwandelte. Uns fehlt das klare Bild der Zukunft, aber wir projizieren, immer noch im Banne des Fortschrittsgedankens, unsere Ratlosigkeit mit der Gegenwart, unsere Angst oder unsere Hoffnung in eine andere zeitliche Dimension. Auch bei schrecklichen Zukunftsvisionen scheint eine gewisse Befriedigung darin zu bestehen, »daß etwas ganz und gar Neues und Unvorhersehbares sich nicht ereignen kann«. »Der Fortschrittsgedanke beantwortet die höchst unbequeme Frage, die sich jeder neuen Generation stellt: Und was machen wir nun?« [33]. Solange man im wissenschaftlichen, technischen und ökonomischen Fortschritt auch einen humanen Fortschritt sehen konnte, brauchte man bei dieser Frage nicht in Verlegenheit zu geraten. Das heilsgeschichtliche Denken, das in der Aufklärung in säkularer Form das geschichtliche Denken überhaupt prägte, konnte sich in dieser Entwicklung aufgehoben fühlen. Anders ist es aber, wenn dieser Fortschritt selber das Humane bedroht, wenn er sich nicht mehr mit einer wie immer gedeuteten immanenten Geschichte der Hoffnung in eins setzen läßt; wenn die Frage nach dem Guten und dem Notwendigen nicht mehr allein von einer geschichtlichen Instanz beantwortet werden kann. »Die Feindes- und Nächstenliebe entspringt nicht immanenter Vernunft, sie muß auf jene Transzendenz abheben, deren Positivität sie bei immanenter Selbstrechtfertigung aufgegeben hat« [34]. Die Frage ist nur, ob dieser metaphysische Pessimismus zum Schicksal modernen Denkens überhaupt gehört, oder ob er nicht die Konsequenz eines Denkens ist, für das die Geschichte die letzte Instanz ist. Rimbauds »il faut être absolument moderne« ist kein kategorischer Imperativ [35], und die Beantwortung der banalen Frage nach dem, was zu tun sei, kann und darf nicht unter der Würde der Philosophie liegen.

Daß die Philosophie sich von dieser Frage dispensiert fühlt, hängt aber offenbar mit einer Tradition modernen Denkens zusammen, die gerade von den verschiedenen Theorien der Revolte mehr oder weniger ungeprüft übernommen wird. Die Gesellschaft wird als schöpferischer, als Lebensprozeß verstanden, der trotz aller Gefährdungen weitergeht und der erst durch radikale Kritik, die auch die Gewalt nicht scheut, die richtige Richtung erhält. »Die Produktivität der Gesellschaft im Bilde des ›schöpferischen Lebens‹ zu sehen, ist mindestens so alt wie Karl Marx; der Glaube an die lebensfördernde Funktion der Gewalt mindestens so alt wie Nietzsche; und die Kreativität für die höchste Begabung des Menschen zu halten, mindestens so alt wie Bergson«[36]. Der nie enthüllte metaphysische Kern dieser im neuzeitlichen Denken tief verwurzelten Organismusvorstellungen schlägt nun aber in der jüngsten durch die Wissenschaftsexplosion bestimmten Phase in zwei Formen durch. Die »negative Dialektik« zeigt sich als negative Metaphysik, die den Klassenantagonismus der marxistischen Theorie nicht mehr primär als soziales Phänomen begreift, für die vielmehr dieser Antagonismus »sich durch ... negativ metaphysische Begriffe wie Gewalt, Leiden, Unglück, Unfreiheit, sinnloses Leben konstituiert«[37]. Diese immanent gewordene Metaphysik erzeugt auch einen neuen Stand, nämlich, wie Stephan Spender am Ende seiner Analyse der Studentenunruhen in aller Welt formuliert, »jene Schriftsteller« ... die »gleichsam die Theologen unserer säkularisierten Gesellschaft« geworden sind, »die sich weitgehend unschuldig fühlen und der Meinung sind, daß wir uns über sie freuen sollten, weil sie uns Berichte über unsere selbstgewählten materialistischen Höllen schreiben«[38]. Die Denunziation und Destruktion des Bestehenden findet ihre Rechtfertigung in einer auf die Zukunft gerichteten Bewegung, an deren Sinn man glaubt, ohne ihn zu kennen. Das ›Credo quia absurdum‹ der alten Dogmatik kehrt in nicht weniger absurder Form in dem Versuch wieder, Zukunft als Transzendenz, als das »Prinzip Hoffnung«, als »Theologie der Revolution« zum Thema eines säkularen Glaubens zu machen. Bemühungen dieser Art mögen in der Weiterentwicklung der Theologie und der Metaphysik ihren Ursprung haben. Sie müssen aber gleichzeitig sehen, daß das, was Theologie und Philosophie in der Vergangenheit in verschiedener Weise geleistet haben, nämlich die Einsichtigkeit der Praxis, darüber verloren geht. Das gleiche gilt auch für die andere Weise, in der die metaphysische Motivation der kritischen Theorie heute offenbar wird, in der vom späten Horkheimer in verschiedenen schriftlichen und mündlichen Ausführungen und Bemerkungen immer wieder geäußerten »Sehnsucht nach dem ganz Anderen«[39]. Das »ganz Andere« ist eine Formulierung, die Rudolf Otto in seinem erstmalig 1917 erschienen Buch über »Das Heilige« für das in allen Religionen gesuchte und geahnte Göttliche geprägt hat und die nicht nur auf die religionsgeschichtliche Schule, der Otto selber angehörte, gewirkt hat, sondern auch und zwar im Sinne einer Rückbesinnung auf die klassische Dogmatik auf die sogenannte dialektische Theologie. Im Unterschied zu der möglicherweise paradoxen Form der dialektischen Theologie, von Gott und Welt zu reden, entfällt aber für die kritische Theorie jede Möglichkeit davon etwas zu sagen, wie Gott sich zur Welt und die Welt sich zu Gott verhält. In der Tat kann das leere Grab Jesu »seine Wahrheit ... für die kritische Theorie nur haben, wenn es leer bleibt«[40]. Das heißt aber doch auf das konkrete Leben bezogen: Seine Wahrheit kann der Glaube nur bewahren, wenn er in einem radikalen Sinne stumm bleibt.

Das wäre sicher das Ende des Glaubens. Es wäre aber auch das Ende jedes verantwortlichen und verantworteten Denkens und Handelns. Nach dessen Möglichkeiten ist heute gefragt, und die kritische Theorie hat dies Fragen nicht leichter gemacht. Aber ein wenig haben wir wohl alle noch das Vertrauen bewahrt, daß die Gesellschaft bzw. die Geschichte den Raum bildet, wo geantwortet und verantwortet werden muß und werden kann. Im Brief des Apostels Paulus an die Römer ist dies Vertrauen so formuliert, daß keine Kritik an der Welt und kein Gericht über diese Welt, »kein Tod und kein Leben, kein Engel und keine Macht, kein Gegenwärtiges und kein Zukünftiges« den Menschen aus der in dem Herrn Jesus Christus in der Welt deutlich gewordenen Liebe Gottes entläßt (Rm. 8, 38 f.). Das mag angesichts der massiven Verdinglichung dieses Vertrauens, angesichts der schier unübersehbaren Fülle von Beweisen seines Mißbrauchs wie eine fromme, naive Formel klingen. Solange dieser Satz so verstanden wird, ist er in der Tat für unsere Welt ohne Aussage.

Er kann allerdings auch zum Ausgang neuer Bemühungen im Denken und in der Praxis werden. Daß die kritische Theorie eine Generation das radikale Fragen gelehrt hat, ohne das keine Krise wirklich überwunden werden kann, wäre dann ihre bedeutsamste und hilfreichste Folge.

Anmerkungen

[1] Opposition, Nürnberger Gespräch 1968, S. 21
[2] Traditionelle und kritische Theorie, 1937, in Kritische Theorie II, S. 146
[3] ebd., S. 147
[4] Kritische Theorie II, S. 341
[5] Adorno, Negative Dialektik, 1966, S. 137
[6] a. a. O. S. 18
[7] 1937, Kritische Theorie II, S. 82 ff.
[8] ebd., S. 135
[9] Werner Post, Kritische Theorie und metaphysischer Pessimismus. Zum Spätwerk Max Horkheimers 1971, S. 121
[10] Die heilige Familie (1844/45) in Karl Marx, Die Frühschriften. Hrsg. Siegfried Landshut 1953, S. 323 u. 338
[11] Otwin Massing, Adorno und die Folgen. 1970, S. 32. Die Schrift ist »Den Frankfurter Freunden gewidmet«.
[12] Jürgen Habermas, Protestbewegung und Hochschulreform 1969, Einleitung, S. 23
[13] ebd., S. 41
[14] ebd.
[15] Theodor W. Adorno, Philosophie und Lehrer, 1961, jetzt in: Eingriffe, S. 29—53
[17] Adorno a. a. O., S. 50
[18] Max Horkheimer, Zur Kritik der instrumentellen Vernunft. Deutsche Übersetzung von Eclipse of Reason (1947), 1967 SS. 63—92
[19] Alfred Schmidt, Nachwort des Herausgebers: zur Idee der kritischen Theorie. In: M. Horkheimer, Kritische Theorie II S. 333
[20] Protestbewegung und Hochschulreform S. 40 ff.

[21] Jürgen Habermas, Niklas Luhmann, Theorie der Gesellschaft oder Sozialtechnologie. Theorie-Diskussion 1971, S. 169, Anm. 34

[22] a. a. O., S. 391 u. 392

[23] Rhetorik, Hermeneutik und Ideologiekritik. Metakritische Erörterungen zu »Wahrheit und Methode« in Hermeneutik und Ideologiekritik. Theorie-Diskussion 1971, S. 169

[24] Hans-Georg Gadamer, Replik, a. a. O., S. 283

[25] Hans Joachim Giegel, Reflexion und Emanzipation in Hermeneutik und Ideologiekritik, S. 279, Anm. 55 und S. 282

[26] Dazu etwa jetzt Johannes Beck und Lothar Schmidt, Schulreform oder der sogenannte Fortschritt. Fischer-Bücherei 1121, 1971

[27] Hartmut von Hentig, Systemzwang und Selbstbestimmung, 2. Aufl. 1969, S. 71

[28] Jean Améry, Unmeisterliche Wanderjahre, 1971, S. 118 f.

[29] Hermann Giesecke, Didaktische Probleme des Lernens im Rahmen von politischen Aktionen, in: Politische Aktion und politisches Lernen 1970, S. 34

[30] zitiert wird lediglich aus Habermas' Aufsatz »Reflexionen zum Begriff der politischen Beteiligung« in Student und Politik 1961

[31] Günter Rohrmoser, Das Elend der kritischen Theorie 1970, S. 14

[32] Max Horkheimer, Religion und Philosophie, in: Zur Kritik der instrumentellen Vernunft, S. 235

[33] Hannah Arendt, Macht und Gewalt. 1970, S. 32

[34] Werner Post, a. a. O., S. 149

[35] so Adorno, Wozu noch Philosophie? in: Eingriffe, S. 28

[36] Hannah Arendt, a. a. O., S. 74

[37] Werner Post, a. a. O., S. 108

[38] Stephan Spender, Das Jahr der jungen Rebellion, deutsche Übersetzung 1969, S. 151/2

[39] Dazu etwa »Theismus-Atheismus«, 1963, in: Zur Kritik der instrumentellen Vernunft, S. 216 ff. und das ausführliche Interview, das Helmut Gumnior unter dem oben zitierten Titel 1970 herausgegeben hat

[40] Werner Post, a. a. O., S. 143

WALTER EISERMANN

Genese und Dialektik der antiautoritären Schulerziehung

Auf dem Markt pädagogischer Modernismen wird seit einiger Zeit ein neues Schlagwort feilgeboten, das sofort, oft unverstanden, und mithin unkritisch, von Fachleuten wie Laien, Erziehern wie zu Erziehenden, aufgegriffen und als das neue Evangelium pädagogischen Fortschrittes lautstark propagiert wird: die »*antiautoritäre Erziehung*«. Offensichtlich kommt diese — schon auf den ersten Blick als in sich widersprüchlich erscheinende — Bezeichnung einem (vielleicht erzeugten) Bedürfnis weiter Kreise entgegen, denn sie erweist sich als außerordentlich werbewirksam. Längst vergessene oder in Deutschland bislang unbekannte Buchtitel wurden, verziert mit dem in den Originalen nicht vorkommenden Prädikat »antiautoritär«, über Nacht zum großen Geschäft einiger cleverer Verleger, so z. B. Schriften von Siegfried Bernfeld, Alexander S. Neill und Herbert R. Kohl[1]. Die Art ihres Gebrauchs in der gegenwärtigen Diskussion entlarvt dann auch die Formulierung »antiautoritäre Erziehung« als pädagogischen Slogan, der, im Unterschied zur Definition, zunächst Ausdruck einer bestimmten pädagogischen Bewegung und deren Haltung, insofern immer einer neue Anhänger anziehenden Parteinahme darstellt[2].

Angesichts der ständig wachsenden Publizität erscheint eine nähere Beschreibung der mit dem Wort »antiautoritär« gekennzeichneten Konzepte, Maßnahmen, Ereignisse und Wirkungen beinahe als müßig, werden wir doch täglich konfrontiert mit »progressiven« Projekten, wie Kinderläden, repressionsfreiem Schulunterricht, Schülermitbestimmung oder gar Entinstitutionalisierung der Schule, mit Experimenten liberaler wie sozialistischer Eltern, Lehrer und Erzieher, mit Forderungen nach Abbau sexueller Tabus, nach unbeschränkter Triebbefriedigung der Kinder und schließlich nach Beseitigung der erzieherischen Autorität überhaupt. Wir registrieren auch schon die ersten Resultate antiautoritärer Erziehung: durch Lärm, Aggressionen gegen Personen und Sachen sowie Widerstand gegen Leistungsanforderungen des Unterrichts gekennzeichnete chaotische Zustände in erziehenden Institutionen; auffällige äußere Erscheinungsformen und Verhaltensweisen gewisser Schüler in der Öffentlichkeit; Genuß von Nikotin, Alkohol und anderen Rauschgiften; zunehmende sexuelle Freizügigkeit; endlose, meist inhaltsleere und ergebnislose Diskussionen; Eindringen politischer Agitation in Erziehungseinrichtungen verschiedenster Art. Wenn man bedenkt, daß sich der von der »neuen« Erziehung ausgehenden suggestiven, d. h. vorwiegend irrationalen, Wirkung selbst politische und kirchliche Instanzen nicht mehr entziehen können, welche die Einrichtung antiautoritärer Kindergärten oder entsprechender Schulversuche empfehlen, so wird die allmählich bedenkliche Ausmaße erreichende Verunsicherung etlicher Eltern und Berufserzieher durchaus verständlich. Sie wiederum könnte den Prozeß der Umwandlung im Erziehungswesen — gleichgültig, ob man diesen als Auflösungserscheinung, Fortschritt oder Rückschritt interpretiert —, nur noch beschleunigen! Ungeachtet der Herrschaft pädagogischer Modeströmungen finden sich in Lehrerzeitungen u. ä. Hinweise auf die Sorgen und Nöte von Erziehern, die sich zwar als »modern« verstehen, jedoch nicht von ihrer persönlichen erzieherischen Verantwortung suspendieren lassen wollen. Unter der Überschrift »Wir praktizieren den Bildungsnotstand«[3] beklagt die Hamburger Lehrerzeitung die erschreckend um sich greifenden Disziplinschwierigkeiten in den Schulen, denen keine wirksamen Druckmittel seitens der Lehrerschaft gegenüberstehen. Die Lehrer fürchten, von einer neuen Unruhewelle der Schüler überrollt zu werden. Diese wollten nicht lernen, sondern zögen die Unruhe der Konzentration, die Opposition der nun einmal unvermeidlichen Anstrengung vor. Die Lehrer seien gegen ihren Willen und ihre Überzeugung gezwungen, autoritären Druck durch subtile Gewalt auszuüben. Die angestrebten Erziehungsziele seien mit ausschließlich freiheitlich-demokratischen Mitteln nicht mehr zu erreichen. Etliche Lehrer sehen sich auf verlorenem Posten stehen, weil sie schon 35 laut werdenden Zweitkläßlern nicht mehr gewachsen seien. Dieser Artikel gab den letzten Anstoß zur Bildung einer Kommission »Schülerverhalten«[4] innerhalb der »Gewerkschaft Erziehung und Wissenschaft« in Hamburg. Die Initiatoren stellen sich schützend sowohl vor die Lehrer als auch vor die lernwilligen Schüler, indem sie mit der Klage über aggressive Eltern und Schüler zugleich »das Recht der Schüler auf einen ungestörten Unterricht« postulieren. Solche Stimmen kommen nun nicht aus der »konservativen« und »reaktionären« Bundesrepublik, sondern auch aus Ländern mit tiefgreifend reformierten Schulsystemen. So werden beispielsweise die zahlreichen beschönigenden Berichte über einige schwedische Musterschulen zumindest relativiert durch Erhebungen des schwedischen Lehrerverbandes und andere Untersuchungen[5], welche ein realistisches Bild von den erheblichen disziplinären wie unterrichtlichen Schwierigkeiten vor allem auf der Mittel- und Oberstufe der Grundschule wiedergeben. Sie sprechen von der Überforderung der Schüler durch die freie demokratische Wahl von Fächergruppen und Schulzügen, von der mangelhaften Individualisierung in zu großen Klassen, vom »permanenten Generationskonflikt« und einer »Diktatur der Kinder« und nicht zuletzt von dem Wunsch vieler Lehrer in größeren Städten, ihren Beruf zu wechseln.

Spätestens an dieser Stelle wäre die Frage zu stellen, ob die Ursachen für die geschilderten Mißstände der sogenannten »antiautoritären Erziehung« anzulasten seien. Möglicherweise kommt die Erörterung dieses Themas heute um zwei bis drei Jahre zu spät, denn die Entwicklung des pädagogischen Denkens schlägt offensichtlich eine andere Richtung ein, sofern die neuerliche Hinwendung zu autoritären Formen der Erziehung vielerorts zu beobachten ist und von den Initiatoren, die einst zu den Wegbereitern der antiautoritären Bewegung zählten, auch entsprechend artikuliert wird. Nun, gerade diese Feststellung des Umschlagens von einem Extrem in das andere zielt auf den Kern des hier zur Diskussion stehenden zentralen Problems, nämlich der erzieherischen Autorität, verleiht ihm Aktualität und zugleich überzeitliche Bedeutung. Daß der Begriff der »Autorität« einerseits zunehmend Denunziationen ausgesetzt ist, andererseits bis zur Unkenntlichkeit pervertiert, mag die Forderung stützen, ihn durch einen besseren, zeitgemäßen Terminus zu ersetzen[6]. Aber das von ihm gemeinte pädagogische Phänomen als solches läßt sich weder auf dem Wege rationaler Diskussion noch dem der Gewalt aus der Welt schaffen. Daher ist auch die Alternative: entweder autoritäre oder antiautoritäre Erziehung in dieser Formulierung falsch, da wir uns weder für das eine noch für das andere Extrem zu entscheiden haben.

Die folgenden Ausführungen werden das Thema »antiautoritäre Erziehung« angesichts der komplexen und vielschichtigen Problematik sowie der schon recht zahlreichen Publikationen nicht annähernd ausschöpfen können. Seine Behandlung unter ganz bestimmten (notwendigerweise begrenzten) Aspekten soll zur Klärung der pädagogischen und gesellschaftlichen Funktion jenes Ansatzes beitragen und Kriterien für seine pädagogisch-anthropologische Beurteilung liefern. Ohne einen Rückblick auf die historische Entfaltung des Problems wäre die hier gestellte Aufgabe nicht zu leisten.

Ausgangspunkt der Darlegungen ist die zu begründende These, daß der Begriff der »antiautoritären Erziehung« im Verlaufe der vergangenen fünf Jahre eine derart zugespitzte Interpretation seitens bestimmter Minoritäten erfahren hat, daß sich der Bedeutungsakzent von der pädagogischen Seite immer stärker in Richtung auf die politische Seite verschiebt. Anders ausgedrückt: Er ist zum Inbegriff eines *politischen Kampfes* geworden, für den Erziehung nur ein Mittel zur Beseitigung des bestehenden Gesellschaftssystems darstellt.

I.

Bis zur angestrebten Begriffsklärung werden wir uns der Formulierung »antiautoritäre Erziehung« weiterhin ungeprüft bedienen müssen. Daß die hinter dieser stehende Idee nicht so neu ist, wie manche Zeitgenossen glauben, beweist ein Rückblick in die Geschichte der Erziehung. Eine aufschlußreiche Stelle findet sich bei Platon im VIII. Buch des Staates; die Parallele zur Gegenwart ist unverkennbar. Der Autor berichtet von der Umkehrung der Autoritätsverhältnisse im klassischen Athen. Väter und Lehrer fürchten sich vor ihren Söhnen und Schülern, welche ihnen weder Ehrfurcht, Scheu noch Achtung entgegenbringen und bestrebt sind, sich den Älteren gleichzustellen und gegen sie in Wort und Tat aufzutreten. Um Konflikten aus dem Wege zu gehen, orientieren sich die Alten an den Jungen bis zur Unterwerfung. Niemand verlangt mehr Unterordnung, und so beachten die Jungen auch die Gesetze nicht mehr. Niemand soll ihr Herr sein. Platon fürchtet, daß die Ungebundenheit jetzt auch auf die Demokratie übergreifen und dadurch das Übermaß an Freiheit in das Gegenteil umschlagen könne. Wörtlich heißt es: »Übergroße Freiheit schlägt in nichts anderes um, als in übergroße Knechtschaft. Das gilt für die einzelnen wie für den ganzen Staat«[7].

Beispiele dieser Art ließen sich in beliebiger Zahl aneinanderreihen. Theo Dietrich[8] weist auf die periodische Wiederkehr antiautoritärer Ansätze in der Erziehung hin, wobei er zwei Hauptrichtungen unterscheidet. Allerdings darf nicht verschwiegen werden, daß eine solche historische Betrachtungsweise die Gefahr von Trugschlüssen in sich birgt, sofern sie zu beweisen versucht, die Unruhe und Aufsässigkeit der Jugend im Verlaufe der europäischen Geschichte seien niemals etwas anderes gewesen als ihre spezifische Antwort auf die Herausforderung durch den uralten Konflikt zwischen den Generationen, damals wie heute. Hieraus ließe sich dann unschwer die These von dem durch alle Zeiten hindurch gleichbleibenden Charakter des Jugendalters ableiten. Demgegenüber hebt Hans Heinrich Muchow[9] das Epochaltypische, d. h. historisch Einmalige, jeder Jugendgeneration hervor, unbeschadet mancher zeitunabhängiger Gemeinsamkeiten. Die Jugend werde stärker von den herrschenden Lebensumständen eines Zeitalters, in das sie hineingeboren sei, bestimmt, als die Erwachsenen, welche in dieser Zeit bereits leben. Mit einem Wort Elisabeth Lipperts: »Die Erwachsenen werden gleichsam ›aus zweiter Hand‹ zu Zeitgenossen umgeprägt; die Jugendlichen aber werden zu ›Zeitgenossen erster Hand‹«. Sie vertreten daher das für die Epoche Neue, Kennzeichnende und bestimmen somit auch die Zukunft, d. h. den Umschlag des Zeitgeistes. Als Ergebnisse seiner epochaltypologischen Betrachtungsweise stellt Muchow folgendes heraus: 1. Die Jugend eines Kulturkreises, des griechischen, römischen und deutschen, wird erst dann zum Gegenstand der Beachtung, wenn sie als Widerstand erlebt oder sonstwie auffällig wird, wenn sie das als selbstverständlich vorausgesetzte Bild des Verhaltens sprengt und aus der gültigen Ordnung herausfällt. 2. Der vom Herkömmlichen abweichende Wandel der Jugend wird, je nach dem erreichten Stadium, als »revoltierend«, »revolutionär« oder »nihilistisch« beurteilt. 3. Dieser Wandel erfolgt stets in Zeiten tiefgehender gesellschaftlicher und kultureller Krisen. 4. Der Wandel vollzieht sich, entsprechend der Verschärfung der Krisensituation, in mehreren Schüben, deren zeitlicher Abstand beträchtlich sein kann. In Deutschland glaubt der Autor drei solcher Schübe zu erkennen, nämlich um 1770/90, um 1900 und in der Gegenwart (1962). Für unseren Zusammenhang könnten wir aus diesen Thesen die Folgerung ziehen, daß die Schüler- und Studentenrebellion unserer Tage und die eng mit ihr zusammenhängende antiautoritäre Erziehung in ihrer situationsbedingten Ausprägung ein Novum darstellen, das die besondere Aufmerksamkeit aller Verantwortlichen verdiente und keineswegs mit Hinweisen auf analoge historische Vorgänge relativiert werden sollte. Andererseits könnten wir durch die Analyse vergleichbarer Vorbilder aus der Vergangenheit das strukturell Gemeinsame herausarbeiten, um Anhaltspunkte für das Verstehen und die Lösung unserer gegenwärtigen Probleme sowie die Meisterung der gesellschaftlichen wie pädagogischen Krise zu gewinnen.

Die gegenwärtige antiautoritäre Erziehung läßt sich auf verschiedene historische Wurzeln zurückführen, deren wichtigste hier genannt seien.

1. Die Tradition der *liberalen Erziehung* beginnt mit John Locke und entfaltet sich zu größter Wirksamkeit seit Jean J. Rousseau bei den Philanthropinisten, sowie bei Pestalozzi, Fröbel, Schleiermacher und in der Lehrerbewegung des 19. Jahrhunderts. Sie verdankt also ihr Entstehen dem revolutionären Bürgertum der Aufklärungszeit. Ihren Höhepunkt erreicht sie in der Reformpädagogik seit 1900, insbesondere in der durch Ellen Key angeregten »Pädagogik vom Kinde aus«, als deren Hauptvertreter Ludwig Gurlitt, Berthold Otto, Maria Montessori sowie Lehrer an Hamburger, Bremer und Berliner Versuchsschulen gelten. In diese Reihe wäre auch Alexander S. Neill mit seinem Internat in Summerhill einzuordnen.

2. Eine spezifische Ausprägung hat die antiautoritäre Erziehung durch *sozialistisches Gedankengut* erfahren. Diese zweite Richtung kann sich auf den vormarxistischen Sozialisten Charles Fourier und seine »sozietäre Schule«, auf Marx und Engels einschließlich ihrer Epigonen, aber auch schon auf die frühen Bildungsprogramme der Sozialdemokratie, repräsentiert durch Heinrich Schulz und Clara Zetkin, berufen. Im 20. Jahrhundert erfährt diese Richtung entscheidende Impulse aus der Verbindung der Psychoanalyse Sigmund Freuds mit dem gesellschaftspolitischen Ansatz des Marxismus, die vor allem durch Wilhelm Reich und Siegfried Bernfeld, in jüngster Vergangenheit durch Herbert Marcuse, gestiftet worden ist. Diese Richtung manifestiert sich, wenn auch in unterschiedlicher Weise, in den frühsowjetischen Kommunen, in den Aktivitäten kommunistischer Lehrer, Eltern und Schüler während der Weimarer Zeit bis hin zu den sozialistischen Wohngemeinschaften sowie den Kinder- und Schülerläden der Gegenwart.

3. *Wissenschaftler* verschiedener Disziplinen und politischer Positionen haben sich zwischen den beiden Weltkriegen kritisch mit dem Problem erzieherischer Autorität auseinandergesetzt. Die Ergebnisse ihrer Arbeit sind ganz oder teilweise in die Konzepte einer antiautoritären Erziehung mit eingegangen bzw. haben diese korrigiert. Zu erwähnen wären hier als Vertreter der »Psychoanalytischen Pädagogik« Bernfeld, Aichhorn, Zulliger u. a.; für die Psychoanalyse W. Reich und E. Fromm; für die Soziologie Adorno und Horkheimer; für die Sozialpsychologie K. Lewin und Mitarbeiter; für die Pädagogik E. Grisebach, Erich Stern, F. W. Foerster, A. Fischer, P. Petersen, H. Nohl, M. Buber, Th. Litt u. a.[10].

Zwischen den genannten Richtungen gab und gibt es mannigfache Übergänge und Überschneidungen sowie wechselseitige Einflüsse. So bekannten sich beispielsweise führende Repräsentanten der liberalen Erziehung zum Sozialismus, und die Sozialdemokratie bestimmte nachhaltig wesentliche Ansätze der Reformpädagogik. Andererseits verstehen sich nicht alle Verfechter von Kommunen, Kinderläden und Schülermitbestimmung als Marxisten. Das zeigt sich u. a. an der Rolle Freuds, eines der Ahnherren antiautoritärer Erziehung; er stand außerhalb der sozialistischen Bewegung. Dessen ungeachtet sollten die gravierenden Unterschiede zwischen den beiden Hauptrichtungen der Pädagogik nicht verwischt werden. Liberale Pädagogik denkt primär *pädagogisch*, d. h. vom Kind und seiner Entwicklung her; sozialistische Pädagogik sieht Erziehung vorwiegend, zuweilen sogar ausschließlich, unter *gesellschaftspolitischem* Aspekt. Diese Aussage darf freilich nicht dahingehend mißverstanden werden, als ob die eine Seite den politischen, die andere den individuellen Aspekt völlig außer acht lassen würde. Den Pionieren der »Pädagogik vom Kinde aus« schwebte die Vermenschlichung der Gesellschaft durch eine kindgemäße Erziehung vor. Dazu Maria Montessori[11]: ...»so erzeugt das Kind nichts Geringeres als die Menschheit selbst, und darum verlangt die Rücksicht auf seine Rechte um so dringendere soziale Umgestaltungen«. Die sozialistischen Sozialrevolutionäre dagegen streben zunächst die Schaffung einer von Unterdrückung und Ausbeutung befreiten Gesellschaft an, in welcher die Erziehung zum »neuen Menschen« überhaupt erst realisierbar ist[12].

In geradezu klassischen Formulierungen nimmt die sozialdemokratische schwedische Reformerin Ellen Key[13] jenes Phänomen vorweg, das sich hinter dem modischen Begriff der antiautoritären Erziehung verbirgt. Im Zuge der Frauenemanzipation, die sie auch als »Klassenkampf« bezeichnet, fordert sie im Interesse der Mütter und deren Kinder eine tiefgreifende Umwandlung aller Lebens- und Arbeitsbedingungen durch die Gesellschaft, damit die Erziehung zur Selbständigkeit dem Fortschritt der Gattung wie der Gesellschaft dienen könne — ein Gedanke, den einhundert Jahre zuvor bereits Fourier[14] ausgesprochen hatte. Zum Problem der Erziehung schreibt Ellen Key[15]: »Ruhig und langsam die Natur sich selbst helfen lassen und nur sehen, daß die umgebenden Verhältnisse die Arbeit der Natur unterstützen, das ist Erziehung... Das eigene Wesen des Kindes zu unterdrücken und es mit dem anderer zu erfüllen, ist noch immer das pädagogische Verbrechen.« Oder an anderer Stelle: »Das Leben der Natur und des Menschen — das allein erzieht fürs Leben... Wirklichkeit — das ist mit einem einzigen Worte, das was Haus und Schule den Kindern in großen, reichen, warmen Strömen geben sollten, ohne diese Ströme durch Methodik, Systematik, Kurseinteilungen und Examina zu kanalisieren und einzudämmen... Die Schule hat nur ein großes Ziel: sich selbst entbehrlich zu machen, das Leben, das Glück — das will unter anderem sagen, die Selbsttätigkeit — an Stelle des Systems und des Schemas herrschen zu lassen.« In dieser pädagogischen Vision, wie auch in den Konzepten anderer Reformpädagogen, scheint es das Problem der Autorität nicht zu geben. Die genaue Analyse des Textes fördert jedoch eine sehr wichtige Einsicht zutage: Die Erzieher greifen zwar nicht unmittelbar in die Entwicklung des kindlichen Lebens ein, sie wirken jedoch indirekt durch die Schaffung einer idealen materialen wie personalen Umwelt, d. h. durch die Gestaltung einer pädagogischen Situation. Für eine kritische Beurteilung dieses in Abständen immer wiederkehrenden Ansatzes ist die Erkenntnis entscheidend, daß »Leben« nicht identisch ist mit dem tatsächlichen gesellschaftlichen Leben, sondern stets ein pädagogisch gefiltertes und aufbereitetes Leben meint.

Wilhelm Flitner[16] hat unseren Blick auf die Tatsache gelenkt, daß die Pioniere der Reformbewegung, wie Berthold Otto, Hugo Gaudig und Georg Kerschensteiner, die Zurückhaltung des Erziehers immer nur auf eine bestimmte Sphäre bezogen hatten, »die neben sich eine andere hatte, in der die Führerschaft und das Eingreifen des Erziehers um so wirksamer sein sollten«. Dafür ein Beispiel. B. Otto hielt sich in seiner Schule gegenüber der Neigung, dem Interesse, der Beschäftigung, der Schularbeit weitgehend zurück; aber die Wahrung des Gemeinschaftsgeistes in der Schule glaubte er nicht dem freien Wachstum überlassen zu dürfen; er sicherte sie mit allen Mitteln. Alle Pioniere der Reformpädagogik schufen eine Atmosphäre der Freiheit, des spontanen Lebens, des echten geistigen Verkehrs. Das unterscheidet sie von den Sozialformen der überlieferten Staatsschule. Aber sie suchten sich den für den Aufbau der Person entscheidenden Punkt heraus, an dem ihnen das Eingreifen notwendig erschien. Auf Erfahrung und Reflexion beruhende pädagogische Einsicht veranlaßte diese autoritätsfeindlichen Reformer, in bestimmten pädagogischen Situationen ihre eigene Autorität zum Wohle des Kindes zur Geltung zu bringen.

In der kurz vor dem ersten Weltkrieg beginnenden zweiten Phase der Reformbewegung wurde die Zurückhaltung des Erziehers bis zum äußersten getrieben. Aus dieser Zeit stammen die ersten Erfahrungen mit einer autoritätsarmen Erziehung an öffentlichen Schulen, den sog. Lebensgemeinschaftsschulen, in Hamburg und Berlin, deren für die Beurteilung der gegenwärtigen Situation wichtigen Ergebnisse heute entweder unbekannt sind oder ignoriert werden. Es lohnt sich auch jetzt noch, einen Blick in die Berliner Richtlinien für die Lebensgemeinschaftsschulen aus dem Jahre 1923 zu werfen. Einige wichtige Punkte seien herausgegriffen: »Verbindliche Stoffpläne werden nicht aufgestellt. Der ordnende Grundsatz aller Schularbeit ist die Entfesselung schöpferischer Kräfte im Kinde ... An Stelle der Lehrpläne tritt der Arbeitsplan der Lebens- und Arbeitsgemeinschaft ... Stundenpläne fallen fort. Für den Fortgang der Arbeit ist das wechselnde Bedürfnis der Gemeinschaft und der natürliche Ablauf der Arbeit selbst, d. h. der aller wissenschaftlichen, künstlerischen und technischen Arbeit innewohnende gesetzmäßige Zwang zur Vollendung entscheidend ...« Über die Verfassung der Lebensgemeinschaftsschule wird ausgesagt, daß Lehrer sowie Eltern- und Schülervertreter der oberen Stufen zusammen den Schulausschuß der Schulgemeinde bilden. Dem Schulleiter steht kein Aufsichtsrecht über die Tätigkeit der Lehrer zu. Die Schülervertretung wird insbesondere in Fragen der Schulordnung und Schulzucht gehört. »Die Gesamtheit der Lehrer, Eltern und Schüler bilden die Schulgemeinde. Diese ist der bewußte Träger des Schullebens und ein Bildungs- und Kulturmittelpunkt des öffentlichen Lebens«[17].

Höchst aufschlußreich ist der Erfahrungsbericht des Lehrkörpers und Elternrats einer der ersten Hamburger Versuchsschulen, welche 1919 ihre Arbeit aufgenommen hatte. Frei von allen herkömmlichen Bindungen durch Lehr- und Stundenpläne begann das Kollegium seine Arbeit ohne Anwendung äußerer Zwangs- und Strafmaßnahmen irgendwelcher Art. Die freiwillige Preisgabe der Lehrerautorität wurde jedoch von den Schülern nicht honoriert, sondern mit einem hemmungslosen Ausbruch von Aggressionen, einer Diktatur der rohen Kraft und Brutalität beantwortet. Weder Kinder noch Lehrer waren vor den Übergriffen der Schüler sicher. Eine geregelte Schularbeit war zunächst unmöglich. Die Konsolidierung wurde nach endlosen Lehrerkonferenzen erst dann erreicht, als man Eltern und Schüler zur aktiven Teilnahme an den Lehrerkonferenzen herangezogen und in eigener Verantwortung geleitete Schülerversammlungen sich zu einem wichtigen Faktor im Schulleben entwickelt hatten[18]. Wenige Jahre später stellte eine Kommission des Schulbeirats fest, daß Jungen und Mädchen in verschiedene Jahrgänge umfassenden Gruppen unterrichtet wurden, wobei allerdings die Lehrer den Gruppen ihr Gepräge gaben. Zwar traten Führernaturen unter den Schülern hervor, jedoch war durch sie die Autorität des Lehrers nicht aufgehoben, sondern nur unauffällig an die Gemeinschaft delegiert wurden, was zu einer merklichen Selbstdisziplin der Schüler führte. Freilich lagen die unterrichtlichen Leistungen weit unter dem Durchschnitt der anderen Schulen, weil die Lehrer keinen systematischen Unterricht erteilten. Infolge Absinkens der Schülerzahl mußte die Schule 1931 geschlossen werden[19].

Daß es sich bei dieser Schule um keinen Einzelfall handelt, beweisen, im Wortlaut fast übereinstimmend, etliche Berichte von prominenten Lehrern und Beiräten über andere Versuchsschulen in Hamburg und Bremen sowie auch über Heime, beispielsweise das von Siegfried Bernfeld geleitete Kinderheim Baumgarten. »Am Anfang war das Chaos«[20], das nur dort gemeistert werden konnte, wo die Lehrer, unter Einbeziehung der Eltern und Schüler in die Verantwortung für das Schulleben, ihre Führungsaufgabe wiederentdeckten. Die Kritik an den autoritätsarmen Schulversuchen kam also nicht von außen, sondern auch aus den Reihen der führenden Reformer. Sie mußten tagtäglich erfahren, wie übergroße Freiheit in ihr Gegenteil, in Willkür und Zügellosigkeit, umschlug. Es gab Klassen, die monatelang bestimmte Unterrichtsthemen ablehnten, und viele Schüler, welche freiwillige Neigungskurse verließen, sobald sachliche Anforderungen gestellt wurden [21]. Eine Schule, die keine äußere Ordnung und keinen festen Lehrplan mehr kannte, mußte sich selbst ad absurdum führen, d. h. sich auflösen. Nachdem sie das »Glück« der Ungebundenheit lange genug genossen und die durch den Mangel an unterrichtlichen Anforderungen eingetretene Verödung des Schullebens erkannt hatten, sehnten sich viele Schüler wieder nach Ordnung und Arbeit, wie der bekannte sozialistische Schulmann Wilhelm Lamszus [22] schon 1919 feststellte. Kurt Zeidler [23], neben Fritz Jöde führender Kopf des aus dem Geist der Jugendbewegung erwachsenen »Wendekreises« und Leiter der Hamburger »Wendeschule«, gehört zu jenen Reformern, die als erste auf Grund nüchterner Selbstkritik Einseitigkeiten und Mängel der »neuen« Schule beim Namen nannten, u. a. in einem Situationsbericht an die Elternschaft von 1921. Ihm kommt das Verdienst zu, mit seinem Buch »Die Wiederentdeckung der Grenze« [24] aus dem Jahre 1926 zur Selbstbesinnung und kritischen Revision der Reformpädagogik einen entscheidenden Beitrag geleistet zu haben, der ihm allerdings auch die Gegnerschaft vieler extremer Reformer eintrug. Nur von den anarchistischen Zuständen her ist der Satz zu verstehen: »Ich lache der Schulstubendemokraten, die das böse Gewissen peinigt, wenn sie bei einem Vorhaben nicht der Zustimmung ihrer Gruppenmehrheit sich versichert haben. Ich stehe für die Diktatur des Lehrers, der sich Vertrauter seiner Schüler weiß.« Zeidler formuliert in drastischer Sprache einen Sachverhalt, der auch anderen besonnenen Reformern nicht fremd war. So heißt es im Bericht des Schulbeirates über eine dritte Versuchsschule (1926): »Der Lehrer ist der Führer, der sich nicht vordrängt. Strafen und Schelten scheint man nicht zu kennen.« Über Zeidlers Schule sagt ein Kommissionsbericht aus dem gleichen Jahr: »Der Satz ›vom Kinde aus‹ wird in seiner Unbedingtheit nicht mehr anerkannt ... Die Arbeit in der Schule wird von den Lehrkräften ausgewählt und bestimmt nach den Bedürfnissen des Kindes und den Anforderungen des realen Lebens. Der Unterricht vollzieht sich planmäßig« [25].

Die berechtigte Frage nach den Ursachen des Scheiterns der von tüchtigen, engagierten Lehrern getragenen Hamburger Gemeinschaftsschulen wird häufig mit dem Hinweis auf das noch nicht genügend ausgebildete demokratische Bewußtsein in der jungen Weimarer Republik beantwortet. Ferner läßt sich das Argument belegen, daß die auf Einheit zielenden Versuche der inneren Schulreform infolge des Kompromißcharakters der demokratischen Erziehung, d. h. der sozialen, politischen und weltanschaulichen Gegensätze, als pluralistische und desintegrierende Momente, über erste Ansätze nicht hinauskommen konnten [26]. Tatsächlich rekrutierten sich die Reformer und die entsprechenden Eltern aus der sozialdemokratischen und liberaldemokratischen Minderheit, die ihr Konzept gegen radikale sozialistische Kräfte einerseits und national-konservative Kreise andererseits verteidigen mußte [27]. Die durch einen kritischen Kommentar des heute 83jährigen Kurt Zeidler zum Entwurf des hamburgischen Schulverfassungsgesetzes ausgelöste Welle der Empörung gegen den vermeintlich

»reaktionären« Pädagogen scheint noch einmal das Bild jener Situation nach dem ersten Krieg heraufzubeschwören, in welcher radikale Lehrer aus seinem Kollegium folgende Sätze schrieben: »Wir wollen keine Schulreform. Wir sind keine Sozialreformer. Wir sind Revolutionäre. Wir wollen die Schule umkehren. Wir wollen die Revoluion in die Schule hineintragen.« Oder: »Im Anfang war das Chaos, muß stets das Chaos sein, wenn etwas wirklich Neues, Greifbares werden soll. Darum Mut zum Chaos!«[28] Der Hauptgrund für den Mißerfolg der »Pädagogik vom Kinde aus« dürfte jedoch nicht primär im politischen, sondern vielmehr im anthropologischen Bereich zu suchen sein, nämlich in der grandiosen Verkennung der »Natur« des Kindes, in der utopischen Überschätzung seiner Möglichkeiten und Unterschätzung seiner Grenzen sowie der hieraus resultierenden mangelnden Distanz zwischen Lehrern und Schülern. Vielleicht vermag eine Aussage Wilhelm Michels[29] über das Verhältnis Hölderlins zur französischen Revolution zur Deutung des Vorganges etwas beizutragen: »Alles ... war von vornherein auf den Kampf gegen den Absolutismus verwiesen. Auf der anderen Seite waren mit der ›Freiheit‹ noch keinerlei Erfahrungen gemacht. Man glaubte der Rousseauischen Verkündigung, daß der Mensch von Natur gut und nur durch die Unnatur verdorben sei. Der jahrhundertelange Druck der Autorität hatte den Menschen so unbekannt mit seinem eigenen Wesen gemacht, daß er dem Wahn verfiel, es genüge, den äußeren Druck fortzunehmen, um eine freiwillig zur Ordnung strebende Menschheit erscheinen zu lassen. Die Zeit war so unentrinnbar in diese Illusion eingewiesen, daß sie ihre edelsten Kräfte ... und ihre teuersten Wahrheiten hätte verleugnen müssen, wenn sie anders hätte denken wollen«.

II.

Die neuesten Ansätze einer antiautoritären Erziehung stehen in engem Zusammenhang mit der Entwicklung der radikaldemokratischen Studentenbewegung, deren Anfänge auf die Aktivitäten vor allem des Sozialistischen Deutschen Studentenbundes vor 1960 zurückgehen, wobei eine gesellschaftspolitische Zielsetzung bereits sichtbar wird[30]. Die zunehmende Politisierung und Radikalisierung der Bewegung erreichte ihren ersten Höhepunkt im Zusammenhang mit den Berliner Ereignissen anläßlich des Schah-Besuchs und dem Attentat auf Rudi Dutschke in den Jahren 1967/68. Im Zuge dieser Entwicklung fand der SDS bei den unzufriedenen Schülern der Gymnasien ein vorbereitetes Rekrutierungsfeld; denn die »Schulverdrossenheit« vieler Schüler hatte seit 1966 zu Gründungen einzelner Gruppen u. a. in Hessen und Berlin geführt, die lediglich eine Verbesserung der Schule forderten, um die Leistungskraft der Schüler zu erhöhen, während andere die Inhalte wie Begründungen der verlangten Leistungen prinzipiell in Frage stellten. Daneben bestanden Zusammenschlüsse politischer Art, die sich um Aktionen, wie Kriegsdienstverweigerung, »Kampagne für Demokratie und Abrüstung«, Kampf gegen die Notstandsgesetze usf.

gruppierten und bereits über Kontakte mit dem SDS verfügten. Nachdem mit dessen Hilfe einige sehr aktive Schülergemeinschaften entstanden waren, kam es zur Gründung des »Aktionszentrums Unabhängiger und Sozialistischer Schüler« (AUSS) auf Bundesebene im Januar und Juni 1967[31]. Die in der Folgezeit mit Resolutionen und Aktionen, bekanntgeworden unter der Bezeichnung »Schülerrebellion«, in die Öffentlichkeit tretenden organisierten Schülergruppen verstanden sich selbst als »antiautoritär«, sofern sich ihr Protest zunächst gegen die Schule als autoritäre Institution mit ihren hierarchischen Herrschaftsformen, ihrem Leistungsdruck sowie ihren Integrationsbestrebungen richtete, welche sich u. a. in der Schülermitverwaltung manifestieren. Die Masse der nur antiautoritären Schüler zeigte damit eine vorpolitische, reaktive, d. h. noch nicht reformistische oder revolutionäre Haltung[32]. So konnte man noch Ende 1968 in einer Resolution von Teilnehmern an einer Primanertagung politisch relativ neutrale Sätze lesen: »Dazu müssen sich an allen Schulen Gruppen bilden, die in Zusammenarbeit mit nichtautoritären Lehrern und Eltern durch Aufklärung ihre Mitschüler zur Stellungnahme zu schulischen und gesellschaftlichen Problemen bringen. Konflikte sollen durch Flugblätter, Schülerzeitung oder andere Mittel in der Öffentlichkeit aufgedeckt und ausdiskutiert werden. Dadurch geht man den ersten Schritt auf dem Weg der Demaskierung des hierarchisch-autoritären Schulsystems. Durch hartnäckige Arbeit dieser Gruppen kann eine Solidarität unter den Schülern erreicht werden. Auf dieser Grundlage können die dringenden Forderungen nach umfassenden Änderungen in der Schule unter anderem durch Demonstrationen und Streiks durchgesetzt werden...: Eine Bewußtwerdung über die heutige Gesellschaft ist erforderlich, da die Schule nur ein verzerrtes Gesellschaftsbild vermittelt...«[33]. Dessen ungeachtet darf der vorwiegend antiautoritäre Charakter der Protestbewegung der Schüler und Studenten nicht darüber hinwegtäuschen, daß schon in der ersten Phase von den Gruppen der »Neuen Linken« die Politisierung der Bewegung mit dem Ziel einer auf Veränderung der Gesellschaft angelegten, d. h. revolutionären Strategie betrieben wurde. In diesem Sinne wertete man antiautoritäres Verhalten als eine bestimmte Stufe eines Prozesses, der schließlich in das revolutionärsozialistische Bewußtsein einmündet[34]. Kennzeichnend für die meisten Resolutionen, Flugblätter und Zeitungen sind denn auch die stereotype Verwendung vulgärmarxistischen Vokabulars sowie die hierdurch verständliche mangelnde Originalität der Produkte. Ideen und Ausdrucksweise sind von erwachsenen Autoritäten, von Studenten, Eltern, Lehrern, Professoren und den von ihnen vermittelten Schriften, zuweilen wohl nur halb verstanden, kopiert worden.

Ungeachtet der Vielfalt der Gruppierungen lassen sich folgende unpolitischen und politischen Forderungen einer antiautoritären Schulerziehung aufzählen:
1. Abbau überflüssiger, d. h. unlegitimierter Herrschaftsstrukturen in der Schule; Aufhebung der Abhängigkeit der Schüler von den Lehrern mit der Möglichkeit eines Rollentausches; Beseitigung von Disziplarordnungen und Verhaltens-

zensuren; Entpersonalisierung des Verhältnisses zwischen SMV und Schule; gegen Mißbrauch des Hausrechts.

2. Sichtbarmachen und Austragen der latenten sozialen Konflikte zwischen Lehrern, Schülern, Schulaufsicht und Schulträgern in der Schule; Konfrontation mit Autoritäten aller Art.

3. Politisches Mandat für die SMV auf überlokaler Ebene: Umwandlung der SMV in ein der Schulverwaltung gleichberechtigtes Mitspracheremium in allen die Schüler betreffenden Fragen.

4. Kollektive Schulleitung unter Mitwirkung der Schüler und Eltern.

5. Abbau der Leistungszwänge: Ersetzung des Leistungsprinzips durch das Lustprinzip; Schaffung von Freiräumen im Unterricht; Ersetzung der bürgerlichen durch demokratische, d. h. sozialistische Lehrinhalte; Abwehr kapitalistischer Anpassungsforderungen.

6. Abbau aller sexuellen Tabus als repressiver Mittel zur Erhaltung der bestehenden gesellschaftlichen Herrschaftsverhältnisse: Aufklärung über alle mit der Sexualität zusammenhängenden Fragen; Vermeidung der Diskriminierung sexueller Betätigung von Schülern; Einrichtung von Räumen für erotische Kommunikation. Ziel: Befriedigung und Glück der Schüler.

7. Selbstregulierung der Schüler als zentraler Begriff der antiautoritären Erziehung: Erziehung zur Kritik und Emanzipation; Bereitschaft der Schule, sich selbst, ihren Unterricht und ihre Lehrer permanent in Frage stellen zu lassen; politische Bildung als durchlaufendes Prinzip sämtlicher Fächer; Opposition und Auflehnung kommen der gleiche Rang zu wie Ordnung und Normierung; umfassende Politisierung sämtlicher Schüler.

8. Streikrecht für Lehrer und Schüler.

9. Auflösung der Klassen- und Untertanenschule durch Konfrontation mit demokratischen Schulmodellen: Kampf der Schüler im Bündnis mit anderen fortschrittlichen Kräften für eine sozialistische Gesellschaftsordnung; Entwicklung einer Stategie der kollektiven und organisierten Unterwanderung der Schule[35].

An dieser Stelle sollten wir uns noch einmal, nunmehr präziser, vergegenwärtigen, daß sowohl die liberale Pädagogik vom Kinde aus, als auch die neue antiautoritäre Erziehung auf vergleichbaren Voraussetzungen beruhen. Beiden ist gemeinsam der *Protest* gegen die jeweils verbindlichen, also vorherrschenden Inhalte, Methoden, Führungsstile und — in unterschiedlicher Weise und Klarheit artikuliert — gesellschaftlichen Grundlagen von Erziehung und Schule. Handelte es sich im ersten Falle um eine überwiegend von »sozial-liberalen« Berufserziehern formulierte und praktizierte Antithese zum erstarrten »bürgerlichen« Erziehungssystem des ausgehenden 19. Jahrhunderts, so spielt in der Gegenwart die Ablehnung der autoritär-politischen Staats- und Gesellschaftssysteme der jüngeren Vergangenheit und deren (behauptete) Nachwirkung in sämtlichen pädagogischen Institutionen zunächst durch Anhänger des Neomarxismus und der Frankfurter »Kritischen Theorie«, d. h. Hochschullehrer und Studenten meist bürgerlicher Herkunft, später durch Schüler, junge Lehrer und Eltern, eine bedeutende Rolle. Diese Kreise denunzieren das politische System der Bundesrepublik als postfaschistisch, als undemokratisch. Die konsequent Antiautoritären unter ihnen akzeptieren bezeichnenderweise ebensowenig die autoritären sozialistischen Systeme des Ostens. Das unterscheidende Merkmal der beiden Pädagogischen Konzepte liegt in dem stärker ausgeprägten gesellschaftspolitischen Bewußtsein des Kerns der antiautoritären Bewegung sowie ihrer größeren Anhängerschaft unter den älteren Schülern.

Zum besseren Verständnis der Zusammenhänge muß ein weiteres, die historische und die derzeitige antiautoritäre Bewegung verbindendes Moment herausgehoben werden. Am Anfang der Reformpädagogik stand die neuromantische Kulturkritik, die zum Widerstand gegen die »industrielle Unkultur« nebst ihren Folgen aufrief. Mitte der zwanziger Jahre wurde mit der grundsätzlichen Anerkennung der modernen Industriegesellschaft die romantische Position zwar aufgegeben, jedoch die Kritik am Unmenschlichen der naturwissenschaftlich-technologischen Entwicklung aufrechterhalten [36]. Aber auch die sich als marxistisch verstehende Schüler- und Studentenbewegung kann das ihr immanente Moment neuromantischer Kulturkritik nicht verleugnen, die »nicht zufällig an die Stelle einer Kritik der Politischen Ökonomie getreten« ist [37]. Schon bei Marx selbst verweist globale Kritik der modernen Industriegesellschaft auf ihre Herkunft aus der romantischen Bewegung, so daß Entfremdung auch bei den Neomarxisten einen die gesamte nachromantische Kulturkritik von Nietzsche bis Spengler umfassenden Begriff darstellt. Die neuen revolutionären Bewegungen sind daher im Grunde unpolitisch und nicht revolutionär im engeren politischen Sinn des Wortes, sondern eher Krisensymptom westlicher Zivilisation, oft als »scheinrevolutionär« oder »pseudorevolutionär« bezeichnet [38]. Für den weiteren Verlauf der Erörterungen könnte folgende Klärung nützlich sein:

1. Die gegenwärtige antiautoritäre Erziehung ist, von wenigen Ausnahmen abgesehen, der sozialistischen Richtung zuzurechnen, da sie, unbeschadet der jeweiligen politischen Schattierung, entweder an sozialistisch-psychoanalytische Konzeptionen anknüpft oder in diese einmündet, zumindest aber davon inspiriert ist.

2. Die Realisierung dieses Ansatzes ist für das gesamte Erziehungswesen vom Kindergarten bis zur Hochschule vorgesehen, jedoch beschränkt sich eine Insitutionalisierung z. Zt. noch auf sozialistische Kommunen sowie Kinder- und Schülerläden.

3. Im Verlauf der Entwicklung der antiautoritären Bewegung haben die pädagogischen Konzeptionen derart tiefgreifende Veränderungen erfahren, daß die Intentionen des Anfangs geradezu ins Gegenteil verkehrt zu sein scheinen. Daraus ergibt sich die Notwendigkeit einer klaren Unterscheidung verschiedener Phasen.

III.

Bemerkenswerte Interpretationsversuche hinsichtlich antiautoritärer Erziehung liefern die Arbeiten von Gerhard Bott[39] und Kurt Beutler[40], die sich allerdings auf das Vorschulalter beziehen, deren Ergebnisse jedoch auf andere Institutionen übertragbar sind. Kommune und Kinderladen bieten sich als Prototyp antiautoritärer Erziehung vor allem deshalb an, weil sie eine inhaltliche Alternative zur bürgerlichen Kleinfamilie und den diese ergänzenden bürgerlichen Kindergarten darstellen. Hans-Jochen Gamms »Kritische Schule« hebt sich von den genannten Publikationen durch den unkritischen und großzügigen Gebrauch gängiger Klischees und pseudosozialistischen Vokabulars deutlich ab. Treffender wäre der Titel: »Der Unfug mit der antiautoritären Erziehung«.

Die ersten Kinderladen-Projekte begannen ihre Tätigkeit ab September 1967 zuerst in Frankfurt, ab Januar 1968 in Stuttgart und Berlin, deren Träger Elternkollektive, Mitglieder von Kommunen und sozialistische Studenten waren. Einige Autoren, wie wohl auch die Mehrzahl der Anhänger dieser Projekte, gehen von der Voraussetzung aus, Autorität sei in der Erziehung völlig entbehrlich. Kinder könnten auch ohne Autoritätserfahrung zur Persönlichkeit heranwachsen, ja antiautoritäre Bewegung und Führung schlössen einander geradezu aus[41]. Diese Aussage, welche entweder auf ideologische Wunschvorstellungen oder die Zweideutigkeit der verwendeten Termini zurückgehen dürfte, ist angesichts des vorliegenden Materials unbedingt zu korrigieren. Bott[42] kennzeichnet die antiautoritäre Erziehung als »nichtautoritäre«, »unautoritäre«, »repressionsfreie« oder »zwangsfreie« Erziehung. Er will emanzipatorische Erziehung, also Erziehung zum selbständigen, ichstarken Individuum; er möchte jegliche Indoktrination vermeiden und kritisiert daher die verfehlten Erziehungspraktiken jener Kinderläden, in denen Vierjährige ehrfürchtig Mao-Sprüche auswendig lernen müssen, so wie die Kinder in katholischen Kindergärten Bibelsprüche memorieren und zum Beten angehalten werden. Damit würden die Kinder zur unkritischen Übernahme der Erziehungsideologie gezwungen. Auf der anderen Seite hebt er hervor, »daß eine Erziehung ohne Vermittlung von Wertvorstellungen unmöglich« sei. Kinder hätten zudem ein Recht darauf, von Eltern und Erziehern zu erfahren, was diese für gut und wahr bzw. für schlecht und unwahr hielten. In solchen Fällen sollte man — so Bott — nicht von Indoktrination sprechen, sondern nur dann, wenn das Bewußtsein der Kinder durch Furcht vor Strafe manipuliert werde. Die Analyse seines Drehbuchs zum Fernsehfilm »Erziehung zum Ungehorsam« läßt indes die Vermutung aufkommen, in sozialistischen Kinderläden werde bewußt einseitige Agition betrieben. Den Kinderläden wird ausdrücklich eine klassenkämpferische Rolle zuerkannt, in deren Ausübung u. a. politische Funktionäre, wie Dr. Reinhardt Wolff, sozialistische Wertvorstellungen vermitteln und in die historische kulturelle Tradition der Arbeiterklasse einweisen. Wolff bekennt, daß er Vorstellungen von

»richtig« und »gut« besitze und um die Ausbeutung einer proletarischen Mehrheit durch eine kapitalistische Minderheit wisse. Diese und andere Gewißheiten werden in durchaus autoritativer Weise den Kindern vermittelt. An anderer Stelle wird zugegeben, daß die Erziehung in den Kindern die notwendigen Voraussetzungen für den zu leistenden Klassenkampf zu schaffen habe, obwohl dessen Zusammenhänge von den Kindern noch nicht durchschaut werden können. Um ihnen das rechte Bewußtsein zu vermitteln, provoziert man geradezu die Konfrontation mit den Autoritäten. Z. B. gehen die Erzieher mit den Kindern auf verbotene Rasenflächen. Man möchte jedoch diese Art der Erziehung deutlich abgehoben wissen von jener, in der bestimmte Verhaltensweisen und Normsetzungen vorgeschrieben sind, die das Kind nicht einsehen kann. Kurz: es gebe in diesem System keine absolute Antiautorität.

In einem ersten Faszit dürften wir also die Feststellung treffen, daß einzelne selbstkritisch eingestellte Vertreter der antiautoritären Erziehung einerseits den »laissez-faire«-Stil von vornherein ablehnen, andererseits politische Indoktrination mindestens verbal für fragwürdig halten. Mit anderen Worten: Auch diese Erziehung bedarf der Autorität in Gestalt von Erziehern, Lehrern und anderen, etwa literarischen, Vorbildern.

So betonen die politisch gemäßigten Pädagogen der Kinderschule Frankfurt[43], Erziehung zur Selbstregulierung könne nicht darin bestehen, »daß man das Kind sich selbst überläßt oder zum Ungehorsam anhält, sondern dadurch, daß es in die Lage versetzt wird, die eigenen Bedürfnisse zu erkennen, zu artikulieren und zu befriedigen«. Hierbei sei aber zu bedenken, daß Selbstregulierung weder innerhalb der kapitalistischen Gesellschaft voll zu realisieren sei noch in das Jenseits einer sozialistischen Gesellschaft verlegt werden könne. Im Hinblick auf die Hochschule wird diese Feststellung von Jens Litten[44] bestätigt, indem er auf das Scheitern eines »selbständigen studentischen Wissenschaftsbetriebs« und das Ausbleiben des »herrschaftsfreien Dialogs« hinweist. An die Stelle der Amtsautorität des Professors sei die teilweise angemaßte, indoktrinierende Sachautorität des jeweiligen Wortführers getreten. Und Wilfried Gottschalch[45] versucht das Mißverständnis aufzuklären, nach welchem die antiautoritäre Bewegung gegen Autorität und Macht schlechthin eingestellt sei. Sie unterscheide sehr genau zwischen rationaler Machtausübung bzw. befreiender Autorität einerseits und Herrschaft bzw. unterdrückender Autorität andererseits. Beutler[46] sieht die Gefahr von Anpassungsschwierigkeiten beim Übergang in die öffentliche Schule und damit die Möglichkeit von Neurosen bei Kindern, die aus Kommunen hervorgegangen sind, da der antiautoritäre Erziehungswille der Kinderladenerzieher nicht identisch sei mit einer möglichen ungewollten Aufrechterhaltung autoritativer Erzieherhaltung. Die Verunsicherung der Erzieher sei sehr stark; hier ergebe sich ein fast unauflösbarer Zirkel. Er weiß um die physische wie psychische Überlegenheit der Autoritäten in kapitalistischen und sozialistischen Gesellschaften und um das beim Kind bestehende

Bedürfnis nach Hilfe und Förderung seitens Erwachsener. Allerdings komme der Autorität innerhalb der antiautoritären Erziehung ein neuer Stellenwert zu, sofern es sich um rationale Autorität auf der Grundlage von Interessensolidarität, nicht aber Konkurrenz handele. Hier könne auch der Abbau ichhemmender Fixierung auf die Eltern geleistet werden. Der utopische Charakter des Ansatzes im Sinne der »konkreten Utopie« Ernst Blochs wird nicht verschwiegen, jedoch glaubt der Autor an die Möglichkeit seiner Konkretisierung in der gesellschaftlichen Wirklichkeit. Die Eltern müßten für dieses Aufgabe erzogen werden, und zwar nicht nur mit pädagogischen Mitteln, sondern durch die Demokratisierung aller gesellschaftlichen Bereiche, d. h. durch die Überwindung der bürgerlichen Gesellschaft und ihrer kapitalistischen Produktionsweisen. Als Ziel schwebt ihm vor, die »Herstellung einer neuen, befreiten Gesellschaft, in der auch die Erziehung ihres Zusatzes ›antiautoritär‹ entbehren könnte«.

Nur am Rande sei auf das Internat Summerhill von Alexander S. Neill[46] hingewiesen. In der aktuellen Diskussion wird meistens übersehen, daß sein Modell nicht der sozialistischen, sondern der liberalen reformpädagogischen Tradition zuzuordnen ist, deren Vorzüge und Schwächen es in aller Deutlichkeit zeigt, einschließlich des kulturkritischen Ansatzes, des einseitig die künstlerischen Fächer bevorzugenden, in anderen Bereichen offensichtlich jedoch nicht sehr effektiven Unterrichts. Zwar bildet die psychoanalytische Theorie Wilhelm Reichs eine der Grundlagen seiner Erziehung, aber eine Gesellschaftsreform liegt ihm fern. »Ich sehe meine Aufgabe nicht in erster Linie in der Änderung der Gesellschaft, sondern darin, wenigstens einige Kinder glücklich zu machen«. Aus einer anderen Äußerung Neills geht hervor, daß Summerhill keine Schule ohne Autorität ist: »Ich bin Herr im Haus, und wenn die Schule in Brand geriete, würden die Kinder zu mir gelaufen kommen. Sie wissen, daß ich stärker bin und mehr weiß. Das hat aber nichts mehr zu sagen, wenn ich ihnen auf ihrem eigenen Gebiet begegne.«

IV.

Nach einer Welle von Gewalttätigkeiten vor allem im Zuge der studentischen Bewegung im Jahre 1969, an deren Auslösung akademische Autoritäten (gewiß ungewollt) nicht völlig unbeteiligt waren (Erinnert sei an die Klage Th. W. Adornos[47]: »Ich habe ein theoretisches Denkmodell aufgestellt. Wie konnte ich ahnen, daß Leute es mit Molotow-Cocktails verwirklichen wollen«), stellt sich allenthalben bei den Antiautoritären die unvermeidliche Ernüchterung ein. Die bisher »bewußtlose« Rebellion bürgerlicher Intellektueller erkennt die im Augenblick unübersteigbare Grenze ihrer Aktionen, nämlich das Fehlen der Massenbasis für den Klassenkampf. »Das AUSS (Heidelberg) droht an dem Mißverständnis zu ersticken, individuelles, bloß antiautoritäres Verhalten sei als kollektives bereits revolutionär« und entlarvt dieses mithin »als Reproduktion bürgerlichen Verhaltens«[48]. Ein Berliner SDS-Flugblatt bezeichnet die Forderung nach Selbstbestimmung und die Ablehnung von Fremdbestimmung als bloße »kleinbürgerliche Fiktion«. Revolutionäre Bedürfnisse könne nur das Proletariat verkörpern, woraus der Schluß gezogen wird: »Bereiten wir im Studium revolutionäre Berufspraxis vor! Erlernen wir unseren Beruf im Klassenkampf!«[49] Die Initiatoren des »Sozialistischen Kinderladens Berlin Kreuzberg« berichten unter dem Motto »Vom antiautoritären Erziehungsversuch zur sozialistischen Vorschulerziehung«[50] über das Scheitern ihres antiautoritären Erziehungsversuchs und gelangen zu der Einsicht: »Proletarische Erziehungsarbeit kann sich als eine Erziehung zum Klassenkampf nur im Zusammenhang revolutionärer Organisationen des Proletariats selbst entfalten. Alles andere ist linkslerische Projektmacherei«. Der Kinderladen sei schließlich »ein Projekt sozialistischer Agitation und Propaganda für den Erziehungs- und schulpolitischen Kampf im Stadtteil und in der Schule«.

Ein Musterbeispiel für einseitige politische Indoktrination bieten die Protokolle über die »Sozialistische Projektarbeit im Berliner Schülerladen Rote Freiheit«[51] vom August 1969 bis Februar 1970. Die Autoren begreifen sich nicht mehr als Einzelwesen, sondern »als schreibende Organe eines größeren Kollektivs«, welches das Klassenbewußtsein der Schüler folgenreich aktualisieren will und dabei auf den Widerstand des Klassenfeindes stößt. Mit Unterstützung offensichtlich geschulter »Genossen« wird den Schülern ein Zerrbild der »kapitalistischen Gesellschaft« oktroyiert, ob es sich nun um die Stadtverwaltung, den Schah von Persien, das Weihnachtsfest oder das Verhalten der eigenen Eltern handelt. Die Unterdrückungs- und Ausbeutungsideologie muß herhalten, um den sich sträubenden Kindern jegliche sexuelle Scham zu nehmen. Sie werden zur Agitation stimuliert und beschäftigen sich schließlich mit dem Ausdenken von Attentatsmethoden. Das im Zusammenhang mit den Angriffen der sog. »konservativen Revolution« gegen Liberalismus, Demokratie und industrielle Zivilisation geprägte Wort: »Unsere Zeit ist wahrhaftig die Ära der Organisation des politischen Hasses durch die Intelligenz«[52], scheint hier makabre Wirklichkeit geworden zu sein.

Im Jahre 1971 kann der Prozeß der Wandlung vom antiautoritären Denken zur autoritären politischen Strategie als vorläufig abgeschlossen gelten. In Publikationen von Hochschullehrern, in Lehrer-, Studenten- und Schülerzeitungen sowie aus Flugblättern erfahren wir, daß die antiautoritäre Bewegung »reaktionär« gewesen sei, sofern sie am alten Ideal der akademischen Freiheit festgehalten und durch Paritäten und technokratische Reformen an der Entpolitisierung eines großen Teiles der Studenten mitgewirkt habe. Sie habe Integration in den gesellschaftlichen Produktionsprozeß gefordert und damit die Entwicklung im kapitalistischen System ignoriert, die zur vollständigen Unterwerfung der Wissenschaft unter die Interessen der herrschenden Klasse führen müsse. System-immanente Reform diente nicht der Erreichung emanzipatorischer Zielsetzung, da »demokratische Reformen des Bildungswesens in der BRD unmöglich sind ohne Veränderungen in der Gesamtgesellschaft«. Auch Projekte, wie z. B. die Gesamtschule, dienten nur der systematisch betriebenen Integration in eine am Profit orientierte Gesellschaft, um damit die tatsächlichen reaktionären Tendenzen und Strukturen zu verschleiern. Das kapitalistische System könne nicht durch punktuelle Angriffe gegen die Klassenherrschaft aufgehoben werden. Vielmehr komme der Schule die entscheidende strategische Funktion zu, in der gegenwärtigen Situation die Auflösung des kapitalistischen Systems langfristig über die Schaffung eines revolutionären Bewußtseins anzustreben. »Eine wesentliche Aufgabe der ›Roten Zelle Pädagogik‹ muß die Einordnung ihrer Arbeit in die gesellschaftlichen Klassenkämpfe sein. Die sozialistischen PH-Studenten müssen aktiv den Aufbau proletarischer Jugend- und Schülerorganisationen unterstützen. Diese Arbeit muß langfristig die Integration in kommunistische Organisationen vorbereiten, um nicht zur bloßen ›Kinderladenarbeit‹ zu degradieren«. »Kommunistische Politik an der Hochschule muß also die antiimperialistischen und demokratischen Impulse der Studentenbewegung aufnehmen und sozialistisch aufklären, d. h. in den Zusammenhang des Klassenkampfes stellen« [53].

Die antiautoritären Tagträumer verwandeln sich zusehends in oder werden abgelöst durch doktrinäre und ausgesprochen autoritäre Kommunisten, die — wie die neugewählte Hamburger Landesschulsprecherin —, der antiautoritären Erziehung ablehnend gegenüberstehen, an der Seite der DKP, SDAJ und des MSB Spartakus kämpfen wollen und im Gesellschaftssystem und Bildungswesen der DDR das erstrebenswerte Ideal erblicken [54]. Der lange Marsch durch unsere Erziehungsinstitutionen wird also zielstrebiger, lautloser und rigoroser als bisher fortgesetzt.

V.

Eine kritische Würdigung der antiautoritären Erziehung hat die bisher herausgestellten Tatbestände zu berücksichtigen. Zu Recht bemerkt Theo Dietrich [55], der Begriff »antiautoritär« enthalte einen Widerspruch in sich selbst; denn Erziehung sei stets ein dialektischer, antinomischer Prozeß, der das Wachsenlassen einerseits und das Führen andererseits umfasse. Dieser Einsicht können sich auch die Mitautoren von Gerhard Bott und andere [56] nicht verschließen: Der Korrelatbegriff zur Selbstregulierung ist die Fremdregulierung, da sowohl die ökonomische als auch die menschliche Entwicklung konfliktreich und dialektisch verlaufen. Das Fremde erscheint nicht als mögliche Alternative, sondern als notwendige Ergänzung.

Folgende Bedeutungen von »antiautoritärer Erziehung« begegneten uns im Verlauf der Untersuchung:

a) die radikalste Negation jeglicher Führung und Beeinflussung durch Erwachsene zugunsten des reinen Wachsenlassens oder der Selbstregulierung und Selbstorganisation von Erziehung und Unterricht seitens der Kinder;

b) nichtautoritäre, unautoritäre, autoritätsarme, repressionsfreie Erziehung ohne Furcht, Strafe usf.;

c) Auflehnung gegen die institutionalisierte Autorität der Gesellschaft, soweit sie auf bloßer Herrschaft beruht; Forderung eines herrschaftsfreien Raumes;

d) Kampf gegen jegliche Form ›bürgerlicher‹ Erziehung und die sie tragende kapitalistische Gesellschaft als Teil des proletarischen Klassenkampfes.

Die Vorsilbe »anti-« und die Umstände der Entstehung des Begriffs deuten darauf hin, daß er die Abschaffung entweder von erzieherischer Autorität überhaupt oder einer bestimmten Art von Autorität intendiert, hier die unter a) und c) erwähnte. Die Bedeutung unter d) ist identisch mit der Negation antiautoritärer Erziehung, kann also nicht dem Begriff subsumiert werden. Bei b) handelt es sich um die traditionelle liberale Erziehung, die der Begriff ebenfalls nicht voll abdeckt. Ohne pädagogische Autorität inhaltlich näher zu bestimmen, kann man schon jetzt sagen, daß »autoritäre« Erziehung von allen aufgeschlossenen Erziehern abgelehnt wird, während diese sehr wohl die Notwendigkeit »autoritativer«, d. h. »nicht-autoritärer«, Einwirkung erkennen.

Wie unzureichend selbst Erziehungswissenschaftler die Probleme pädagogischer Autorität reflektieren, zeigt die, entsprechende Vorgänge der jüngeren Erziehungsgeschichte ignorierende, Behauptung Gamms[57], »die wesentlich von Studenten ... entdeckten neuen Formen der Kindererziehung« bezeichneten »eine kopernikanische Wende der pädagogischen Praxis« und forderten eine »neue kritische Theorie«. Das Modell sei noch so neu, daß die Öffentlichkeit davon schockiert sei; denn hier werde »ein mittelalterlich orientiertes Menschenbild durch ein revolutionär-neuzeitliches abgelöst«. Und: »Die Verzichtmöglichkeit auf Autorität in der Erziehung ist eine zentrale pädagogische Entdeckung unserer Zeit.« Das Experiment der Kinderläden habe unsere gesamte gesellschaftliche und pädagogische Autoritätsauffassung als antiquierte Ideologie ausgewiesen und zwinge uns zu pädagogischem Umdenken. Dieser euphorisch anmutenden Überzeugung wäre entgegenzuhalten, daß 1. Johannes Gläser[58] bereits 1921 die »kopernikanische Umwälzung, ... Auf-den-Kopf-Stellung der Anschauungen vom Kinde und seiner Erziehung« verkündet hatte; 2. fast sämtliche Kinder- und Schülerladenexperimente der Gegenwart von ihren Initiatoren ausdrücklich als gescheitert — nicht nur in politischer, sondern auch in pädagogischer Hinsicht —, betrachtet worden sind; 3. der Autor seine eigene ideologische Befangenheit offenbar nicht bemerkt.

Zu solchen einseitigen Aussagen und Fehlinterpretationen kommt es immer dann, wenn Verfechter der antiautoritären Erziehung (in dem nunmehr präziser definierten Sinne) die ihr immanente mehrschichtige Dialektik nicht beachten, deren verschiedenen Aspekte im folgenden darzulegen sind:

1. Im Bereich der Erziehung kommt grundlegende Bedeutung dem dialektischen Verhältnis von Wachsenlassen (Rousseaus »negative« Erziehung) und Führen zu, welches dem von Freiheit und Bindung — in der Diktion der antiautori-

tären Erziehung: dem von Selbstregulierung (Basis der Produktivkräfte) und Fremdregulierung (ideologischer Überbau) —, entspricht.

Dieses erzieherische Grundverhältnis schließt ein die Dialektik von
a) Willkür und Gehorsam
b) Autorität der Sache und Autorität der Person
c) Lernen und Lehren
d) Lustprinzip und Leistungsprinzip
e) Individuum und Gesellschaft (Gemeinschaft, Gruppe).

2. Die Dialektik im historischen Prozeß: das Umschlagen des erzieherischen Verhältnisses von einem Extrem in das andere, das im Ablauf der Geschichte immer wieder zu beobachten ist, beispielsweise in der Reformpädagogik nach 1900, in der autoritären Phase während des Dritten Reiches, in der darauf folgenden Reaktion durch die antiautoritäre Bewegung sowie die im Augenblick sich vollziehende Wandlung vom antiautoritären Protest zur autoritätsbewußten Strategie einer politischen Avantgarde.

3. Der ambivalente Charakter autoritärer wie auch antiautoritärer Erziehung impliziert prinzipiell die Möglichkeit des Umschlagens in ihr Gegenteil, d. h. sowohl des Freisetzens als auch der Abhängigkeit bzw. Unterdrückung des Kindes. Konkret: Streng autoritäre Führung kann antiautoritäre Auflehnung, Verweigerung provozieren; konsequent antiautoritäre Erziehung kann die Abhängigkeit von der eigenen Subjektivität und Triebhaftigkeit fördern oder den Übergang in politische Unfreiheit vorbereiten.

4. Antiautoritäre Erziehung im Sinne einer »Aufhebung nichtlegitimierter und irrationaler Herrschaft und Autorität im Erziehungsprozeß« [59] deckt das dialektische Verhältnis von Herrschaft und Erziehung, d. h. von primär gesellschaftspolitischer und primär pädagogischer Autorität auf.

Das Nichtbeachten der hier aufgezeigten Dialektik, die dogmatische Fixierung entweder auf die These oder die Antithese, beschwört die Gefahr des Scheiterns jeglicher Erziehungsbemühung herauf. Ihr Weg würde entweder ins Chaos oder in Richtung auf die autoritäre Persönlichkeit der Psychoanalyse führen. Der Mensch, als das weltoffene, nicht festgelegte Wesen, würde in jedem Falle gründlich verfehlt. Anthropologische und politische Utopien — und welche Pädagogik wäre ihres künftige Wirklichkeit antizipierenden, also utopischen Charakters völlig entkleidet? —, können zu Leitbildern auf pädagogisch legitimierte und humanere Erscheinungsformen erzieher Autorität hin werden. Wird jedoch die Utopie für bare Realität genommen, mit anderen Worten: werden Basis und Überbau miteinander verwechselt, ist eine Fehlentwicklung nicht auszuschließen, wie überhaupt in jedem Falle falscher oder einseitiger und obendrein noch absolut gesetzter Interpretation anthropologischer Fakten. Profilierte politische Theorien, wie etwa die neomarxistische, neigen dazu, das Kind bzw. den Menschen zu übersehen, unbeschadet ihres nachweisbar humanen Ausgangspunktes. Nicht selten betreiben sie eine »Pädagogik ohne Kinder«. Sehr treffend bemerkt Rosemarie Bonnekamp[60]: »Kinder, kommt uns nicht in die Quere, wenn wir die Revolution vorbereiten!« Bei Beutler[61] findet man den Hinweis, daß in den Kommunen die Kindererziehung vernachlässigt werde, weil die Erwachsenen mit ihren eigenen Problemen und Diskussionen zu sehr in Anspruch genommen seien. Auch an anderen Stellen[62] kann man nachlesen, wie in Kommunen und Kinderläden der Vergangenheit und Gegenwart infolge interner, struktureller Schwierigkeiten die hochgesteckten Erziehungsziele nicht nur nicht erreicht, sondern zuweilen auch verfehlt wurden, so daß sich die Kinder beim Eintritt in andere gesellschaftliche Gruppierungen unfrei oder gar kommunikationsunfähig zeigten. Das System scheint oft höher bewertet zu werden als das Kind.

Man überbetont die »objektiven« Tendenzen und Ziele, das Kollektiv, den Klassenkampf, die Zukunftsgesellschaft, und betreibt auf diesem Wege eine Entpersonalisierung, die sich in der Trennung von subjektivem und objektivem Verhalten, entsprechend Basis und Überbau oder Ich und Über-Ich, niederschlägt. Mit sanfter (antiautoritärer) Gewalt soll das Kind zu seinem eigenen Glück gezwungen werden, wenn es dieses nicht von sich aus erkennt. Gewiß hat Herbert Schack[63] nicht ganz Unrecht, wenn er meint: »Der Marxismus gemeinhin entwertet die Gegenwart zugunsten der Zukunft, die Person zugunsten der Gesellschaft, die Selbstverantwortung zugunsten der Gemeinverantwortung.« Den Gegnern wirft man falsches Bewußtsein, eben Ideologie, vor. Sie werden somit als Repräsentanten des herrschenden repressiven Systems eingestuft und als solche — nicht als Individuen —, auch behandelt. Im Sinne dieser undialektischen Schwarz-Weiß-Malerei denunziert man den Lehrer als Agenten der Leistungsgesellschaft, der den Leistungsdruck — gewollt oder ungewollt — weitergibt[64]. Von der Position des absolut richtigen Bewußtseins wird die Veränderung des Bewußtseins anderer in einer vorgegebenen Richtung angestrebt, während man die eigene Grundposition nicht in Frage stellt oder stellen kann. Wir haben es hier mit einer jeglicher Erziehung abträglichen Eindimensionalität, einer Kanalisierung des Denkens an Stelle der Pluralität von Positionen zu tun. Daß die meisten Vertreter der »Neuen Linken« ihre Klassenkampftheorie nicht mehr an der Armut und Unterdrückung des Proletariats, sondern am Überfluß einer Wohlstandsgesellschaft orientieren, deren bürgerlichen Schichten sie in der Regel entstammen, ist von Jürgen Habermas und anderen wiederholt bloßgelegt worden[65].

Die vorgetragene Kritik richtet sich ausschließlich gegen den extremen Ansatz einer antiautoritären Erziehung im engeren Sinne, stellt also die Grundintention einer Erziehung ohne Zwang und Gewalt oder, besser ausgedrückt, nichtautoritären Erziehung keineswegs in Frage. Der Kern dieses Ansatzes muß gegen alle Extreme (um im Jargon zu bleiben) von »links« und »rechts« verteidigt und über den Augenblick hinaus gerettet werden. Unabhängig von den unterschiedlichen politischen Interpretation liegt hier ein legitimes Bedürfnis demokratischer Erziehung vor. Wie dürfen die Tatsache nicht verschleiern, daß die modernen Industrie- und Dienstleistungsgesellschaften in West und Ost primär auf Leistung ausgerichtet sind und den Spielraum für produktive geistige Tätigkeit immer weiter einengen. Die Tendenz macht sich auch in Schulen und Hochschulen bemerkbar, so daß die Proteste sensibler und intelligenter Jugendlicher durchaus verständlich sind. Es sei hier nur auf die weit verbreitete Angst und Unsicherheit etlicher Schüler gegenüber den Anforderungen der Schule hingewiesen [66]. Als negative Folgen unangemessener Erziehungsstile seien hier erwähnt: der Rückzug vieler Lehrer auf reine Wissensvermittlung, die technokratisch anmutenden Leistungskontrollen, die Abnahme von Leistung und Vertrauen, welche einhergeht mit der Unpersönlichkeit des Verhältnisses zwischen Lehrern und Schülern; denn das Gesamtverhalten des Lehrers als Mitmensch ist schließlich doch ausschlaggebend für den Erfolg von Erziehung und Unterricht [67]. Auch ist die These nicht von der Hand zu weisen, nach welcher viele Schüler in der Erziehung — auch innerhalb der Schule —, nach einer Vaterfigur suchen und bei deren Fehlen oder Versagen nach einem Ersatz, meist in Form von fragwürdigen Idolen, auch solchen politischer Art, verlangen. M. J. Langeveld [68] vertritt die Meinung, daß die Zeit der Väter wieder anbreche. Jedes Kind sollte einmal einer Grenze, einem Nein, begegnen. Da es nicht Kind bleiben solle, müsse es sich von seinen Eltern lösen, wobei es sich häufig andere Idole wähle. Der Vater habe dann die Aufgabe, diese in den rechten Proportionen sehen zu lehren und zu relativieren; denn das Wort des »Vaters«, der nach Gamm [69] nicht unbedingt der leibliche Vater sein muß, sondern jemand, der die Verantwortung für die Erziehung dieses Kindes wahrnimmt, wirke auch heute noch immer. Die väterliche Autorität stehe dem Selbstwerden durchaus nicht im Wege. Die Entwicklung des Kindes von der Abhängigkeit zur persönlichen (relativen) Autonomie, die freie Wahl von Leitbildern und die Identifikation mit ihnen, die Möglichkeit des Widerspruchs zum Erwachsenen, das Begehen eigener Wege auch im Denken sowie der mit dem Alter wachsende Einfluß von Gleichaltrigen vermag diese These wissenschaftlich zu stützen. Langeveld spricht vom »losidentifizieren«, David Ausubel von der Jugendgruppe als einem »Bollwerk gegen die Autorität«, welche die Emanzipation von der Herrschaft der Erwachsenen und ihrer Institutionen begünstige. Auch ist zu belegen, daß Verhaltensschwierigkeiten im Schulalter oft bei Kindern aus gestörten und unvollständigen Familien auftreten. Das Fehlen gefühlsmäßiger Bindungen kann in Verachtung und Haß gegen die Erzieher, die gesellschaftlichen Autoritäten und Ordnungen umschlagen. Als Ursache werden mangelndes Selbstwertgefühl und Selbstvertrauen auf seiten der Schüler genannt [70]. Aufschlußreich in diesem Zusammenhang ist ein Interview mit Max Horkheimer [71], welcher die positive Rolle des Vaters als Vorbild für das Kind herausstellt und die altbekannte Wahrheit wiederholt, daß die erziehende Wirkung im Hinblick auf das Gewissen nicht nur vom Wort, sondern gerade auch vom Tun, von der Haltung des Vaters ausgehe.

VI.

Ohne hier näher auf weitere, gewiß nicht unwichtige Einzelheiten einzugehen, sei ein Resumé gewagt:

1. Erziehung ohne irgendeine Form der Autorität wäre unmöglich, bliebe bloße Utopie.
2. Aufgabe der Erziehung ist weder primär die Erhaltung der bestehenden gesellschaftlichen Machtverhältnisse im Sinne einer blinden Anpassung noch die Sprengung des sozialen Systems durch revolutionäre Akte.
3. Erziehende Autorität zielt stets auf Mündigkeit, setzt also Vernunft frei, ermöglicht Denken, Urteilen, Werten und hierauf beruhendes Handeln. Sie ist eine Bedingung der Erziehung zur Freiheit, zum Gewissen, zur Menschlichkeit.
4. Auf der Grundlage der Vernunft stellt erzieherische Autorität das Medium einer Erziehung zur kritischen, d. h. distanzierten, unterscheidenden und begründeten Auseinandersetzung mit der Umwelt, also auch mit deren Autoritäten, dar und könnte somit zur Transzendierung der vorfindbaren unbefriedigenden Verhältnisse beitragen.
5. Pädagogische Autorität ist daher immer auf Emanzipation des Menschen bedacht, die zugleich vor anthropologisch unzureichend fundierten Heilslehren und Ideologien bewahrt.

Bevor wir nunmehr den pädagogischen Fortschritt im Hinblick auf unser Thema befragen, müßte Einigung darüber erzielt werden, was unter »Fortschritt« überhaupt zu verstehen ist. Dem sorgsam abwägenden Wissenschaftler ist die Feststellung nicht fremd, daß es den geforderten Konsensus gar nicht gibt, es sei denn, man glaubt sich im Besitz absoluter Maßstäbe. Was dem einen als Fortschritt erscheint, kann dem anderen Rückschritt bedeuten, so daß letztlich nur das wertneutrale Faktum einer geistige oder materielle Veränderung bewirkenden Bewegung in dieser oder jener Richtung übrig bleibt, die heute vielfach »als Fatalität und als ständige Flucht nach vorn« empfunden wird. Um eine uferlose Diskussion zu vermeiden, schließen wir uns der Definition und Interpretation des Fortschrittsbegriffs an, wie wir sie bei Herbert Lüthy [72] finden: »Ziel aller Forschritte der Wissenschaft ist die Beherrschung der Materie; Ziel der Zivilisation ist die sinnvolle Ordnung des menschlichen Zusammenlebens. Wenn wir diese beiden Ziele verwechseln, wie es der moderne, rein wissenschaftliche Fortschrittsbegriff tut, dann wird die Gesellschaft selbst zur technisch beherrschbaren Materie — beherrschbar für wen und wozu?« Diese technisch-wissenschaftliche Zivilisation hat nur dann eine Chance, »wirklich zur für Menschen bewohnbaren und moralisch verbindlichen Zivilisation zu werden, wenn ihr der entscheidende Fortschritt gelingt, den technischen Fortschritt selbst zu bändigen und dem menschlichen Leben noch einmal jenes Mindestmaß an Besinnung, Kontinuität und fester Norm zu geben, ohne das keine Zivilisation zu entstehen und zu bestehen vermag«. Diese sehr allgemeine Bestimmung zilili-satorischen Fortschritts impliziert wiederum mannigfache politische und pädago-gische Zielvorstellungen, angefangen bei der optimalen erzieherischen Förde-rung des gegebenen Menschen und der Verbesserung seiner Lebensbedingungen in der bestehenden Gesellschaft durch eine realistische Pädagogik bis hin zum utopischen Anspruch etwa des sowjetischen Marxismus, »den mißlungenen Schöpfungsversuch Mensch zur Vollendung zu führen«, d. h. »einen Übermen-schen zu schaffen«, der in einer weltanschaulich einheitlichen Gesellschaft von Künstlern und Gelehrten lebt, welche das völlige Absterben des Staates zur Folge haben würde[73].

Im Hinblick sowohl auf die realistischen als auch die illusionistischen Erwar-tungen hat sich die antiautoritäre Erziehung in ihrer gegenwärtigen Ausprägung noch nicht als Fortschritt ausgewiesen, sondern lediglich als solchen propagiert. Bis heute ist — auch nach Meinung einiger ihrer Initiatoren —, keines der be-kannt gewordenen Experimente als gelungen zu betrachten, zumal wissenschaft-liche Begleituntersuchungen weithin fehlen. Die angebotenen Modelle kommen kaum über die älteren Ansätze der liberalen Pädagogik hinaus; sie bleiben in-folge der ideologischen Fixierung eher hinter jenen zurück. Ebensowenig haben sie neue, revolutionierende Einsichten zur Frage der erzieherischen Autorität bei-tragen können. Das gilt auch für die von Hartmut von Hentig[74] vorgestellten möglichen Alternativen zur derzeitigen Schule, bei denen es sich zum Teil um »Ladenhüter« der Reformpädagogik handelt. Die kopernikanische Wende in der Erziehung hat leider noch nicht stattgefunden. Es ist wieder einmal an der Zeit, Abschied zu nehmen von allen extremen Positionen, deren manchmal ver-hängnisvollen Folgen sich in der Geschichte der Erziehung von Athen bis zu den Hamburger Lebensgemeinschaftsschulen, von Sparta bis zum Dritten Reich, von den frühsowjetischen Kommunen bis zur Stalin-Ära und von den antiautori-tären Kinderläden zur autoritären politischen Strategie widerspiegeln. Erst das stete Bemühen um eine Synthese antithetischer Positionen und das Aushalten der Spannung zwischen diesen, zumindest das Wissen um die Mehrdimensionalität des erzieherischen Verhältnisses, vermögen einen in die Zunkunft gerichteten dialektischen Prozeß pädagogischen Denkens und Handelns in Gang zu setzen, der sich als Fortschritt erweisen könnte, sofern er als Resultat neue, bessere Stil-formen pädagogischer und gesellschaftlicher Autorität und in deren Gefolge einen höheren Grad humanen und sozio-kulturellen Bewußtseins, mehr Freiheit und Verantwortung sowie die Beseitigung unzulänglicher wie unzumutbarer gesellschaftlicher Zustände zeitigen würde. An dieser Stelle stoßen wir auf eine scheinbare Paradoxie. Erziehungsreform hat einerseits Ertüchtigung für künfti-ges Handeln in der bestehenden Gesellschaft sicherzustellen, andererseits aber die Heranwachsenden zur Gesellschaftskritik fähig zu machen. Das heißt nichts an-deres, als daß die Gesellschaft von vornherein bereit sein muß, sich durch die Organisation ihres Erziehungswesens von den Erziehern wie von den zu Erziehenden partiell oder total selber in Frage stellen und Veränderungen gefallen zu lassen. Diese spezifische Stärke jeder liberalen demokratischen Ordnung wird von ihren Feinden als Schwäche und mithin als Ansatzpunkt für systemsprengende Experimente betrachtet. Antiautoritäre Erziehung ist eben nur auf dem Boden einer solchen möglich und wird mit der Unterstellung, jene sei repressiv-autoritär, ausgerechnet von autoritär eingestellten Minoritäten als ein wichtiges Mittel der Subversion eingesetzt.

Zahlreiche Erzieher sind verunsichert, weil sie die hier waltende Dialektik nicht erkennen und glauben, antiautoritäre Erziehung sei die zeitgemäße Alternative zur autoritären. Wie bereits ausgeführt, ist diese Alternative falsch. Vielmehr gilt es, zwischen einer *pädagogisch nicht legitimierten* (angemaßten, primär politischen, dogmatisch-einseitigen) *Autorität* als Instrument zur Erreichung eines außerhalb der Erziehung liegenden Zweckes einerseits und einer *pädagogisch legitimierten Autorität* als Parteinahme für das Kind und sein künftiges Leben andererseits eindeutig zu entscheiden. Wer die politisch pervertierte Autorität wählt, wird vergeblich der Einlösung des Wechsels auf eine neue Gesellschaft mit einem neuen Menschen harren, für die es kein Vorbild gibt[75]. Die Wechselwirkung von Gesellschaft und Erziehung wird derzeit von niemandem mehr bestritten. Da eine Gesellschaft ohne Herrschaft unbekannt ist, es eine solche kaum jemals geben wird, vollzieht sich Erziehung auch nicht im völlig herrschaftsfreien Raum. Schule muß als Funktion der jeweiligen Gesellschaft betrachtet werden, aber sie ist, jedenfalls in der Demokratie, nicht deren willfähriges Werkzeug zwecks »Produktion von Untertanen«. Das Abschirmen des Kindes gegen unangemessene Herrschaftsansprüche zählt zu ihren vornehmsten Aufgaben. Gleichzeitig ist aber vor der Utopie zu warnen, Erziehung könne eine neue Gesellschaft hervorbringen.

Es möge deutlich geworden sein, daß antiautoritäre Erziehung im modernen Sinne nicht zwangsläufig in Klassenkampf und Diktatur einmünden muß, sondern durchaus eine Wandlung zur pädagogisch legitimierten *nicht*-autoritären, d. h. autoritativen und zugleich repressions- und angstfreien Erziehung erfahren kann. Wilhelm Reich[76] hat im Alter seinen früheren Irrtum korrigiert und festgestellt, daß freiheitliche und autoritäre Gesinnung nichts mit den scharfen ökonomischen Klassengrenzen zu tun habe, also auch nicht Gegenstand von Klassenkämpfen sein könne. Erst der Mißbrauch liberaler Erziehungsstile seitens politisch radikaler Gruppen bewirkt ihrer Pervertierung, die schließlich zur Entmündigung des jungen Menschen führt. Ein Beispiel hierfür bietet die Übernahme von Formen und Ideen der Jugendbewegung durch die Jugendorganisation des Nationalsozialismus, wodurch jene ihrer ursprünglichen Bedeutung beraubt wurden[77].

Es ist gewiß kein Zufall, daß neuerdings der Begriff »antiautoritär« abgelöst wird durch den Terminus »emanzipatorisch«. Demgemäß heißt die neue Alternative: emanzipatorische Erziehung — anti-emanzipatorische Erziehung. Dieser neue Slogan deutet die konsequente Weiterentwicklung des antiautoritären Konzeptes an, sofern der Klassenkampfcharakter klarer als früher hervortritt. Jegliche pädagogische Intention wird zugunsten der politischen aufgegeben: »Emanzipatorische Erziehung ist kein pädagogischer Grundbegriff, sondern die sozialwissenschaftlich fundierte Theorie und Praxis des politischen Kampfes ... Die ›Pädagogen‹ haben die Pädagogik nur verschieden interpretiert, es kommt darauf an, sie abzuschaffen«[78]. Diese Worte wollen das Ende der liberalen, nichtautoritären Erziehung und den Beginn einer neuen Epoche der Kinderzucht verkünden, in welcher pädagogische Phänomene, wie Vertrauen, Fairness, rationale Konfliktlösung usf. keinen Platz mehr beanspruchen dürfen[79]. Die hier sich manifestierende elitäre, anti-pädagogische Anmaßung stellt gewiß noch keine unmittelbare Bedrohung der freiheitlichen Demokratie dar; sie ist aber schon am Werk, Schulen und Hochschulen, die politisch schwächsten Stellen unserer Gesellschaft, zu lähmen oder gar zu zerstören[80]. Um den hier aufgezeigten Gefahren zu begegnen, ist jeder Lehrer und Erzieher aufgerufen, neben der pädagogischen auch eine politische Entscheidung zu treffen, nämlich, wie Max Horkheimer[81] es ausdrückt, für »die fragwürdige Demokratie«, die bei allen Mängeln immer noch besser sei »als die Diktatur, die ein Umsturz heute bewirken müßte«. »Die sogenannte freie Welt an ihrem eigenen Begriff zu messen, kritisch zu ihr sich zu verhalten und dennoch zu ihren Ideen zu stehen, sie gegen Faschismus Hitlerscher, Stalinscher oder anderer Varianz zu verteidigen.« Angesichts der wachsenden »pädagogischen« Indoktrination in Richtung auf Intoleranz und Haß gegenüber Andersdenkenden kommt der von Theodor W. Adorno[82] geforderten »Entbarbarisierung« der Erziehung leider wieder eine höchst aktuelle Bedeutung zu.

So ergibt sich für Erzieher aller Kategorien die Paradoxie, den Gedanken einer nicht-autoritären Erziehung verteidigen zu müssen gegen ihre angeblich antiautoritären Gegner, welche in sehr autoritärer Manier Kinder zu Revolutionären abzurichten versuchen im Dienste der Utopie einer »neuen, herrschaftsfreien Gesellschaft« als Voraussetzung der »Erziehung zum neuen Menschen«, die — wie die Geschichte zeigt —, meistens in der Unterdrückung des Menschen endet.

Schließen wir diese Betrachtung ab: Pädagogischer Fortschritt wird nicht durch Veränderung der äußeren erzieherischen Bedingungen allein zu erreichen sein, sondern ebenso sehr durch Rückbesinnung auf bewährte pädagogische Erfahrungen und Erkenntnisse. Er wird sich primär im Bewußtsein der Problemlage vollziehen, welchem nicht unbedingt ein Fortschritt im Sein entsprechen muß, diesen allerdings vorbereiten und fördern kann.

Anmerkungen

[1] S. Bernfeld, Antiautoritäre Erziehung und Psychoanalyse, 3. Aufl. Frankfurt 1970;
A. S. Neill, Theorie und Praxis der antiautoritären Erziehung, 6. Aufl. Reinbek 1970;

B. Segefjord, Summerhill-Tagebuch. Erfahrungen mit Neills antiautoritärer Erziehung, München 1971; H. R. Kohl, Antiautoritärer Unterricht in der Schule von heute, Reinbek 1971. Vgl. auch Johannes Classen, Bibliographie zur antiautoritären Erziehung, Heidelberg 1971

[2] Vgl. Israel Scheffler, Die Sprache der Erziehung, Düsseldorf 1971, S. 55 ff.

[3] Hella Mallet, Wir praktizieren den Bildungsnotstand. In: Hamburger Lehrerzeitung (HLZ), Nr. 12/1969, S. 464 ff.

[4] HLZ, Nr. 1/1970, S. 29

[5] Karl Schwalbe, Kunde aus Schweden. In: Allgemeine Deutsche Lehrerzeitung (ADLZ), Nr. 8/1971; Lärartidningen — Svensk Skoltidning, N. 19 u. 20/1971; Günter Brinkmann, Unterrichtsdifferenzierung in der schwedischen Grundschuloberstufe. In: Gesamtschule, Heft 4/1971, S. 28 ff.; Bernhard Kulich, Bildung und Gleichheit. In: HLZ, Nr. 17/1971, S. 624 ff.

[6] Vgl. Jean Améry, Vom kommenden Ende der Autorität. In: Autorität — was ist das heute? München 1965, S. 166

[7] Platon, Der Staat, VIII. Buch, Kap. 14/15. Hans Wenke stellte mir freundlicherweise seine eigene Übersetzung der zitierten Stellen zur Verfügung

[8] Th. Dietrich, Antiautoritäre Erziehung — ein Widerspruch in sich? —! In: Lebendige Schule, Heft 3/1971, S 87 ff.

[9] Jugend und Zeitgeist, Reinbek 1962, S. 18 f., 24 f., 211 ff.

[10] Vgl. die zusammenfassenden Darstellungen bei Kurz Beutler, Was heißt »antiautoritäre Erziehung«? In: Westermanns Pädagogische Beiträge (WPB), Heft 7/1970, S. 325—336; Th. Dietrich, a. a. O. S. 87—93; Willy Rehm, Die psychoanalytische Erziehungslehre, München 1968, S. 135 ff.; Heinrich Schulz, Die Schulreform der Sozialdemokratie, Dresden 1911, S. 173—177, 209—219, 259—263, 247 ff.; Michael Vester, Die Frühsozialisten, Reinbek 1970, S. 177 ff., 236 f.; Dieter Dehm (Hg.), Schulreport, 2. Aufl. München 1971, S. 149 f.; 150 Jahre Gesellschaft der Freunde des vaterländischen Schul- und Erziehungswesens, Hamburg 1955, S. 58 f.

[11] Grundgedanken der Montessori-Pädagogik, hg. v. Paul Oswald/Günter Schulz-Benesch, Freiburg 1967, S. 11

[12] Marx/Engels, Manifest der kommunistischen Partei. In: Marx/Engels, Studienausgabe, Band III, hg. v. Iring Fetscher, Frankfurt 1966, S. 73 f.; Hans-Jürgen Haug/Hubert Maessen, Was wollen die Schüler, 3. Aufl. Frankfurt 1970, S. 160

[13] Ellen Key, Das Jahrhundert des Kindes, 15. Aufl. Berlin 1911, S. 102 f., 108, 134

[14] M. Vester, A. a. O. S. 180

[15] A. a. O. S. 119 ff., 281 ff.

[16] W. Flitner, Theorie des pädagogischen Wegs und der Methode, Weinheim o. J. S. 63 f.

[17] W. Flitner/G. Kudritzki, Die deutsche Reformpädagogik, Band II, Düsseldorf u. München 1962, S. 92 ff.

[18] Ebenda, S. 104 ff.

[19] Hartwig Fiege, Geschichte der hamburgischen Volksschule, Bad Heilbrunn u. Hamburg 1970, S. 99 f.

[20] Fritz Aevermann, Anarchie oder soziale Bindung. In: Dieter Hoof, Die Schulpraxis der Pädagogischen Bewegung des 20. Jahrhunderts, Bad Heilbrunn 1969, S. 73; Wilhelm Lamszus, Aufbruch im Chaos. Ebenda, S. 54 ff.; Siegfried Bernfeld, Kinderheim Baumgarten. Ebenda, S. 87 f.; Derselbe in: Gertrud Herrmann (Hg.), Die

sozialpädagogische Bewegung der zwanziger Jahre, Weinheim 1956, S. 53 ff.; Heinrich Landahl, Die Schulstrafen in der Hamburger Lichtwarkschule. In: Das Strafproblem in Beispielen, hg. v. Albert Reble, Bad Heilbrunn 1965, S. 33 ff.; Johannes Gläser, Vom Kinde aus. In: Die Pädagogik vom Kinde aus, hg. v. Theo Gläss, Weinheim o. J. S. 80

[21] Aevermann, A. a. O. S. 73; Kurt Zeidler, Unsere Kurse, in: D. Hoof, A. a. O. S. 62 f.

[22] Ebenda, S. 56

[23] Ebenda, S. 61 ff.

[24] Jena 1926, S. 57

[25] Fiege, A a. O. S. 102, 104 f.

[26] Vgl. Hildegard Milberg, Schulpolitik in der pluralistischen Gesellschaft. Die politischen und sozialen Aspekte der Schulreform in Hamburg 1890—1935, Hamburg 1970, S. 351 f.; vgl. hierzu die Rezension von Dirk Hagener, Reformpädagogik und Schulpolitik. In: WPB, Heft 2/1971, S. 88 ff.; Karl Bungardt, Die Odyssee der Lehrerschaft. 2. Aufl. Hannover 1965, S. 99, zitiert Conzes Charakteristik der Weimarer Verfassung als »sozialistisch-bürgerlich-liberaler und konfessionell-konservativer« Kompromiß, der eine Parallele in den Verfassungen der deutschen Länder nach 1945 gefunden habe

[27] Milberg, A a. O. S. 270 ff., 308 ff.

[28] H. Fiege, A. a. O. S. 104; HLZ, Nr. 13/1971, S. 475 ff.; Nr. 15/1971, S. 546 ff.; Nr. 17/1971, S 629 ff.; ADLZ, Nr. 9/1971, S. 16; Nr. 11/1971, S. 14 f.

[29] Das Leben Friedrich Hölderlins, 2. Aufl. Darmstadt 1963, S. 54

[30] F. Mager/U. Spinnarke, Was wollen die Studenten, 2. Aufl. Frankfurt 1068, S. 70 ff. u. a. René Ahlberg, Die politische Konzeption des Sozialistischen Deutschen Studentenbundes, Bonn 1968, S. 3 ff., 6 ff.

[31] R. Ahlberg, A. a. O. S. 6 f.; Dieter Dehm, Schülerrevolte und Reformismus. In: Schulreport, S. 61 ff.; H. J. Haug/H. Maessen, A. a. O. S. 17—36

[32] Vgl. Jürgen Habermas, Protestbewegung und Hochschulreform, 2. Aufl. Frankfurt 1969, S. 9 ff.; Manfred Liebel/Franz Wellendorf, Schülerselbstbefreiung, 3. Aufl. Frankfurt 1970, S. 92 ff., 113 ff.

[33] Loccumer Protokolle, Nr. 20/1968, S. 111 f.

[34] Günter Amendt, Kinderkreuzzug, 4. Aufl. Reinbek 1970, S. 16 f.

[35] Die Belege finden sich bei G. Amendt, A. a. O. S. 37 ff., 70 ff.; Haug/Maessen, A. a. O. S. 32—51, 69 f., 119—160; Hans-Jochen Gamm, Kritische Schule, 4. Aufl. München 1970, S. 78 f.; C. Wolfgang Müller, Die Stellung des Schülers an unseren Schulen. In: WPB, Heft 10/1968, S. 515—521; W. Perschel, Die demokratische Schule im Recht. In: betrifft erziehung, Heft 5/1969; Visuelle Kommunikation. In: Ästhetik und Kommunikation. Beiträge zur politischen Erziehung, Heft 1/1970, S. 21

[36] W. Flitner/G. Kudritzki, A. a. O. Band I, S. 14 f.

[37] Habermas, A. a. O. S. 23

[38] Helmut Kuhn, Rebellion gegen die Freiheit, Stuttgart 1968, S. 51 ff., 59; Richard Löwenthal, Der romantische Rückfall. Wege und Irrwege einer rückwärts gewandten Revolution, 2. Aufl. Stuttgart 1970, S. 36 f., 79 ff.

[39] Erziehung zum Ungehorsam. Kinderläden berichten aus der Praxis der antiautoritären Erziehung, hg. v. Gerhard Bott, 3. Aufl. Frankfurt 1970

[40] A. a. O. Heranzuziehen wäre auch die anschließende Diskussion in WPB, Nr. 11/1970, S. 600 ff.; Nr. 12/1970, S. 661 f.; Nr. 1/1971, S. 34 ff.

[41] Gamm, Kritische Schule, S. 37; Amendt, A. a. O. S. 14

[42] A. a. O. S. 9, 11 f., 100 ff., 20 ff.

[43] Ebenda, S. 59 ff.

[44] Mit dem Latein am Ende. Spiegel-Serie, Hamburg 1970, S. 39

[45] Pädagogische Aspekte der außerparlamentarischen Opposition. In: WPB, Heft 10/1968, S. 547

[46] Theorie und Praxis der antiautoritären Erziehung, 6. Aufl. Reinbek 1970, S. 26, 40, 42 f., 45, 92 f., 197 ff.; Derselbe, Das Prinzip Summerhill: Fragen und Antworten, Reinbek 1971, S. 131. Vgl. ferner: Bruno Bettelheim, in: Summerhill: pro und contra, 3. Aufl. Reinbek 1971, S. 85 ff.; Helmut Heiland, Emanzipation und Autorität, Bad Heilbrunn 1971, S. 39 ff.

[47] Mit dem Latein am Ende, A. a. O. S. 19

[48] Dokument bei Liebel/Wellendorf, A. a. O. S. 174

[49] Dokument bei Habermas, A. a. O. S. 264 ff.

[50] Bott, A. a. O. S. 62 ff.

[51] Autorenkollektiv am Psychologischen Institut der Freien Universität Berlin, 2. Aufl. Frankfurt 1971, S. 2, 7 ff., 271 ff., 280 f., 282—292, 326 f., 454 u. ö.

[52] Julien Benda (1928), zit. bei Fritz Stern, Kulturpessimismus als politische Gefahr, Bern/Stuttgart 1963, S. 6 f.

[53] Verfassungskampagne und Vorschaltgesetz. Eine Dokumentation des AStA der TU Braunschweig, April 1971, S. 3 f.; Verband Deutscher Studentenschaften: Hauptresolution und Aktionsprogramm, 21. 3. 1971, S. 1; Heinz-Joachim Heydorn, Ungleichheit für alle. In: Das Argument, Heft 5/6, 2. Aufl. 1970, S. 382 f.; Gernot Koneffke, Integration und Subversion. Zur Funktion des Bildungswesens in der spätkapitalistischen Gesellschaft, ebenda, S. 389 ff.; Rote Zelle Pädagogik/PHN, Abt. Braunschweig: Informationsblatt Nr. 8/1971, S. 3; Ebenda, Nr. 2/1971, S. 6 f.; Ebenda, Nr. 9/1971, S. 9 ff.; Arbeitspapier der RotZPäd./PHN, Abt. Braunschweig, vom 25. 4. 1971, S. 1; ADLZ, Ausgabe Niedersachsen, Nr. 4/1971, S. 8 u. ö. Horst W. Opaschowski, Jugendkundliche Gegenwartsprobleme, Bad Heilbrunn 1971, S. 72 f.

[54] HLZ, Nr. 18/1971, S. 650 ff.

[55] A. a. O.

[56] A. a. O. S. 19, 59, 71; Monika Seifert, Zur Theorie der antiautoritären Kindergärten. In: Erich E. Geißler, Autorität und Freiheit, 3. Aufl. Bad Heilbrunn 1970, S. 68 ff.

[57] A. a. O. S. 35 ff.

[58] A. a. O. S. 72

[59] Johannes Beck u. a., Erziehung in der Klassengemeinschaft, 2. Aufl. München 1971, S. 150

[60] Antiautoritäre Erziehung. In: Harry Hauke (Hg.), Aktuelle Erziehungsprobleme, Heidenheim 1971, S. 17

[61] WPB, Heft 7/1970, S. 333 ff.

[62] Wilhelm Reich, Die sexuelle Revolution, 5. Aufl. Frankfurt 1970, S. 278 ff.; Schüler-

laden Rote Freiheit, S. 324; Neues Pädagogisches Lexikon, hg. v. H. H. Groothoff/ M. Stallmann, 5. Aufl. Stuttgart 1971, Spalte 318. Auch der von Gerhard Bott hergestellte und am 10. 1.1972 im Ersten Programm der ARD ausgestrahlte Fernsehfilm »Terror aus dem Kinderladen?«, der sich mit der Fortsetzung der Kinderschule Eschersheimer Landstraße in Frankfurt (Bott, A. a. O. S. 45 ff.) im 1. Schuljahr der Grundschule Frankfurt-Rödelsheim befaßt, zeigt nicht mehr, als in Hamburg nach 1919 bereits praktiziert worden war. Für das Scheitern des Versuchs hinsichtlich der »autoritär« erzogenen Kinder wird, wie üblich, den Eltern die Schuld zugeschoben

⁶³ Marx, Mao, Neomarxismus, Frankfurt 1969, S. 217

⁶⁴ Johannes Beck/Lothar Schmidt, Schulreform oder Der sogenannte Fortschritt, Frankfurt 1970, S. 23

⁶⁵ Habermas, A. a. O. S. 15 f., 23, 7, 192 ff.; Bott, A. a. O. S. 104 f., 20, 103 ff.; H. Kuhn, A. a. O. S. 51 ff., 56 f., 60 f.

⁶⁶ Vgl. Helmut Heiland, Schüler und Lehrer, Ratingen 1971, S. 51 ff.; Heinrich Roth, Erziehung als Umgang mit der Angst. In: Revolution der Schule? Hannover 1969, S. 46—55

⁶⁷ Vgl. Hanspeter Müller, Lehrer ausbilden: Für oder gegen die Gesellschaft, Basel 1970, S. 21 ff.; H. Heiland, Schule und Lehrer, S. 61 ff.; David P. Ausubel, Das Jugendalter, München 1968, S. 456 ff.

⁶⁸ Einen Vater zu haben. In: Zeitschrift für Pädagogik, Heft 1/1963, S. 17 ff.; Derselbe, Die Beziehungen der Eltern zum Kind. In: Das Kind in unserer Zeit, Stuttgart 1958, S. 52

⁶⁹ Hans-Jochen Gamm, Anthropologische Untersuchungen zur Vater-Rolle, Essen 1965, S. 59 ff.

⁷⁰ Vgl. die Diskussion der hier angesprochenen Problematik bei Rolf Oerter, Moderne Entwicklungspsychologie, 5. Aufl. Donauwörth 1969, S. 270 ff.; D. Ausubel, A. a. O. S. 368 ff.; Reinhold Bergler, Kinder aus gestörten und unvollständigen Familien, 2. Aufl. Weinheim 1964, S. 32 ff.; Hans Stock, Väter und Söhne. In: Hermann Röhrs (Hg.), Die Disziplin, Frankfurt 1968, S. 255—270; Hans Heinz Holz, Idole und Manager. In: Autorität — was ist das heute, S. 47—61; Friedrich Heer, Die künstlichen Väter. In: FAZ, Nr. 123 vom 29. 5. 1971

⁷¹ Dialog über den Dialog. In: Briefe zur Völkerverständigung. Internationaler Arbeitskreis Sonnenberg, Nr. 5/1970, S. II

⁷² Geschichte und Forschritt. In: Das Problem des Fortschritts heute, hg. v. Rudolf W. Meyer, Darmstadt 1969, S. 25, 28. Vgl. ferner: Christian von Krockow, Fortschritt als Reform oder Revolution. In: Mainzer Universitätsgespräche. Wintersemester 1968/69, Mainz 1970, S. 18 ff.

⁷³ Peter Brang, Fortschrittsglauben in Rußland einst und jetzt. In: Das Problem des Fortschritts heute, S. 45 ff.

⁷⁴ Vgl. Cuernavaca oder: Alternativen zur Schule? Stuttgart 1971, S. 52 ff.

⁷⁵ Bott, A. a. O. S. 11

⁷⁶ Die sexuelle Revolution, 5. Aufl. 1970, S. 11 ff.

⁷⁷ Vgl. Walter Z. Laqueur, Die deutsche Jugendbewegung, Köln 1962, S. 212 ff.; Eduard Spranger, Fünf Jugendgenerationen 1900—1949. In: Gesammelte Schriften, Band 8, Tübingen 1970, S. 329—341

[78] Erziehung in der Klassengesellschaft, S. 149 ff.
[79] Vgl. den Aufsatz »Unterrichtspläne sind untauglich«. In: ADLZ, Ausgabe Niedersachsen, Nr. 24/1971, S. 3; Gamm, Kritische Schule, S. 39 f.
[80] Vgl. Richard Löwenthal, A. a. O. S. 86
[81] Traditionelle und kritische Theorie. Fischer-Bücherei, Frankfurt 1970, S 9 f.
[82] Erziehung zur Entbarbarisierung. In: Erziehung zur Mündigkeit, Frankfurt 1970, S. 126 ff.

DIETRICH ANSORGE

Der Lehrer im Labyrinth der Schule

Ist die Schule ein Labyrinth?
Natürlich nicht.
Die Schule ist eine Pavillonschule, sie liegt im Grünen, grünt im Grünen, sie ist heimelig; oder sie ist ein stattliches und fast immer ein staatliches Gebäude, mit Korridoren, Gängen, Treppen. Sie hat immer einen Ausgang und auch Notausgänge; einmal im Jahr probt man den Feueralarm: dann benutzt man alle Ausgänge auf einmal.
Nein, die Schule ist kein Labyrinth. Alle Ausgänge führen in die Freiheit: das weiß schon der Sextaner nach seinem ersten 6-Stunden-Tag.
Nein, die Schule ist kein Labyrinth.
Doch, die Schule ist ein Labyrinth — für den Lehrer.
Wieso?
Finden die Lehrer morgens nur noch mit Mühe — und wie die Schüler verspätet — das Eingangsportal? Leiden alle Lehrer am grauen Star? Ist die Linsentrübung eine Berufskrankheit, die sich mit zunehmender Höhe des Vormittags jeden Tag aufs neue bei ihnen einstellt? Finden sie mittags nicht mehr hinaus? Übernachten sie dort, weltabgeschieden, halten sie Konferenzen im Dauerton, bereiten sie den Weg in den Untergrund vor, sind sie katakombenlüstern und gräbensüchtig, bauen sie mäandergleich und biberzart am labyrinthischen System?
War es etwa nicht Dädalus, der dieses Irrgewinde ersann, um den stierköpfigen Minossohn, dieses Ungeheuer — oh Gleichnis, ach, ihr armen Lehrer —, dort eingesperrt zu halten?
Es gilt, den Mythos von einst, gültig bis heute, zu denunzieren.
Ich will mir Flügel aus Tintenfedern schneiden, mir meine Ariadne ersinnen, mir meinen Theseus und Ikaros herbeilocken und — mit ihnen vereint — den Minotauros, dieses Monstrum, am Stirnhaar ergreifen und über den Asphalt bis vor Ihre Füße zerren.
Es gilt zu denunzieren.
Nicht Dädalus hat das Labyrinth erbaut: Die Parteipolitiker, die Deputationen, die Kultusbeamten, die Links- und die Rechtsintellektuellen, die Gewerkschaften, die Handwerkskammern und die Industrievereine, die Hochschultheoretiker, die Statistiker und die Futurologen, die Lehrerkammern, die Elternkammern und die Schülerparlamente, die Kirchenkonferenzen und

die Bundeswehr — sie alle, und noch manche mehr, rückten aus und an, mit Spaten, Maßband und Elle, mit Pflock, Dränagerohr und Grundsteinhammer, mit Schirmen, Scheren und Schildern, um endlich dieses Schrebergelände »Deutsche Schule« zu kultivieren und zu sozialisieren: der kleine Michel sollte sich — emanzipieren.

Ich finde das gut und richtig. Es war nötig. Die ganze Vielfalt der An-, Auf- und Rücksichten innerhalb unserer pluralistischen Industriegesellschaft muß sich jedem in den Blick bringen dürfen, wenn es um so etwas Wichtiges geht, wie die Instandsetzung und Rädcheneinstellung der nächsten und der übernächsten und der heutigen Generation: Denn sie sollen nicht nur den Tag und ihre komplizierte Umwelt bestehen, sondern auch in die Lage versetzt werden, unsere Renten- und Pensionsansprüche aufbringen zu können.

Schon deshalb bin auch ich zur Mitarbeit bereit.

Da das große Werk alsbald gelingen soll, beginnen alle diese Leute zur gleichen Zeit zu arbeiten: Erde, Sand und Steine wirbeln durcheinander, Rodungsmaschinen dröhnen über Oase und Idylle, der Rüttler vermengt Mergel mit Löß, Brave und Minderbrave sieben Schwemmsand auf Humus, die rechte Hand entsalzt und die linke zugleich säuert den Boden: Es wächst heran zunächst ein blätterloses, dickfleischiges Nichts, noch keine Kulturpflanze, der Queller nur grünt auf diesem Land, das gefurcht dem Meer der Meinungen entsteigt. Damit aber ein Etwas entstehe, und sei es nur ein Labyrinth, muß sich die Gesellschaft entscheiden.

Es müssen Alternativen benannt, Kompromisse geschlossen, Widersprüche erkannt und Verantwortung übernommen werden. Nur so erhält man ein graphisches Gebilde, das man Bauplan nennen könnte. Man weiß das und verhält sich dementsprechend. Und nun baut man los. Und siehe da, aber das merken nur die, die darin wohnen müssen, es wird tatsächlich ein wunderschönes Labyrinth. Denn jeder dieser pluralistischen Planer sieht nur seinen Ausschnitt, beäugt den Teil der Schneckenwindung, den er mit seinem Perlmutt strahlend auslegen darf.

Was ich hier bloßstellen will, ist die Anonymität und das bloße Ausschnittsdenken der Gruppenfunktionäre, die sich zwar äußern dürfen und sollen, wie das Gesetz es befiehlt, die aber doch im Untergrund bleiben und ihre Forderungen und Ideen nicht eigentlich verantworten müssen. Alle, die sich heute aufgerufen und gedrängt fühlen, in, über und durch ihre »Gremien« ihre Stimme in das Pop-Konzert »Bildung« einzubringen, sie alle treiben ihre unterirdischen Gänge — Wühlmaus, Maulwurf, Kaninchen und Fuchs —, nicht wenige kommen nur für Stunden an die Oberfläche. So stellt der Lehrer, blickt er in seine Anweisungen, wie Woyzeck fest: »Es geht hinter mir, unter mir . . ., alles hohl da unten!« Und sein Vorgesetzter sagt schließlich milde wie Woyzecks Hauptmann: »Er sieht immer so verhetzt aus!«

Nun ja, warum wohl?

Gibt es überhaupt ein einheitliches Menschenbild, das man der heutigen Erziehung zugrunde legen könnte?[1] Haben die einzelnen Gruppen in der Gesellschaft nicht verschiedene Auffassungen von dem, was der Mensch ist, was er sein soll und was von ihm in der Zukunft verlangt werden muß? Sieht nicht jeder Gruppensprecher nur seinen speziellen Teilbereich, den er dann für das ganze ausgibt? Hat somit nicht auch jeder einzelne Lehrer bewußt-unbewußt seine eigene Vorstellung vom Menschen, nach der er ausbildet und erzieht? Gleicht dieses Bild nicht auffällig dem, das er von sich selbst hegt? Hat Hartmut von Hentig in seiner »aufgeklärten Subjektivität« mit seinen »Allgemeinen Lernzielen der Gesamtschule« eine vorerst gültige Summe gezogen? Ist »geplante Bildung« nicht ein Widerspruch in sich? Bedeutet nicht gerade sie Freiheitsverlust? Was heißt »Entfremdung« und »Emanzipation« im Hinblick auf den Menschen? Wie sieht der Mensch aus, wenn er ganz bei sich selbst ist? Was hat es auf sich mit dem Wissen von der Entelechie bei Aristoteles, Leibniz und Goethe: Personwerden durch vorgegebenes Personsein? Ist die Einsicht richtig, daß sich der Mensch als »weltloses Subjekt« in einer künstlichen Umwelt heute notwendigerweise selber planen muß? Ist Bildung und Erziehung also nicht mehr ein Prozeß der Individuation, sondern der Domestikation, nicht mehr der Formung, sondern der Formierung des Menschen innerhalb eines Zweck-Mittel-Systems? Man sagt, wir lebten im Zeitalter der Methodik und der Wissenschaft und der alles beherrschenden Planung — auf welches Ziel hin planen wir also? Läßt sich irgendwo ein Integrationspunkt erkennen?

Wer — ich frage Sie — wagt blauen Auges auf diese Fragen eine bündige Antwort zu geben?

Die Planer tun es, müssen es wohl tun, damit überhaupt etwas in Bewegung kommt; aber der nachdenkende Lehrer kann sich mit den einschlägigen Handreichungen nicht zufrieden geben; bei jeder Anweisung seiner vorgesetzten Behörde treibt ihn die Unruhe tiefer in das Labyrinth. Kommt es daher, weil er nicht genügend rechtwinklig ist an Leib und Seele und die Erinnerung ihn drückt, und weil er kein blanker, politischer Kopf ist, der Herrschaft und Paragraph zu loben weiß?

Und nun noch — gleich zu Beginn — ein vorletztes Geheimnis: Ursprünglich war, so erzählt Kerényi in seiner Mythologie der Griechen, »das Labyrinth kein Irrweg, sondern eine Spirale, durch die man auch zurückkehren konnte, wenn man den Mittelpunkt durchschritten hatte« (S. 262). Ich stehe unter Ihnen und will von diesem Weg berichten.

Zunächst: Ich bejahe die Veränderung und die Reform. Sie sind notwendig. Schule, ein Spiegelbild der Gesellschaft, ist niemals etwas Statisches. Wir müs-

---

[1] Vgl. zu den folgenden Fragen: Rudolf W. Meyer (Hrsgb.): Das Problem des Fortschritts — heute; Wissenschaftliche Buchgesellschaft, Darmstadt 1969

sen indianerhaft unseren Geist und unsere Phantasie gebrauchen, um so etwas Lebendiges und Vernünftiges, wie es Schule ja auch sein kann und von den Ehrenwerten unter den Planern auch gedacht wird, jeden Tag aufs neue zustande zu bringen. Wer Lehrer ist, wer eine Schule leitet, ja selbst noch der, der nicht unterrichtet, aber Lehrer »vor Ort« ausbildet, weiß davon. Er muß ständig, zugedeckt von Theorie und Modell, von Ansprüchen, Resolutionen, Flugblättern und Forderungen, von Konferenzbeschlüssen und Elterneinsprüchen, von Erlassen, Paragraphen und Verwaltungsanordnungen, lebendig als Person seinen Partnern antworten. Tut er es nicht, erstickt die Schule in der Reform, in der — wie sagt man doch? — »Frustration« von Lehrern und Schülern, sie explodiert in der Aggression gegen jedermann, der uns am Vormittag begegnet, sie versandet in der Resignation, in der Gleichgültigkeit.

Wer aber hat diese Spannkraft Tag für Tag?

Wie kann dem Mann, den man bisher Lehrer nannte, und der vielleicht, bedingt durch die Unsicherheit seiner neuen Rolle in der Gesellschaft, nur noch Stundengeber ist, geholfen werden?

Niemals zuvor in der Geschichte der Pädagogik sind wie in den letzten Jahren auf dem Bildungssektor in Bund, Ländern und Kommunen so viele Ausschüsse gebildet worden: Sie alle denken angestrengt über Menschenbildung nach, nehmen jeden Tag den Kaugummi dort wieder auf, wo sie ihn abends zuvor verschämt unter den Tisch geklebt haben, und — das ist das Fürchterliche, liegt aber in der Natur der Sache — sie produzieren Papiere, die in ständigem Gleichmaß unterschiedslos auf Schule und Lehrer herabregnen.

Darf man, soll man etwas dagegen sagen?

Nein. Denn ein unabweisbares Prinzip der demokratischen Gesellschaft ist ihre Transparenz. Sie ist offenbar um keinen anderen Preis zu haben. Nur: Ohne Verhaltenssicherheit kann auch der Lehrer nicht leben, und so sorgt sich jeder auf seine Weise um sie.

Der Lehrer steht, wohl mehr als andere Berufsausübende, in einer Fülle von Beziehungsfeldern. Er muß Beziehungsfäden knüpfen und aufnehmen können. Es ist nicht herabsetzend gemeint, wenn ich ihn mit einer Spinne vergleiche; denn Unterricht ist bisweilen nichts anderes, als aus feinen Drüsen Silberfäden zu zwirbeln, in denen sich das irrschweifende, vagabundierende Gedankengeflügel unserer Zöglinge, ohne daß sie es immer merken, verfängt. Diese Lehrerspinne ist nun aber nicht nur Fänger, sondern ihrerseits wiederum Gefangene in einem dichten Fadennetz: Kollegen, Lehrerkonferenz, Schulleitung, Schulapparat (Büro, Räumlichkeiten, technische Ausrüstung), Schulaufsicht, Schulgesetz, Dienstanweisung, Reformprogramm, Lehrplan, Lehrmethoden, Fachwissenschaft, Schüler, Eltern, Öffentlichkeit. Die Lehrerspinne muß, will sie in diesem Netz beweglich bleiben, alle diese Fäden straff und elastisch erhalten, sonst widerfährt ihr das, was der Filmtitel ihr in aller

Öffentlichkeit androht und die Mehrzahl der Bürger mit Vorbedacht in der Schummerstunde kathartisch und fröhlich vereint: »Haut die Pauker in die Pfanne«. Läßt der Lehrer nur einen dieser Fäden fallen, so entsteht in seinem Antlitz eine Laufmasche, die rasch bis zum Haaransatz eilt und jeden, der ihn von außen anblickt, irritiert. Er kommt ins Gerede.

Mehr als andere Berufe wird der des Lehrers von der Öffentlichkeit beobachtet und berufen. Ich begrüße es, daß die sog. Öffentlichkeit in dieser Epoche so spontan die Verantwortung für unsere Bildung übernommen hat. Hier nicht zu erörternde historische Verhältnisse haben den Lehrer dem Beamtenstand zugeschlagen. Zum beamtenrechtlichen Prinzip gehört es, sich nicht nur durch seine Dienstaufsichtsbehörde, sondern im demokratischen Staat darüber hinaus auch noch von der sog. Öffentlichkeit kontrollieren zu lassen. Ist der heutige Lehrer vom Geist her nur mühsam in die hoheitliche Staatsdienerhierarchie einzuordnen, so ist die Bevormundung und Einrede, die von seiten der sog. Öffentlichen Meinung periodisch auf ihn eindrängt, nahezu berufsvermiesend. Zunächst in Parenthese: Wer wüßte mehr als der Lehrer um die Fruchtbarkeit und Notwendigkeit des Gesprächs; er selbst brennt darauf, sucht es und übt es immerzu. Täglich muß er auf Grund seiner Erfahrungen über sein Tun reflektieren. Nur, was ihm aus den Gremien und Gazetten entgegentönt, leserbriefkaschiert und wohldosiert, hat häufig mit Sinn und Geist wenig und mit Verantwortung, Toleranz und Bescheidenheit gar nichts zu tun. Nur weil jeder einmal auf einer Schule war oder einseitigen Erzählungen von Halbwüchsigen lauschte, meint er etwas von ihr zu verstehen. Dieser Gestikulierer merkt zumeist gar nicht, daß er seine so zufälligen eigenen Erfahrungen von damals, die ja nun wahrlich auch von seinen einstigen Fähigkeiten abhingen, destilliert und mit sehr handfesten Augenblicksinteressen verbindet. Denn sobald man sein Kind »durchhat«, ist die Schule wiederum uninteressant. Kein Facharbeiterstand läßt sich solche öffentlichen Naseziehereien in seinem Arbeitsgebiet gefallen. Muß ich aus Pflicht stillhalten?

Ich lese in Lenzens ›Hofmeister‹ die Abfertigung des jungen Erziehers: »Merk Er sich, mein Freund! daß Domestiken in Gesellschaften von Standespersonen nicht mitreden! Geh Er auf sein Zimmer! Wer hat Ihn gefragt?«

Mir will es nicht einleuchten, warum es die sog. Öffentlichkeit nicht als ihre erste Pflicht ansieht, gerade in die Schulen die besten Leute, deren sie habhaft werden kann, zu schicken und dadurch, daß sie sich diesen Zugriff etwas kosten läßt, neben die Prüfungsauslese die natürliche Auslese durch das Geld treten läßt. Man nenne mir einen zweiten Ort, wo sich dieses Kapital stetiger und emsiger maximiert als hier. Durch die Schulen müssen wir alle gehen, jedem also kommt diese Investition zugute.

Wie aber handelt die »öffentliche Hand«?

Sie hat in voreiliger Hast aus grundsätzlichen, politischen, im Prinzip ehrenwerten Erwägungen den Übergang in das Gymnasium freigegeben. Von heute auf morgen wurden die Lehrer mit den Problemen der Beobachtungs-stufe konfrontiert. Die Sextanerzahlen schnellten hoch und steigen immer weiter in die Höhe. Es fehlten sehr schnell Klassenräume, Gebäude und Leh-rer. Die Ausbildung der Referendare wurde verkürzt, Lehraufträge zu Hauf vergeben. Jeder, der nur irgendwie zu reden wußte und Kreide in den Hän-den halten konnte, bestand sein zweites Staatsexamen. Weil die Lehrerzahl ausreichen mußte, bekam er sein »Ausreichend« und wurde eingestellt. Wer nur etwas über den Durchschnitt hinauslugte, bekam, so verschoben sich die Relationen, geschwind sein »Gut«. Hausfrauen wurden reaktiviert und ein-gestellt — nichts gegen Hausfrauen, auch ich bin von ihnen abhängig. Stu-denten, ehemalige Schüler, Männer und Frauen aus der Wirtschaft wurden gewonnen, die zwei oder vier Stunden in der Woche geben, in den übrigen Stunden des Tages aber über Lochkarten nachdenken. Sie laufen durch das Gebäude, losgelöst vom Ganzen, durch ihre Gastrollen nicht integriert in das Kollegium, ohne zu wissen, wie man schriftliche Arbeiten korrigiert und bewertet, mündliche Leistungen in ein Verhältnis zueinander setzt. Wie soll man unter diesen Bedingungen noch ein Gleichmaß innerhalb der Klassen-stufen und bei Versetzungen garantieren?

Nichts gegen diese ehrenwerten Menschen: Aber alles gegen solche Pla-nungen.

Ist es seit jeher so etwas wie »Schicksal« gewesen, mit welchem Lehrer das Kind leben und auskommen mußte, so müssen sich jetzt Kinder, Eltern und Schule mit Stundengebern auseinandersetzen, die sowohl nach der ganzen Art ihrer Persönlichkeit als auch nach der Einstellung zu ihrem Beruf für ihre Aufgabe nicht gerüstet sind. Die Aufgabe selbst aber ist, da nicht mehr das Anlagebild des Kindes irgendeine Geltung hat, sondern allein der Elternwille herrscht, noch komplizierter geworden. Verhaltensgestörte Kinder tyranni-sieren die Klasse. So viele Gruppen kann man gar nicht bilden, um nicht die einen zu unter- und die anderen zu überfordern. Der Lehrer muß heute nicht nur über die vielgepriesene Mobilität verfügen, sondern er braucht viel mehr Wissen, ein stärker kontrolliertes Verhaltenstraining als der Lehrer, der vor zehn Jahren ausgebildet wurde. Ohne das Wissen um tiefenpsychologische Zusammenhänge, um Sozialisierungsprozesse, um Gruppendynamik, ohne die Fähigkeit, über die Ursachen des auffallenden Verhaltens seiner Schüler sich Aufschluß zu verschaffen und mit Schülern, Schülergruppen und Eltern helfende, analysierende Gespräche zu führen, kann er kaum noch bestehen. Nahezu täglich erlebt der Schulleiter, daß in vielen Fächern, Klassen und Kursen aus diesen Gründen so etwas wie Unterricht gar nicht mehr statt-finden kann, und das einzige, was er in seiner Ohnmacht noch tun kann, ist, pausenlos mit Eltern, Lehrern und Schülern Gespräche zu führen, aufzu-klären, Zusammenhänge einsichtig zu machen und wo noch zu raten ist, zu raten und zuletzt noch selbst in den Unterricht zu gehen und dort als Babysitter zu fungieren. Von der Organisation her versucht er für jede Klasse ein Klassenkollegium dergestalt zusammenzustellen, daß er einige gute Lehrer als Korsettstangen einzieht, die die Haltlosen mittragen und ihre Ohnmacht und ihr Mißverhalten abfangen und ausgleichen.

Natürlich hat es ähnliche Verhältnisse immer gegeben. Wie in jedem Berufsstand gab es auch bei den Lehrern den Nur-Durchschnittlichen und den Versager. Die Zahl ist aber jetzt, bei z. T. durchaus guter wissenschaftlicher Qualifikation, durch die oben beschriebenen Umstände bedeutend höher geworden — zumal auch deshalb, weil die Amtspotestas keinen mehr trägt und die Nagelprobe stündlich am Lehrer vorgenommen wird.

Viele Lehrer sind — unzureichend durch eine verkürzte Ausbildung vorbereitet, nicht rechtzeitig genug erprobt und beraten, ob sie überhaupt für diesen Beruf taugen, durch die Mangelsituation verlockt und durch das Marktgesetz von Nachfrage und Angebot in das Amt katapultiert — keinesfalls in ein Paradies geraten, sondern der Staat hat sie, vielleicht erstmals, in ihr inneres Labyrinth gestoßen. Sie erleben sich als Versagende und versuchen diese Erfahrung, mit der keiner auf die Dauer leben kann, redlich zu kompensieren. Und nur die Besseren unter ihnen offenbaren sich und versuchen, mit fremder Hilfe wieder herauszukommen. Es ist ja bedrückend zu sehen, wieviele Studenten, die in einem anderen Studium gescheitert sind, in das Lehrerstudium überwechseln und dort unterzuschlüpfen versuchen.

Zwar ist die Zahl der Oberschüler durch diese politischen Entscheidungen beträchtlich gestiegen, und sie allein zählt auf dem politischen Acker und bei Wahlkämpfen, die Qualität des Unterrichts aber ist deutlich gesunken. Eine der Ursachen, warum das so ist, habe ich benannt.

Wurde auf der einen Seite also der Elternwille ohne Einschränkung in die würzige Luft der Freiheit entlassen, so erleben die Eltern auf der anderen, daß dieses elysische Gefilde der schulorientierten Willensfreiheit notwendig an neuaufwachsenden äußeren Bedingungen — oder wie man jetzt sagt: »Zwängen« — seine Begrenzung erfährt. Ohne in irgendeiner Weise fremdbestimmt zu sein und ohne nach den Fähigkeiten ihres Kindes fragen zu müssen, können sie frei entscheiden, in welche Schulgattung ihr Kind eingereiht werden soll. Der Staat ist verpflichtet, den gewünschten Schulplatz dem Kinde zur Verfügung zu stellen. In den Großstädten erfahren die Eltern aber nun, bedingt durch die Überfülle gleichwertiger Willensbekundungen ihrer Nachbarn in ebenso braver emanzipatorischer Absicht, daß ihr Kind nicht mehr einer von ihnen gewünschten Schule, sondern irgendeiner Schule in noch gerade zumutbarer Entfernung und mit ebensolcher Ausstattung zugewiesen wird. Es können dabei in diesen großen Kommunen Verhältnisse entstehen, die den Erzählungen vom «Menschenhandel» vergangener Zeiten nicht unähnlich sind (fingierte Umzugsmeldungen, Erfinden von Pflegeeltern usw.). Auch in Demokratien, so buchstabiert der Bürger seine Erfahrung, hat offenbar das eherne

»Gesetz der Teufel und Gespenster« noch nicht seine Geltung verloren: »Das erste steht uns frei, beim zweiten sind wir Knechte«.

Es gilt auf dieser Tagung, den sog. »pädagogischen Fortschritt« zu befragen. Daß trotz der beunruhigenden Kundschafterberichte dennoch ein Fortschreiten zu einer personengerechteren Ausbildung und Erziehung für eine größere Zahl als früher heute möglich ist und von allen Wohlmeinenden und Einsichtigen begrüßt wird, muß ausgesprochen werden. Ich sage das, weil Sie sonst meinen könnten, hier agiere der Typ des Einbläsers in der überkommenen Theatermanier, der nur die Einrede kennt und dem es wohltut, die Wurmstiche im Fallobst der anderen zu zählen. Es ist genug zu loben da, überlassen wir diese Passage aber für heute getrost den Wahlkämpfern.

In der Schule, in der ich im Augenblick arbeite, ist das, was das neue KMK-Papier zur Neugestaltung der gymnasialen Oberstufe vorschlägt, in seiner Grundstruktur bereits verwirklicht. Im dritten Jahr der Reform haben wir jetzt die gesamte Oberstufe aufgelöst, es gibt keine Klassen mehr, 265 Schüler werden in 169 Kursen pro Semester unterrichtet. Während des Sommersemesters unterbrechen wir in diesem Jahr erneut für die gesamte Oberstufe den Unterricht für eine Woche und bieten eine sogenannte »Projektwoche« an. Sie hat mit dem fortlaufenden Unterricht in der Regel nichts zu tun. Der Oberstufenschüler kann unter 22 Projekten, die vom Lehrerkollegium aus eigenem Antrieb und in freiwilliger Übernahme angeboten werden, wählen. Hier einige Themen: »Offenes Labor in der Physik«, »Hydrobiologische Untersuchungen der Gewässer«, »Von der Stoffwechselphysiologie zur modernen Ernährung«, Hochleistungssport und praktische Belastungen (in einem Leistungszentrum eines großen Sportvereins)«, »Untersuchungen zur Arbeitsplatzsoziologie in Hamburger Betrieben«, »Probleme der Stadtplanung im geteilten Berlin (mit Berlinreise)«, »Europaseminar in Straßburg«, »Pädagogische Hospitationen in der Beobachtungsstufe (mit eigenen Unterrichtsversuchen)«, »Probleme der Gastarbeiter in Hamburg«.

Wie umfangreich die zusätzliche Planungs- und Organisationsarbeit für den einzelnen Lehrer bei solchen, vom fortlaufenden Unterricht abweichenden Informations-, Gesellungs- und Arbeitsformen ist, können Sie sich denken. Kein Schulleiter kann mit seinem Stellvertreter diese Arbeit allein leisten, längst hat sich das Kollegium einen Koordinator für die Beobachtungsstufe und einen für die Oberstufe gewählt, die in ihren Bereichen selbständig arbeiten, ein Fünferrat berät ständig alle Probleme des Schulalltags und bereitet die Konferenzen vor. Aber nun wird es wieder labyrinthisch: Alle Mehrarbeit, die jede Reform mit sich bringt, alle zusätzlichen Projekte, die ja doch gerade erst das Gesicht einer Schule prägen und die notwendigen Beziehungen von Lehrern und Schülern zu den einzelnen Vorhaben und zu »ihrer« Schule stiften, müssen auch heute noch bei einem völlig unzulänglichen Schulapparat geleistet werden.

Solange sich im Inneren einer Schule nichts Wesentliches ändert, sollte jeder, der das Wort achtet, keines mehr verlieren über allerorten bekannte, äußere Mißstände des Schulwesens. Nun aber, da durch neue Formen beträchtliche Mehrarbeit entsteht, wächst sich das Urständig-Archaische in der Kanzlei doch zum minoischen Monstrum aus. Unsere Schule mit 1100 Menschen hatte bis vor kurzem nur einen Telefonanschluß (und was für einen Kampf im Bündnis mit anderen Schulen hat es gekostet, bis wir endlich den zweiten bekamen), sie hat, wie jede normale Schule, die vielleicht 600 Schüler zählt, nur *eine* Verwaltungsangestellte im Büro, nur *einen* Laboranten im naturwissenschaftlichen Bereich. (Er hat gerade gekündigt und wird uns nur noch für drei Tage in der Woche zur Verfügung stehen.) Daß hier allein von den numerischen Verhältnissen, die sich ja gerade durch die schulpolitischen Entscheidungen so überproportional geändert haben, rein gar nichts mehr stimmt, daß die Fossilvorstellung von der *einen* Bürokraft schon für sich ein monströser Artefakt ist, weil allein das Telefon diesen bejammernswerten Menschen des Vormittags wie ein Saugnapf festhält — muß ich das noch aussprechen? Bedenken Sie darüberhinaus, daß Schulen dieser Größenordnung nach der Planung in Zukunft die Regel sein werden.

Jeder von uns ist, das sei hier dem Zuhörer eingebrannt, weit über Gebühr belastet. Bei uns werden allein täglich durchschnittlich vier Stunden lang Papiere für unseren Unterricht abgezogen, das sind wöchentlich etwa 6000 Blatt. Es passiert uns, daß, obwohl vor fünf Wochen bestellt, aber nicht geliefert, die Kopierflüssigkeit für die unterrichtsnotwendigen Abzüge ausgeht. Auf Nachfrage erfahren wir, daß das Lager voll, das Verteilerauto im Hof stehe, aber kein Fahrer da sei. Der letzte Fahrer war, entgegen aller Proteste des Leiters der Beschaffungsstelle selbst noch beim Personalrat, als Fahrer für den Staatsrat einer anderen Fachbehörde — jetzt muß man schon sagen — »abkommandiert« worden. 30 Schulen, die er sonst täglich belieferte, müssen nun warten: 15 000 Schüler gegen einen Staatsrat. Unter welcher Herrschaftsform — um mit unseren Schülern zu fragen — leben wir eigentlich? Labyrinthischer — mit distanzierender Ironie gesagt — geht's nimmer.

Bitte sagen Sie nicht: lieber Mann, daß sind doch Döntjes, kleine Geschichtchen, jeder von uns kennt doch den Vorgang, Personalia werden verallgemeinert und für die Beschreibung des Ganzen ausgegeben. Nein, nur an den Einzelbelegen lassen sich die Tendenzen ablesen: sie aber müssen ins Blickfeld kommen. Kein Wort verliere ich über den Bürokratismus gewohnter Machart, der jede Schule bis zur Nasenwurzel zudeckt. Aber weiter: Wir müssen Schreibarbeiten außer Haus verdingen und dafür Geld beim Schulverein einwerben, der Schulleiter muß, will er einigermaßen auf dem laufenden bleiben, die Protokolle schwieriger Eltern- und Schülergespräche des sonntags selbst tippen, um die Vorgänge für die Schule und für den Juristen der Behörde nachprüfbar zu halten. Denn Pädagogik muß im Rechtsstaat justiabel sein, auch wenn Pädagogik und Jurisprudenz die Kinder völlig verschiedener Eltern sind.

Bei allem Lob und aller Notwendigkeit der Reformen, diese Beispiele, die fortgeführt werden können, bestätigen nur wiederum die alte Erfahrung, daß eine Schule bisher und wohl auch in Zukunft nur von dem lebt, was die Lehrer (und im glücklichen Fall: die Schüler) über ihre zugemessene und nie endende Pflicht hinaus tun. Und ich sehe dabei wieder, blicke ich um mich, daß es mit der bloßen Veränderung der Organisationsformen und einer geklügelten Motivation für Schüler und Lehrer keineswegs getan ist. Das neue kann — unter diesen »neuen Zwängen« — schnell seinen Reiz verlieren, Routine und Verdrossenheit sind durch bloße Strukturveränderungen noch keinesfalls aus dieser Welt verbannt.

Neue Probleme fordern uns heraus, auf die wir, wiederum allein im Labyrinth, eine Antwort zu geben haben.

Es gibt in der Oberstufe keine Klassenlehrer mehr, sondern nur noch Tutoren. 51 Lehrer unserer Schule stellten sich den Oberstufenschülern zur Tutorenwahl zur Verfügung. Je nach ihrer Belastung als Klassenlehrer auf der Unter- oder Mittelstufe waren sie breit, fünf oder zehn Tutandi zur Betreuung zu übernehmen.

Was aber ist ein Tutor? Wie sieht sein formal-schulrechtlicher Aufgabenkreis, wie sein pädagogisch-psychologischer aus? Ganz sicher ist er etwas anderes als der «alte Klassenlehrer». In einem Schülergespräch hörte ich den einen sagen, der Tutor sei das Unwichtigste an der ganzen Reform, ein zweiter hielt ihn für das Wichtigste. Wissen die Lehrer, wie sie diese neue Rolle ausfüllen sollen?

Der Oberstufenschüler braucht bei einem Angebot von 169 Kursen pro Semester eine individuelle Studienberatung. Wer soll sie leisten? Soll es der Oberstufenkoordinator tun, der die organisatorischen Probleme am besten übersieht? Aber er allein kann natürlich nicht 265 Schüler zufriedenstellend »bedienen«. Soll er lediglich die »Basisinformation« vermitteln, die dann vom Tutor im Gespräch mit dem Tutandus für den Einzelfall aufbereitet wird?

Da es keine Klassen mehr gibt, finden auch keine Klassenelternabende mehr statt. Die Eltern kennen den gewählten Tutor ihres Kindes häufig gar nicht. Wer soll nun das Gespräch suchen: die Eltern? der Tutor? Denn nicht nur die Schüler, sondern auch die Eltern, die rechtlich bis zum 21. Lebensjahr den Ausbildungsweg ihres Kindes mitbestimmen, müssen beraten werden und sich ebenfalls Lernprozessen in puncto Schule aussetzen.

Wir versuchen nun für uns, so etwas wie eine »Stellenbeschreibung« für den Tutor zu leisten und erkennen dabei, daß hier Fähigkeiten und Fertigkeiten vom Lehrer verlangt werden, die bei ihm erst geweckt und ausgebildet werden müssen. Zwar hat der Lehrer gelernt, ein Unterrichtsgespräch zu führen, diese Form des Gesprächs ist ihm ein Arbeitsmittel, dessen »Technik« er zu handhaben weiß. In der Tutorbeziehung zum Schüler geht es aber wohl um etwas anderes; denn der Schüler hat seinen Tutor in vielen Fällen gar nicht mehr selbst im Unterricht, dennoch aber ist der Tutor für ihn und seine Schullaufbahn verantwortlich. Beide müssen also auf Grund eigener Initiative aufeinanderzu gehen, der Schüler muß ihm von den Ergebnissen seiner Arbeiten berichten, Erfolge und Schwierigkeiten in seinem Unterricht mit ihm besprechen, und beide müssen zur Analyse von schulischen und persönlichen Zuständen gelangen. Beide Gesprächspartner müssen dafür bestimmte Voraussetzungen mitbringen: freie Zeit, die Bereitschaft zur Offenheit, zur ungeteilten Aufmerksamkeit, zum Zuhören, zur Diskretion, zur Bescheidenheit. Wo — ich frage Sie — ist dafür im reglementierten Schulalltag mit seinen angefüllten Pausen der Platz? Sollen wir am Vormittag Tutorensprechstunden, die von der Lehrerstundenzahl natürlich gar nicht vorgesehen sind, einrichten? Aber dann hat der Tutandus seinen Unterricht. Sollen wir erwarten, daß diese Gespräche nachmittags im privaten Bereich des Lehrers stattfinden? Wer von den fünfzig Lehrern ist wirklich ohne Vorbereitung in der Lage, die neue Rolle des »Gesprächsführers« so zu übernehmen, daß er zum anderen eine »helfende Beziehung« knüpfen kann und sich dennoch dabei stets seines kontrollierenden Bewußtseins bedient? Besitzt er, der sonst immer redet und so vieles besser weiß, die Tugend des aktiven, d. h. gefühlswarmen, interessierten, anteilnehmenden, verständnisvollen Zuhörers, der den Partner reden, ausreden und schimpfen läßt, der nicht moralisiert, Vorwürfe und Tadel vermeidet, zunächst keine Urteile über persönliches Verhalten fällt und nicht das eigene moralische Wertsystem dem andern aufdrängt?

Ich frage deshalb so ausführlich, weil ich zuvor auf Probleme der Lehrerbildung hingewiesen habe, die ebenfalls Folgen politischer Entscheidungen waren und sind.

Ist der Lehrer, der in einzelnen Klassen und Kursen am Vormittag so viele negative Erfahrungen macht, in der Lage, dem Tutandus als dem einzelnen Schüler entgegenzugehen und ihm ein »Angebot positiver Gefühle« zu machen, so daß die Angstgefühle, vielleicht sogar auf beiden Seiten, abgebaut werden können? Immer muß ja der andere zunächst dort, wo er steht, akzeptiert werden.

Sie sehen, hier müssen zusätzliche Lern- und Bewußtseinsprozesse bei den meisten Lehrern in Bewegung kommen. Mit gleicher Intensität jedoch muß auf der Schülerseite die neue Rolle des Tutandus durchleuchtet und eingeübt werden.

Der nächste Schritt unserer Überlegungen ist der, wie wir die Kurse so aufeinander abstimmen und beziehen können, daß der Schüler nicht mehr sitzenbleibt, sondern nur noch den Kurs, in dem er versagt hat, wiederholt. Wiederum ein Projekt, das eine Fülle von Arbeit und viele Fachsitzungen erfordert — und zwar immer wieder über die bestehenden Arbeitslasten hinaus.

Es gibt für den Oberstufenschüler keine »Klassenbücher« mehr, keine Zeugnislisten. Seine Leistungen werden auf Karteikarten festgehalten, die ihrerseits von uns entwickelt werden müssen. Da die Kurse, die Zusammenstellung der Lehrer-Schüler-Gruppen in rascherer Folge wechseln als früher, Vorlesungsbetrieb mit Gruppenunterricht oder Frontalunterricht alternieren, ist noch intensiver als früher zu fragen: Was ist eine mündliche Leistung — z. B. im Deutschunterricht, in den Fremdsprachen, in den Naturwissenschaften? Wie ist sie beschreibbar, nach welchen Kriterien meßbar? In welcher Form und in welchen Zeitabständen ist sie festzuhalten? Wie bespreche ich sie mit dem Schüler? Labyrinthische Gänge zur Genüge — und bedenken Sie: Es ist nicht damit getan, daß sich eine kleine, aktive Lehrergruppe damit befaßt, sich einschwört und ihr Meßsystem durchschaubar macht. Die siebzig Kollegen der Schule müssen das gleiche tun — wie aber ist das zu erreichen?

Der Schüler unterliegt, von der noch schemenhaften Tutorenrolle einmal abgesehen, keiner persönlichen, nur noch einer statistischen Kontrolle. Er liefert keine Entschuldigungen mehr ab. Er hat, bedingt durch das Wahl- und Kurssystem, am Vormittag zu verschiedenen Zeiten Freistunden. Er muß sich dann irgenwo aufhalten können (Rauch- und Raumprobleme), er darf das Schulgelände verlassen (Aufsichts- und Versicherungsprobleme), er muß, obwohl immer noch die Präsenzpflicht besteht, häufig selbst entscheiden, ob er den einer Freistunde nachfolgenden Kurs noch besuchen will oder nicht. Allzu menschliche Verlockungen treten an ihn heran. Der Lehrer muß sich darüber klar werden, wie er in dieser Folge auch die »nicht-erbrachten Leistungen« bewertet. Gerechtigkeit läßt sich eben nicht bloß mechanisch nach Versetzungsbestimmungen herstellen. Auch hier wiederum zahllose labyrinthische Gänge für den Lehrer, die er aufzugraben hat.

Ich kann in diesem kurzen Referat nur andeuten. Labyrinthe sind dadurch gekennzeichnet, daß sie nirgendwo enden und daß nicht alle Gänge dem Aufgräber gleichzeitig in den Blick kommen.

Natürlich kennt eine nicht geringe Zahl von Lehrern die einschlägige Literatur des Deutschen Bildungsrates, die anspruchsvollen und gelehrten Publikationen der Modellisten, der Laborpädagogen, der Psychologen und der Soziologen. Auch die Lehrer lieben Glasperlenspiele. Nur, verzeihen Sie, daß ich das alte Wort und die alte Erfahrung aus der Klamottenkiste ziehe: Die Probleme, mit denen sich die Schule auseinandersetzen muß, vielleicht haben Sie es an den wenigen Ausschnitten bemerkt, sind häufig ganz andere.

Obwohl ich weiß, daß nach den Gesetzen der Wissenschaft der Theoretiker immer dem Praktiker um eine Auspufflänge voraus sein muß, so werde ich doch den Eindruck nicht los, daß es dem denkenden Menschen leichter gelingen muß, Modelle und Theorien aufzustellen, als dem nach-denkend Handelnden, sie zu verifizieren und in Lebensverhältnisse umzusetzen.

Hat, blicke ich auf die Lernzieldiskussion, nicht wiederum der Lehrer die eigentliche Arbeit zu leisten? Er muß die Stoffe, Gegenstände, Methoden und Sozialisierungsformen planen, an denen er diese Ziele dem Schüler erkennbar machen und einüben lassen kann, er hat dabei die verschiedenen Komponenten, die Unterricht von Gruppe zu Gruppe zeitlich verschieden bestimmen, vorauszubedenken und einzubeziehen, er muß für die Kontrolle, ob das Lernziel erreicht ist, die Form bestimmen und für das Transferverfahren einen neuen Gegenstand auswerfen.

Das Abstrakte der Lernziele täglich zu konkretisieren — eine Sisyphosarbeit.

Hinzukommt, daß das Selbstverständnis der Institutionen, der Schüler und Lehrer ebenso wie ihr Verhalten sich in immer kürzeren Zeitabständen verändern, so daß die publizierten Anamnesen häufig den augenblicklichen Phänotyp gar nicht mehr decken.

Müssen also die politischen Entscheidungen der Parteien auf dem Sektor Schule und Unterricht trotz aller Planungsgruppen in den Kultusministerien im Grunde doch von den Lehrern allein in ein sinnvolles und praktizierbares Tun umgesetzt werden, so läßt sie die Obrigkeit bei dieser angespannten Tätigkeit keinesfalls zur Ruhe kommen. Die parlamentarischen und außerparlamentarischen Gruppen und die Stelleninhaber wirken kräftig weiter und werfen uns mit beachtlicher Muskelkraft behende die ideologischen Knüppel zwischen unsere — zugegeben: dürren — Lehrerbeine.

In Hamburg ist ein neues Schulverwaltungsgesetz in der Entscheidungsphase. Die Entwürfe der verschiedenen Interessengruppen liegen vor. Das alte Gesetz stammt gerade erst aus dem Jahre 1968. So schnell wechseln heute die Epochen. Im Entwurf der FDP-Fraktion ist u. a. vorgesehen, daß der Schulleiter, der in unserer Freien und Hansestadt seit altersher gewählt und nach zwei Jahren wiederum von der Lehrerkonferenz bestätigt werden muß, durch ein Mißtrauensvotum der Lehrerkonferenz jederzeit abberufen werden kann: »Bei einer Mehrheit der Stimmberechtigten (der Lehrerkonferenz) gegen den Schulleiter kann die zuständige Behörde, bei einer Zweidrittelmehrheit gegen ihn muß sie den Schulleiter von seinem Amt in dieser Schule abberufen.« Bitte bedenken Sie: Selbst wenn die $^2/_3$ Mehrheit bei den ständigen Abstimmungen mehrmals verfehlt wird, auf die Dauer ist in dieser Atmosphäre nicht gedeihlich zu arbeiten. In einem GEW-Entwurf ist die jederzeitige Abberufung des Schulleiters durch ein Mißtrauensvotum des Kollegiums nicht einmal an die $^2/_3$ Mehrheit gebunden. Abbau von Herrschaftsstrukturen ist etwas Notwendiges und eine feine Sache. Ich meine allerdings, gerechterweise ist das Unsinnige dann auch für alle Schulbediensteten zu fordern: Wenn schon gewählt und jederzeit abgewählt werden soll, dann bitte sollte das auch für jeden Lehrer im Kollegium und für jeden leitenden Beamten in der Schulbehörde und in jeder anderen Behörde gelten. Oder sind die Lehrer — und zumal die Schulleiter — so gefährlich, daß sie unter eine ständige Kuratel gestellt werden müssen? Ich verstehe nicht die Sorge dieser Emanzipatoren und Herrschaftsstürmer; denn jeder Eingeweihte weiß doch, daß der Schulleiter an die Konferenzbeschlüsse und Gesetze ebenso gebunden ist wie jeder einzelne Lehrer auch und daß das Kollegium in seiner Vielköpfigkeit, Einhelligkeit oder Verworrenheit der wirkliche Souverän ist. Werden hier nicht Grenzmarken errichtet in einem Land, in dem es längst weder Heiden noch Slawen mehr gibt?

Auch ich halte es für richtig, Schulleiter, die bei der heutigen und bei der zukünftigen Struktur von Schule und Unterricht allein kaum etwas vermögen, sondern nur im Team handlungsfähig sind und bleiben, nicht auf Lebenszeit zu berufen. Nach zehn Jahren ist man in einer großen Schule in diesem Amt verbraucht. Man sollte diesen Mann dann mit seinem rührenden Gehalt laufen lassen und ihn in einem anderen Kollegium Inseln der Weisheit bilden lassen.

Noch halsbeklemmender sind in den Entwürfen für ein neues Schulverwaltungsgesetz die Forderungen nach der sog. «Schulkonferenz» («Schulvorstand») als zentrales Selbstverwaltungsorgan der einzelnen Schule. Ich will auf die Forderung des Hamburger Schülerparlaments, das die Drittelparität von Schülern, Eltern und Lehrern in diese »Schulkonferenz« einbringt — der Schulleiter ist darin natürlich nicht vertreten —, hier nicht eingehen; aber auch die GEW macht sich in ihrem Entwurf diese Forderungen zu eigen. Lehrerkollegium und Fachbehörde können dabei nach Absprache und Belieben majorisiert werden. Die Sachkompetenz darf nur noch am Maulkorb nagen. Wer nur etwas Ahnung von der Schulwirklichkeit hat, der weiß, daß durch diese Konstruktion die Schule im Konfliktfall sich selbst zerfleischen und sich schließlich selbst auffressen wird: Mit dem ausgespieenen Gewölle wird dann nur noch der Nachtwind spielen.

Ich bin zu Ende.

Wie sagte doch noch mein Vetter in ähnlichen Fällen zum Abschied?: »Brich nur die Dielen auf, wenn es um dich wo stinkt, die tote Maus wird sich finden« (Mörike).

Die Schule im Spannungsfeld von Bildungsplanung und pädagogischer Forderung

Das mir gestellte Thema soll von mir hier nicht so verstanden werden, daß nun ein Gegensatz zwischen Bildungsplanung und pädagogischer Forderung konstruiert wird und daß dann die Schule sich als arme Zerriebene zwei verschiedenen Forderungen unterwirft. So liegt die Zuordnung der beiden thematischen Gesichtspunkte nicht. Es wird vielmehr nötig sein, einige Problempunkte, an einigen Stellen auch Schneisen des Möglichen zu benennen, denn wenn man bei einer Problematik wie der schulischen sich nur die Probleme bewußt macht, dann hat, um es im Modejargon auszudrücken, eine solche Tagung ausschließlich frustrierenden Charakter.

Fördern — Aufgabe voll Spannung:

Bildungsplanung soll die Ergebnisse der Wissenschaft ausdrücken, also etwa, wenn in der pädagogischen Forschung ein dynamischer Begabungsbegriff sich abzeichnet, wenn die Forderung individualisierenden Lernens sich abzeichnet, wenn diese oder jene Ansichten neu sind, dann ist dies Herausforderung und Infragestellen für die Bildungsplanung. Wenn Bildungsplanung sich so zu orientieren hat an dem, was neu und was anders in der wissenschaftlichen Forschung sich bietet, dann hat sie selbstverständlich organisatorische Antworten auf diese veränderten Forderungen zu suchen, möglichst auch zu finden. So ist Bildungsplanung das Instrument, durch das eigentlich Bildungspolitik sich verwirklicht. D. h., wenn Bildungsplanung sich artikuliert, gehen ihr im Grunde schon immer einige bildungspolitische Entscheidungen voraus. Etwa die, wieweit ich »Begabung« für wahr halte, wieweit ich als Ziel setze, mehr Abschlüsse in einem Bildungswesen zu erhalten etc. Insgesamt, so ließe sich wohl das gemeinsame Ziel von Bildungsplanung und Bildungspolitik zusammenfassen, geht es darum, das Bildungsangebot zu erweitern. Sicher, und ich möchte doch diese kleine Nebenbemerkung hier nicht auslassen, ist dieses Ermöglichen von Bildung, dies Ermöglichen, Chancen wahrzunehmen, auch schon wieder, kaum daß es eingeführt worden ist, diskreditierbar. Mit unüberhörbar kritischem Ton vermerkt Ernst Forsthoff (in der Schwarzen Reihe bei Beck München: »Der Staat in der Industriegesellschaft«), daß das Grundgesetz nicht bloß Rechtsinstrument politischer Ordnung sei, sondern wie er sagt, Wertsystem. Und wenn er daraus kritisch die Folgerung zieht, und ich zitiere: »Verfassung wird so zum Sozialprogramm«, dann geht es um ein Staatsverständnis in bezug auf dies »Mehr« von Bildung. Zur Form des sozialen Rechtsstaates gehört es, daß dem Bürger nicht nur formale Rechte gesichert werden, sondern daß Staat und damit eben Bildungspolitik und damit eben Bildungsplanung die Aufgabe haben, ihn auch diese Rechte wahrnehmen zu lassen. Ermöglichen, sich seiner faktischen Rechte auch zu bedienen und aus den rein rechtlichen Rechten faktische Rechte zu machen, eben das ist ein Ansatz moderner Bildungspolitik. Und aus diesem Ansatz resultiert, wenn ich das einmal recht brüsk übersetze in die Sprache des Schulalltags, daß man nicht mehr meint, jene Pädagogik sei die beste, die nur sagt: »Du mußt dich anstrengen« — der Ton liegt nur auf dem nur —, in der nur das Ungeliebte als das wirklich Bildende geschätzt wird. Aber, und eben da sitzt nun dieser Punkt, wenn Bildung ein Anspruchsrecht in diesem Sinne ist, kann sich der Umschlag in das andere Extrem vollziehen. In jenes Extrem, das etwa in der jüngsten Diskussion, die mit dem Namen von Hans Maier verbunden ist, unter dem Stichwort «pädagogischer Nulltarif« läuft. In diesem Extrem betrachtet man nun nicht mehr wie im früheren Extrem den sitzengebliebenen Schüler als wohl doch etwas moralisch anrüchig, sondern nunmehr gerät der Lehrer, bei dem der Schüler sitzen bleibt, in jenen unfeinen Ruch. Und in diesem Feld steht die Schule, steht die Forderung: für mehr Menschen mehr Bildung. Die Einsicht der Pädagogik: Begabung hängt auch vom Angesprochenwerden ab, die fördernde Leistung von Lehrer und Bildungsorganisationen ist gefragt, rückt den Lehrer mit ins Spannungsfeld. Er muß auch ausgerüstet sein, um seine Rechte und die Rechte anderer wahrnehmen zu können. An dieser Stelle heißt also Spannungsfeld Schule auch Spannungsfeld Lehrerbildung.

Der Lehrer im Bereich der Grund- und Hauptschule muß stärker als früher an die Wissenschaft, im Bereich von Gymnasium und Realschule stärker an die Pädagogik herangeführt werden; Schulorganisation darf nicht moderne pädagogische Formen behindern, aber der Lehrer ist auch persönlich gefordert, sich für diese heutigen Funktionen intensiver auszurüsten, d. h. sich auch zu informieren über das, was es gibt. Wenn nämlich die Pädagogik der Härte verabschiedet ist, wenn neue Schichten in unsere Schule drängen, aber durchaus noch nicht von der Sache, die die Schule bietet, her motiviert sind, dann wird letztlich das Motivieren des Schülers Aufgabe der Schule. Was sich so in einem kurzen Satz ausdrückt, daß das Motivieren des Schülers eine Aufgabe der Schule ist, hat selbstverständlich eine ganze Reihe von Problemaspekten. Das eine (und ich zitiere dieses Beispiel in dankbarer Erinnerung an den Psychologen, dem ich es danke): Wenn in der normalen Arbeitsausführung, etwa beim Steineschleppen, Druck ausgeübt wird, dann leistet der Mensch unter Druck mehr als ohne. Wenn aber beim Reparieren von Uhren Druck auf den ausgeübt wird, der diese Arbeit vollziehen soll, dann gelingt das Reparieren von

Uhren nicht besser. Und Schule ähnelt nun einmal sehr viel mehr der Leistung, die beim Reparieren von Uhren, als der Leistung, die beim Schleppen von Steinen vollzogen wird. Mithin zeigt sich, daß die alte Ausrüstung der Pädagogik nicht viel einbringt für dieses Motivieren des Schülers, und das sei getrost mit einem kleinen provokatorischen Ton gesagt, den ich mir mit 20 Jahren eigener Schulpraxis vielleicht erlauben darf, es ist eben nicht der Lehrer der tollste, der die meisten Fünfen hat und der sagt: »ich habe noch Maßstäbe in diesem Niedergang des Abendlandes«. Ich sage mit aller Nüchternheit: der Beruf des Lehrers ist ein Dienstleistungsberuf, ein Dienstleistungsberuf, der den anderen, den Schülern, den Schwächeren — letztlich den Schwächeren —, ihre Chance erschließen soll. Wenn wir noch einen Moment bei diesem Motivieren bleiben, stellt sich hier die Frage noch einmal nach dem Verhältnis von Anspruch und Schulorganisation. Heckhausen hat im Sammelband »Begabung und Lernen« (Dt. Bildungsrat, Bd. 4), in dem sein Beitrag »Förderung der Lernmotivierung und der intellektuellen Tüchtigkeit« überschrieben ist, den Begriff der »mittleren Erreichbarkeit« deutlich gemacht.

Die mittlere Erreichbarkeit für den Schüler als das Anspruchsklima, das nicht zu schwer und nicht zu leicht ist, das die Hoffnung auf Erfolg einschließt, den Leichtsinn des Gelingens und die Niedergeschlagenheit des Scheiterns ausschließt. Um diese mittlere Erreichbarkeit geht es als Aufgabe der Schule in Spannung zur Förderung der Begabung und einem dementsprechend projektierenden Bildungsplan. Der »pädagogische Nulltarif«, der noch einmal zitiert sei, nach dem Anspruch auf Bildung umgemünzt wird in das Erfüllen von »Plansollvorschriften«, paßt dazu nicht. Daß gesagt wird: wehe dir Lehrer, wenn du deine Schüler nicht zum Erfolg bekommst, dies Extrem ist nicht gemeint, es geht um diesen Weg der mittleren Erreichbarkeit. Als ich aus völlig anderem Anlaß vor kurzem wieder einmal von Adorno »Die Theorie der Halbbildung« las (in den Soziologica 2 wieder zugänglich), fand ich Hinweise auf unsere Problemsituation: Es ist die Rede von den Schulreformen, die nötig sind, es ist die Rede von den Schulreformen, die Altes beiseite räumen. Adorno schildert, wie seine Generation über das Auswendiglernen von Horaz geseufzt habe, wie sie geseufzt habe über Verwandte, die sich solchen Wissens rühmten. Aber, und das ist nun die dazugehörige Seite, in solchem beklagten Lernen vollzieht sich auch, ich zitiere, »Zuneigung und Verinnerlichung von Geistigem, an der Freiheit haftet«. D. h. also, daß hier abermals nach jenem fordernden Angebot gefragt ist, das eben nicht in die totale Beliebigkeit ausufert, sondern immer wieder neu nach jener zunächst mittleren Erreichbarkeit fragt, die nicht schwächlicher Kompromiß, sondern Spannpunkt innerhalb von Spannungen ist Das ist eine Aufgabe, von der uns auch kein Curriculumprogramm dispensieren wird. Die Furcht mancher Leute, daß Curricula den Lehrer nur noch zum Verwender von Fertiggerichten degradieren würden, ist nur dann berechtigt, wenn Schule nicht mehr Freiheitsräume einschließt und wenn sie nicht mehr die Aufgabe der sprachlichen Umsetzung, des Einführens in Fachsprache, in darstellungsbezogenes und verständnisbezogenes Sprechen etc. erfüllt. Damit ist durchaus der Anstrengung das Wort geredet, jener Anstrengung, die Bildung — sofern Schule mit Bildung zu tun hat, wovon wir wohl hier alle überzeugt sind — abverlangt und sofern Bildung nicht nur konsumiert werden soll, sondern insofern sie Welt erschließen möchte. In dem von Flügge herausgegebenen Buch »Pathologie des Unterrichts«, das diese Tagung inspirierte, schreibt H. Rumpf in seinem Aufsatz über die verdrängten Lernziele auch kritisch über die Theorien von Gagné und bemerkt, daß man doch lerne, um eine Sache zu durchdringen, sie sich vertraut zu machen, mit ihr zu leben, nicht nur um vermittels ihrer Beherrschung etwas anderes erreichen zu können. Professor Ballauf nimmt diesen Ball auf. Ich zitiere: »daß moderner Unterricht es vermeiden sollte, sich ausschließlich als Vorbereitung zu interpretieren, denn alles was nur der Vorbereitung dient, wird als bloßes Mittel so schnell wie möglich hinter sich zu bringen versucht«. Beide, Rumpf wie Ballauf, bringen diesen Anspruch, der gestellt wird, zu dem wir hinführen müssen, in einer Gesellschaft, in der wir alle miteinander die Erleichterung schätzen. Wir wollen doch zugeben, daß wir das Waschbrett und die Waschmaschine durchaus unterschiedlich zu würdigen wissen in einer Gesellschaft, in der insgesamt Erleichterung da ist, was wir schätzen. In einer solchen Gesellschaft soll Schule nun zu jenem Anspruch führen. Da ist es leicht, den Ausweg der Fernmotivation zu nutzen: Wenn du das jetzt lernst, jetzt den Hirsebrei vorm Schlaraffenland, dann blüht Morgen Zukunft. Rumpf und Ballauf seien als warnende Stimmen vor solchem Verständnis hier zitiert.

Die »zweckfreie Bildung« des Idealismus wieder zu importieren, wird uns weder gelingen, noch werden wir es wollen können. Sondern wir fragen hier — und das wird ganz zum Schluß noch einmal aufgegriffen — wozu denn dieses »Geschäft Bildung« taugt. Ein Leben in Teilnahme, ein Leben, das ja und nein sagen kann, das also Kritik und Bejahen einschließt, ein Leben, das Selbstwerdung, mitmenschliche soziale Kommunikation einschließt, und ein Leben, worauf ja wohl immer wieder neu hingewiesen werden muß, das die Rätselhaftigkeit dieser Welt, des Ich, des Mitmenschen sieht und aushält. Es gibt einen Ausspruch von Walter Dirks, in dem er einmal Bildung definiert hat und am Ende sagt, daß Bildung auch heißt, die Unverstehbarkeiten des Daseins auszuhalten. Das gehört dazu. Damit sind im Grunde die Wertprobleme angesprochen, die wir aber erst am Schluß erörtern wollen.

Noch einmal: Schule soll zu diesem hin motivieren, zum Anpacken und Gepackt-werden-wollen, zu jener Reziprokheit, daß ein Mensch sich einer Sache und eine Sache sich dem Menschen öffnet. Das hat Klafki uns schon sehen gelehrt. Wenn dem so ist, dann ist noch einmal nach der Ausrüstung des Lehrers zu fragen. Was weiß er eigentlich über schichtenspezifische Wertvorstellungen, was weiß er über landschaftliche Unterschiede im Wertzugang, was weiß er über die Anforderungen der künftigen Gesellschaft? Ich muß hier ganz hart und deutlich sagen, das Loch Hochschulreform, innere Hochschulreform wird von Lehrern und Schülern teuer bezahlt. Wenn dieses Stück Hochschulreform lebenswichtig ist für die Qualität von Schule, für das Ermöglichen von Bildung, für das Berufsverständnis vom Lehrer, dann ist zu fragen, wie es um die Autonomie der Universität steht, wenn sie den Reformauftrag nicht erfüllt. Daß man ihr zuerst diesen Reformauftrag selbst stellen muß, ist für mich unbestreitbar. Daß aber dann, wenn etwa Fristen von Hochschulgesetzen für Reform nicht erfüllt werden und wenn inzwischen immer noch ein Student von der Hochschule kommen kann, ohne etwas von moderner Sprachwissenschaft zu erfahren, wenn es möglich ist, daß ein Student immer noch an dieser oder an jener Stelle nur Geschichte der Pädagogik statt Erziehungswissenschaften oder Verhaltenswissenschaften erfährt, dann ist vom Bildungsrecht des Bürgers und vom Berufsrecht des Lehrers her nach den Begrenzungen und Kontrollen in die Autonomie hinein intensiver als bisher zu fragen.

In dieser Situation könnte der Lehrer auch in der Lage, wie sie heute ist, sehr viel mehr erreichen, wenn ihm die Unterrichtsorganisation hülfe, wenn er z. B. kleinere Klassen hätte. Da sitzt eine immer wieder beklagte, vorerst nicht aufhebbare Realität des heutigen Alltags: durch das Fordern des Bildungsrechts ist jene Zahl bildungswilliger oder bildungsunwilliger Schüler entstanden, die eben nun durch ihre große Zahl jenes Anspruchsrecht, das sie in die Institution gebracht hat, wieder gefährdet. Das ist ein Dilemma, und das hat für den Bildungspolitiker Konsequenzen. Es hat die Konsequenz, Prioritäten zu setzen, die aber sind nie bequem. Die Priorität heißt: Baumaßnahmen, Lehrergewinnung haben Vorrang vor noch so schön klingenden anderen Dingen. Ich könnte jetzt hier viele Beispiele aus unserem Land Rheinland-Pfalz nennen, das paßte kaum zu einer überregionalen Tagung. Aber ich will doch diese Priorität verdeutlichen, wie sie sich bei uns darstellt. Wenn wir 187 Mio DM in dem relativ kleinen Land für Schulbaumaßnahmen in einem Jahr ausgeben, ein Netz von Hauptschulen, ein Netz von Realschulen eingerichtet haben und dann bisher nur einen großen Gesamtschulversuch planen (der 45 Mio DM im Ansatz kostet), dann ist das — ich bitte sehr, das zu unterscheiden — nicht ein generelles Nein zur Gesamtschule, sondern ein Ja zum begrenzten Schulversuch und ein Setzen von Prioritäten, Antwort auf Probleme, die drängender sind. In der oft modisch gefärbten Diskussion — es gibt ja übrigens in der Wissenschaft genauso Moden wie in der Kleidung — sind solche Entscheidungen in der Bundesrepublik oft als reaktionär, als nicht aufgeschlossen etc. beschimpft worden. Wenn zum Gebildetsein heute Kritikfähigkeit und Frustrationstoleranz gehören, dann — so lassen Sie mich schmunzelnd bemerken — muß sie der Bildungspolitiker auch mitbringen. Prioritäten setzen heißt übrigens auch, und da wird die Sache schwierig, daß eine Schule wie die Ganztagsschule, die fördernd und helfend bis etwa in musikalische, bildnerische

Erziehung hinein wirken kann, die richtig betrieben, jenen Zugang zum Geistigen intensivieren könnte, daß eine solche Schule nicht auf der Prioritätenliste Nummer eins stehen kann angesichts der Gesamtsituation. In Personal, Finanzen und Bauaufwand verlangt sie nach dem Gutachten des Deutschen Bildungsrates rd. 35 bis 60 % mehr an Investitionen. Das hieße bei dieser überproportionalen Forderung das Dilemma der anderen Schulen verlängern. Sie merken, wie schwierig die Entscheidung in solchem Falle wird und wie man hier nur ein besonderes Konzept des Fortschreitens sowohl als des Abwägens setzen kann. Selbst wenn es Steuererhöhungen gäbe, reichten sie kaum für eine generelle Einführung von Ganztagsschulen.

Prioritäten und Reform führen zur Frage, welchen Stellenwert im Normen- und Wertekatalog Bildung einnimmt.

Auch in diesem Zusammenhang steht die Frage nach Forderung und Motivation zur Debatte. Eine Schule, die etwa gegen das nichtschulische Erziehungsmilieu motivieren wollte, ist gnadenlos überfordert. Es geschieht heute manchmal, daß Schule versucht, daß Lehrer versuchen, gegen das außerschulische Erziehungsmilieu zu motivieren, ja dagegen zu erziehen. Ich will es mit einem ganz harmlosen Beispiel eines meiner eigenen Neffen bringen, der nach Hause kommt und das Haareschneiden ablehnt und sich auf seinen Lehrer beruft. Der Lehrer habe gesagt — und das bestreitet er nicht — «Eure Haare, liebe Siebenjährige, sind euer Eigentum. Eure Eltern haben euch nichts zum Haareschneiden zu sagen, das ist ein Eingriff in eure Personalität.« Das haben die Kinder natürlich mit Begeisterung aufgenommen. Ich habe ein harmloses Beispiel gewählt. Ich könnte Ihnen, und Sie könnten es ebenso, weit weniger harmlose Beispiele bringen. Wieweit sind, das ist der kritische Punkt aus Elternsicht, Lehrer berechtigt, ihren Stil, ihre Meinung zu verabsolutieren. Die umgekehrte Frage ist nun eben die, wieweit kann es der Schule — hier freundlich gefaßt — gelingen, zu jenem vorhin bezeichneten Geistigen zu führen, wenn dafür in der Umwelt der Kinder kein Sensus ist. Und auch hier erlaube ich mir eine etwas variierende Anleihe bei Adorno: Der Ungebildete ist ein viel freundlicheres »Feld« als der Halbgebildete; der Ungebildete hat z. B. noch Spontaneität, aber der Halbgebildete, und jetzt kommt die Anleihe bei Adorno, ist gekennzeichnet von der Attitüde des Besserwissens. Ein Milieu des Bescheidwissens, der Halbbildung, ist ein bisher meist übersehener Behinderungsgrund. In der sozialwissenschaftlichen Philosophie hat Max Weber diese »Angestelltenkultur« (vom Commis zum Angestellten) auch schon einmal dargestellt und kritisiert. Sie ist bisher kaum beobachtet, man spricht fast ausschließlich vom Arbeiterkind und sieht wohl bisher zu wenig dies Milieu des Bescheidwissenwollens, dies Milieu, das sich um keinen Preis erschüttern lassen möchte. Selbst wenn man vom fernsten Land redet, heißt es: kenne ich. Dies ist für die Schule ein Punkt, an dem sie einiges auszuhalten hat, wo das fehlt, was Rumpf die Erfahrungsfähigkeit des Schülers nennt. Daß also Schule das

Ziel hat, Erfahrungfähigkeit zu verbreitern und nicht Bescheidwissen, sollten wir festhalten. An dieser Stelle noch eine ganz kleine Möglichkeit, die die Schule selbst tun kann. Viel wichtiger als früher sind heute Elternabende, sind Tage der offenen Tür, Einblicke in die Werkstatt Schule. Schule ist fremd für viele Eltern, und es kann gelingen, wenn Eltern einem Unterricht zuhören, daß hier die Dimension geahnt wird, mit der Schule zu tun hat. Da kann es geschehen, daß jemand betroffen wird von dem, was Schule zeigt, daß er merkt, Schule ist anders geworden als zu unserer Kinderzeit oder als zur Kinderzeit unserer Eltern. Dieses Stück Information nimmt uns niemand ab. Dieses Stück Information über die Werkstatt Schule vollzieht sich nicht, wenn die Eltern in Gruppen vor uns sitzen und Erklärungen zur Mengenlehre mit 35 Fremdworten erhalten. Aber es kann etwas nützen, wenn über die Dinge gesprochen wird, die Kinder bewegen, die die Eltern bewegen. Wenn das nicht immer nur bei der Sexualerziehung geschieht, die in einer besonderen Weise frustiert, wird Boden gewonnen. Die Frustation ist auch weithin schichtenspezifisch. Gerade dies ist ein sehr ernstes Problem. Der Akademiker hat Libertinage manchmal schon hinter sich und hat zu neuer Bildung gefunden. Der Arbeiter, der doch meint, aus seinem Kind soll etwas werden, ist innerlich entsetzt, wovon da die Rede ist. Da ist zu fragen, was man tut, was man macht, wie man hilft. Auch da geht es um Kontakt zu den Eltern. Dies läßt sich sehr intensiv am Geschichtsunterricht zeigen. Da kennen Sie sicherlich Gespräche: »Wir Deutschen sollen es immer nur schuld sein, aber Ordnung gab es.« Wer arbeitet solche Fragen auf? Welchen Wertkonflikten setzen wir die Kinder aus? Wer von den Erwachsenen setzt sich damit auseinander? So wichtig scheint es doch nicht zu sein! Besonders drastisch zeigt sich das Problem auch im Religionsunterricht. Vater und Mutter, der Pastor und der Religionslehrer, das können drei Richtungen, das können drei Jahrhunderte sein. Noch einmal: Information über das, was uns wichtig ist, müssen wir leisten.

Begabung ist dynamisch

Ich habe schon mehrfach auf den dynamischen Begabungsbegriff angespielt. Ich möchte hier nicht die Diskussion auslösen, wie sie sich von Amerika, etwa in den neusten Arbeiten von Jensen, uns darbietet. Ich möchte nur auf jene Seite der Diskussion verweisen, die klarmacht, daß durch Fördern einiges zu erreichen ist. Wenn etwa Bernstein, der wie ein Steinbruch ausgeschlachtet wird, von der oberen genetischen Grenze gesprochen hat und wenn niemand anders als dieser Bernstein in einer jüngsten Veröffentlichung wörtlich von nonsens, von Unsinn der kompensatorischen Erziehung gesprochen hat, wenn sie nämlich falsch und absolut verstanden wird, so ist doch ebenso wahr, daß Begabung durch Organisation von Schule gehemmt oder gefördert werden kann. Die neuen Gebiete, Sozialwissenschaft, Technik etwa sind für die schulische Aufbereitung weder wissenschaftlich noch didaktisch vorbereitet, Schüler mit Fähigkeiten in diesen Bereichen werden nicht herausgefordert. Im Nachdenken über diesen Punkt kam mir allerdings auch die Frage, ob uns etwa im Deutschunterricht nur die Gewohnheit täuscht, daß das germanistische Studium auf den Deutschunterricht der Schule vorbereitet? Ob wir das Problem nur schärfer sehen beim nicht vertrauten Schulbereich, der Sozialwissenschaft oder etwa der Gemeinschaftskunde; das ist mir eine Frage und es bleibt Frage. Wenn also gesagt wird, Elektrotechnik kann genau solche Ansprüche stellen wie Lateinunterricht; ich zitiere Herrn von Friedeburg aus der Kultusministerkonferenz, der sagte, die einen, die ein paar Sätze Latein können, dürfen studieren, und die anderen, die großartig in Elektrotechnik sind, dürfen es nicht. Das war provokatorisch gemeint, dennoch, ein Stück zum Nachdenken ist in dieser Provokation. Warum eigentlich werden die Kenntnisse in der Elektrotechnik und die Kenntnisse, die dort methodisch verwandt und vorausgesetzt werden, vielleicht mit Mißachtung betrachtet? Ist es nicht vielmehr so, daß uns das systematische Nachdenken über diese Anspruchsinhalte und Methoden fehlt? Dieweil das fehlt, fällt uns das Umsetzen in die Schule so außerordentlich schwer. Warum — jetzt noch einmal von diesem Ansatz — scheitert derjenige, der mit dem Latein nicht zurecht kommt, und nicht jener, der mit der Elektrotechnik nicht zurechtkommt?

Unkalkulierbare Zahlen von Scheiternden, wenn wir hier noch einmal die Bildungsplanung ansprechen, bringen das Planungskonzept in Verwirrung. Sowohl, wenn zuviele scheitern, wie, wenn als Antwort auf ein Scheitern zuviele zu lange in der Institution verweilen, stimmt die Planung schlecht. Es würde eine ungeahnte Erleichterung in Sachen Lehrermangel geben, wenn es in den Gymnasien statt der üblichen Prozente der Sitzenbleibenden nur noch zehn Prozent der heute Sitzenbleibenden gäbe. Ganze Jahrgänge würden sich lichten. Bildungsplanung hat auch etwas mit dieser Verweildauer zu tun und diese Verweildauer hat etwas mit dem auf Begabung und Förderung bezogenen Anspruch zu tun.

Wenn ich etwa eine Schule organisiere, in der ich zwischen Englisch und Werken wählen kann, und wenn ich beidem die gleichen Erfolgschancen für den Abschluß einräume, hat das sofort Konsequenzen für die Erfolgsquote. Wenn ich hingegen eine Schule mit Englisch und Latein organisiere als alternativem Angebot, und ich gebe nur dem, drehen wir es einmal um, damit es nicht in den gewohnten Denkbahnen läuft, mit Englisch volle Studienberechtigung und gebe dem mit Latein nur eine Teilberechtigung, so pole ich ganze Schülerströme um, verändere den Inhalt von Schule, den Inhalt von Erfolgsquoten. Das alles ist machbar. Ob durchsetzbar, ob gewollt, ist ganz etwas anderes, nur möglich ist es.

In der heutigen Situation kommt unter dieser Überschrift »Begabung ist vielseitig«, »sie muß in ihrer jeweiligen Kraft eine Möglichkeit haben«, das Stichwort der »Profile« auf. Und da haben wir wohl noch eine Auseinandersetzung bisher nicht geahnter Art vor uns. Wenn heute schon in der Debatte bekannt ist — Stichwort Gesamtschule —, daß es entweder eine fachübergreifende Spezialisierung geben kann (also im Gymnasium alle Fächer auf einem level, entspr. in der Realschule) oder eine fachspezifische Anspruchsgliederung, dann ist die Problematik schon bezeichnet. Wenn fachübergreifend differenziert wird, setzt man stabilisierende Ziele. Dann setze ich, sozusagen von der Schule her, ein Anspruchsfeld für den ganzen Bereich. Ich gefährde einseitige Begabung, ich gefährde oder dramatisiere partiellen Mißerfolg. Wenn ich die andere Form nehme, das fachspezifische Gliedern, dann besteht die Gefahr, daß der Schüler zu früh gewisse Bereiche, die für ihn später wichtig sind, vernachlässigt. Die Chance: daß unnötiges Repetieren vermieden wird. Wir stehen an einem offenen Punkt. Auf eine neue Arbeit sei hingewiesen: Teschner, Was leisten Leistungskurse?, Klett-Verlag, Stuttgart, 1971. Und diesem offenen Punkt schließen sich verschiedene andere Probleme an. Wenn ich nämlich frage, welches Leistungsprofil nach Art und Höhe zum Erfolg führen soll, dann stellt sich die Diskussion nach dem Inhalt und Anspruch der Profile. Vermehrung von qualifizierenden Abschlüssen, Ziel der Bildungsplanung, kann dann zum Etikettenschwindel werden, wenn der qualifizierende Abschluß in sich verändert wird. Wenn man sagt »Abitur«, aber der ganze Inhalt wird etwas anderes, dann ist es leicht, von 50 Prozent Abiturienten zu sprechen. Das geht nur, wenn entweder das Etikett nur noch als Etikett da ist, oder wenn sich eine Mutation ereignet, die sicherlich in diesem Zeitabschnitt des Denkens nicht möglich ist.

In dieser bildungspolitischen Situation steht das vor kurzem von der Bund-Länder-Kommission ausgesprochene Diktum »Abschaffung des Abitur II«. Der Deutsche Bildungsrat hat am Freitag letzter Woche an die Vertreter der Regierungskommission die Frage gestellt, was soll das? Und in der Diskussion über diese Abschaffung des Begriffes Abitur II wurde deutlich, daß man von völlig verschiedenen Standpunkten her argumentiert. Die einen wollen Ausweitung von Bildung; mithin das Abitur II für mehr Schüler als die früheren fünf Prozent zugänglich machen. Die zweiten mißtrauen der elitären Gütemarke Abitur II und sagen, ja wir schaffen den Namen ab, damit dieses Mehr erreichbar wird. Und die dritten sagen, laßt uns auch den Namen abschaffen, denn dieses aufgeschwemmte Abitur II kann dann seine Funktion wieder neu gewinnen. Im Grunde ist die Sache dahinter bis heute ungeklärt. Die Sache nämlich, die ich mit Stichworten bezeichnen möchte, heißt: Gibt es eine Hierarchie der Fachbereiche? Ist der Sport, ist das Werken genauso anspruchsvoll wie die Sozialwissenschaft und auf welches Ziel hin? Ferner, wie sieht es aus, soll es für alle Schüler, — das ist die andere Lösungsmöglichkeit — künftig nur noch Teilreifen geben? Das halte ich zwar bildungstheoretisch für denkbar, vielleicht sogar für empfehlenswert, nur bildungspolitisch halte ich das kaum für durchsetzbar. Wenn Sie sich die Geschichte aller Formen mit Teilreife ansehen, von der Frauenoberschule über die F-Gymnasien in Nordrhein-West-falen so haben sich alle heute längst die volle Hochschulreife erstritten. Und ich möchte sehen, wie es wäre, wenn man den heutigen Schülern dann eine Re-duktion, nämlich nur einen Teilzugang verordnete. Das wird abenteuerlich. Nehmen Sie dies als Randbemerkung, was es mit solcher Aussage auf sich hat, wenn man fragt, sollen alle Teilreifen erhalten oder soll es bestimmte Profile geben, die zur vollen Hochschulreife führen und andere, die nur zur Teilreife führen.

An dieser Stelle steht die Schule mit neuen Problemen zwischen Plan und Pädagogik. Sie soll werten, vergleichen, sie soll und will mitreden über den Erfolg ihrer Schüler und die Bewertung des Erfolges ihrer Schüler. Wenn der-art Möglichkeiten der Schwerpunktbildung eingeräumt werden und der Ver-gleich von Schwerpunktbildungen ungeklärt belassen wird, so bleibt doch eben noch einmal nach der Möglichkeit der Schwerpunktbildung und der Dif-ferenzierung zu fragen.

Bildungsplanung geht davon aus, daß ein differenziertes, mithin individuali-sierendes Angebot nur in größeren Schulsystemen möglich ist, also werden sie eingerichtet. Und es sei, ehe wir uns dann gleich zügig auf diese Differenzie-rung wenden, wenigstens die Bemerkung gemacht, daß es auch zu den Span-nungen gehört, große Systeme haben zu wollen, um Individualisierung zu er-möglichen, aber eben jene Individualisierung in einer bestimmten Größe von Systemen wieder zu gefährden. Dabei ist hier zu fragen, ob die naive Gleich-setzung von Unterrichtsangebot in Fülle und Leben in einer Schule vertret-bar ist, ob nicht Schule mehr ist als bloßes Unterrichtsangebot, und ich bitte mich dabei nicht als Anhänger von Zwergsystemen zu verstehen. Darin sehe ich ein Problem. Wenn Sie heute von Schweden oder Amerika hören, dann heißt es dort nicht, die noch größere Schule, sondern dann heißt es, die geglie-derte, die überschaubare Schule. Da liegt vielleicht die Lösung auch für die Bildungsplanung: die Zentren, die Dienstleistungsbetriebe, die Laboratorien nutzbar zu machen und gegliederte Schulen zu haben.

Wir sprechen für die überschaubare Gruppe und die in einem ganz unsenti-mentalen Sinne humanisierbare Gruppe. Von hierher bekommt die Ökonomie von Schulorganisation ihre Begrenzung. Ein Beispiel: Am ökonomischsten wäre es an einer bestimmten Stelle gewesen, die Orientierungsstufe in dem dortigen Neubaugebiet mit 10 Parallelklassen fünftes Schuljahr und mit 10 Parallelklassen sechstes Schuljahr einzurichten. Die Vorstellung, 1000 Zehn- und Elfjährige auf einem Haufen zu haben, bezeichnet die Pädagogik mit dem hinreißenden Namen des «Wimmeleffektes». Ich kann nur sagen, wir haben als Schulverwaltung gegen ein solches Ansinnen ganz unwissenschaftlich rea-giert. Wer das weiterverficht, der kriegt dort die Pausenaufsicht! Es geht um eine Differenzierung von Schule in Menschlichkeit und Machbarkeit.

Und nun zu dieser Differenzierung. Das Problem stellt sich in der Gesamtschule ebenso wie im herkömmlichen Schulwesen; es stellt sich in der Gesamtschule nur unverblümter im Problem der Kurse, es stellt sich grundsätzlich auch bei der Einstufung zu Hauptschule, Realschule, Gymnasium. Es gibt Schularten und Kurse, und wenn wir nach den Einstufungskriterien fragen, dann packt uns ja wohl der Schauder des Nichts in der Forschung. Wir haben zwar unseren Piaget, wir haben zwar unseren Bloom und wir haben zwar dieses und jenes von Heckhausen oder Teschner und wir haben eine ganze Menge von Kriterien in der allgemeinen Didaktik, aber in dem Moment, wo es fachdidaktisch wird, wo gefragt wird, was ist schwerer, was ist leichter, was sind die Kategorien für schwerer und leichter, wer überprüft, was schwerer und leichter ist, wer bezieht die Systematik unserer Notengebung auf dieses schwer und leicht, dann verstummen wir. Ich mache aufmerksam, weil sie eine gute Grundinformation gibt, auf die Neuerscheinung von Ingenkamp »Die Fragwürdigkeit der Notengebung.« Immer noch, und das lassen Sie mich als Fazit an dieser Stelle ziehen, fehlt die pädagogische Diagnostik, immer noch hängt die Note eines Schülers mehr von der Eigenart des Lehrers und der Zusammensetzung der Klasse als von objektiven Maßstäben ab. Es kann über Lebensschicksale entscheiden, ob man in A oder B saß, ob man in Pinneberg oder ob man in Hannover zur Schule ging. Es ist hier durchaus noch einmal zu fragen nach dem Element der Gerechtigkeit. Die Stichworte informelle Tests, Normarbeiten geben einen Hinweis auf die Richtung. Das Problem wird noch schwieriger, wenn ich auf Priesemann verweise und auf ein außerordentlich lesenswertes neues Buch von ihm »Theorie der Unterrichtssprache«. Priesemann hat in dieser »Theorie der Unterrichtssprache« auf folgendes hingewiesen: Unterricht führt in fachbezogenes Sprechen ein; Unterricht entwickelt fachbezogenes Sprechen.

Und nun drei Problemkreise. Der erste: Wenn das fachbezogene Sprechen in verschiedenen Fächern, die auf der gleichen Stufe angeboten werden, in erheblichem Maße voneinander differiert, wie sieht es dann aus mit entstehenden Lernschwierigkeiten? Wenn ich das nicht wenigstens erkenne, dann lasse ich auch Förderungsmöglichkeiten für den Schüler aus. Geschichte und Erdkunde z. B. können ganz unterschiedliche Fachsprachen gleichzeitig bringen.

Zweiter Punkt: Wenn das fachbezogene Sprechen in der Anfangsetappe von Fächern außerordentlich differiert, ist zu fragen, ob diese Fächer gleichzeitig einsetzen dürfen. Ob überhaupt schon einmal Schulorganisation unter diesem Gesichtspunkt bedacht wurde?

Und dritter Punkt, der mündet dann wieder bei unserer Differenzierung ein: auch bei gleichem Lernbeginn von verschiedenen Lerngruppen können, und sie tun es ja auch in der Realität, Lerngruppen in Tempo und Umfang der Fachsprache sich auseinanderentwickeln. Dann habe ich zwar Parallelklassen, aber mit völlig verschiedener Fachgruppensprache und nun setzen Sie dies bitte um auf eine Anspruchsstufung, auf ein Kurssystem A, B, C, D,

E, F, jeweils mit Fachgruppensprache. Wie war das mit den Kursen, warum wurden die eingerichtet? Zur individuellen Förderung, damit es keine Sackgassen gibt, damit Durchlässigkeit gewahrt wird ... Wenn wir hier das Problem der Fachgruppensprachenspezialisierung auslassen, dann mögen sich Bildungsplaner wohltätig täuschen über die Funktion von Differenzierung, Schüler werden jedoch ihre Wirkung erfahren. Schule ist unter diesem Anspruch abermals gefragt, ihre Erfahrungen einzubringen, auch sich selbst als empirisches Forschungsfeld zu verstehen. Das heißt übrigens für die Organisation von Schule, daß das Wort Durchlässigkeit nicht nur als Werbeslogan, wie man Waschmittel verkauft, hinzusetzen ist, sondern daß Durchlässigkeit, wenn sie mit der Forderung des individuellen Lernens zusammengehen soll, zusätzlich organisiert werden muß. Kurse, Schlepp- und Blitzkurse sollen erfolgstabilisierend Weitergehen ermöglichen oder zu raschem Fortgang verhelfen. Nebenbei bemerkt, von diesen Zubringekursen kann man auch im herkömmlichen System Gebrauch machen, sollte man Gebrauch machen, und jetzt kommt eine sehr persönliche Bemerkung: Wenn man all das an Müh' und Schweiß, was man brauchte, um Gesamtschule zu verwirklichen, wenn man nur einen Bruchteil davon nähme, um das herkömmliche System mit Zubringekursen etc. dieser und jener Art auszustatten, meine ich, daß der Erfolg für die Schüler mindestens vergleichbar wäre, wenn nicht größer. Aber das ist ein Problem für sich.

Nun noch einen Punkt zu dieser Differenzierung, der uns hoffentlich abermals nicht frustriert, aber doch fraglich ist. Es gibt einige hochinteressante amerikanische Arbeiten, ich nenne nur O'Connor und vor allem W. R. Borg, die über die Wirkung von Differenzierung auf Schüler gearbeitet haben. Die Ergebnisse sind selbstverständlich nicht zu verallgemeinern, weil die Untersuchungsgruppen nicht groß waren. Immerhin bringen sie jenen Tropfen Nachdenken angesichts einer Planung, die nur jenes schachbrettartige Netz von Differenzierung über die Schule werfen will. Da steht zum Beispiel, daß erfolgszuversichtliche Schüler, die also mit Schwung in eine Sache gehen, in einer homogenen Gruppe besser gefördert werden als in heterogener Gruppe.

Mißerfolgsgestimmte Kinder hingegen kommen — bei gleicher Begabung — in homogener Gruppe sehr viel schlechter weg und entfalten sich in heterogener Gruppe. Die Wirkung von Differenzierung ist offenbar auch pädagogisch noch offen. Wenn wir hier von der Schule im Spannungsfeld reden, heißt das: Schule muß laut und öffentlich protestieren, wenn man ihr ein pädagogisch und wissenschaftlich unfertiges und ungeprüftes Konzept als das allein Verbindliche überstülpt. Von daher also muß Schule reflektierendes Durchdringen einbringen können, und sie muß auch bei den Differenzierungskonzepten Freiheit organisieren können. Denn sonst heben sich Mittel und Ziel auf. Das war wohl der wichtige Ansatz im Buch »Zur Pathologie des Unterrichts«, daß auf dieses Infragestellen des Zieles durch die angewendeten Mittel kritisch zu reflektieren ist. Es wäre simpel, und es wäre im tiefsten Sinne reaktionär, deshalb nichts Neues zu wollen, sondern die Aufgabe ist komplizierter, das Neue wie das Bestehende kritisch zu überdenken. Hier ist abermals bei der Differenzierung nach der Beurteilung zu fragen. In der deutschen Schule fehlt uns in der Beurteilung nicht die Spontaneität, uns fehlt zur Zeit in der deutschen Schule das Kontollierbare, das Vergleichbare. In Amerika begegnen wir dem anderen. Da ist sicher die Normarbeit, der informelle Test, die schriftliche Überprüfung in einer Weise, die wir so nicht adoptieren möchten. Es geht um den Stellenwert. Und so ist also für uns zu fordern die Entwicklung der pädagogischen Diagnostik und das Ja zum Schulversuch.

Die Stellung der Schulversuche in der gesamten Bildungsplanung beleuchtet unser Thema abermals. Sie müssen neue Wege erproben, und ich möchte auf die politische und pädagogische Funktion von Schulversuchen hinweisen. Neue Dinge, die sich ja im Tun verändern, sind so zu erproben, daß der Weg der allgemeinen Einführung nur mit einem Minimum von Irrtum belastet ist. Das ist eine Funktion von Schulversuchen. Eine andere ist, pädagogisch heute fragwürdig Gewordenes zu ersetzen und dabei nicht naiv zu meinen, die neue Antwort hätte keine Probleme, sondern zu sehen, die neue Antwort bringt neue Probleme. Im Laborversuch sehe ich die neuen Probleme, während ich das umsetze. Was würde uns etwa eine heute allgemein vollzogene Einführung der integrierten Gesamtschule nützen für die Begabungsförderung von Kindern, wenn die alten Beurteilungsschemata in alten Fachzuweisungen, das herkömmliche Notensystem, die herkömmlich ausgebildeten Lehrer unverändert blieben, dann wäre es schlimmer als je zuvor. Schulversuch ist Schrittmacher neuer Besinnung. Daß uns die Gesamtschuldiskussion die Problematik von Einstufung, von Differenzierungen bewußt gemacht hat, das ist gewiß nötig. Wenn aber heute auf dem Erkenntnisstand Gesamtschule, so wie wir sie kennen, generell und verpflichtend eingeführt würde, würden die Fehler von heute festgeschrieben, und auch das ist kritisch zu beantworten. Doch es gibt Leute, die sagen Versuch und meinen Einführung. Sie meinen Versuch als Feigenblatt, weil sie die Grundsatzauseinandersetzung scheuen. Das ist für die Reform zutiefst eine Gefährdung. Ich will es an einem anderen Beispiel als der Gesamtschule bringen, an dem der Vorschule. Ich brauche hier nicht zu schildern, was Vorschule soll, das wissen Sie selbst, daß wir hier nicht Verschulung kleiner Kinder meinen. Nun kam diese Vorschule und war einer der wenigen Punkte unserer bildungspolitischen Landschaft, der allgemein akzeptiert war. Spielen und Fördern und Hebel der Reform in die Grundschule hinein. In dem Moment las man im Bildungsplan der Bundesregierung und im Entwurf der Bund-Länder-Kommission: Verkürzung der Grundschule von vier auf drei Jahre, zwei Jahre Eingangsstufe, zwei Jahre Grundschule, insgesamt vier Jahre. Und da brach erneut der Konflikt aus, weil eben, und ich stelle mich durchaus zu dieser Gruppe, eine Gruppe fürchtet, wenn die Einführung der Vorschule sofort gekoppelt wird mit der Verkürzung der Grundschule, werden die Probleme des heutigen 1. Schuljahres auf die Fünfjährigen umgesetzt, es bessert sich nichts. Hätte man ausgehalten, etwas länger, daß es sich hier um einen Versuch handelt, der die Formen von Spiel und Lernen neu und vertieft entwickelt, ich glaube, wir hätten uns den Konflikt in diesem wichtigen Punkt erspart. Was steht jetzt auf dem Spiel? Es steht auf dem Spiel, daß aus der ganzen Vorschulerziehung nichts wird. Insofern sind Feinde der Reform immer jene, auch immer jene, die zu voreiliger und zutiefst undemokratischer Verallgemeinerung drängen, und die es nicht aushalten, daß Pädagogik erprobt werden will und erprobt werden muß.

Die andere Gefahr hängt damit eng zusammen, und sie ist unvermeidbar, daß Bildungspolitik und damit Bildungsplanung neue institutionalisierte Formen anbietet, ehe überhaupt Versuche da waren. Beispiel: Fachoberschule. Es ist richtig, daß für den Realschüler und den Berufsaufbauschüler ein Weg in den tertiären Bereich hin möglich sein muß, ohne das allein-selig-machende Gymnasium. Es ist richtig, daß der Hochschulbereich nicht nur eng universitär zu verstehen sein soll, — und nun also dieser Weg über Fachoberschule und Fachhochschule. Die Einrichtung haben wir in der Bundesrepublik seit 1969, das erste Jahr läuft, wir haben Schüler, wir haben Lehrer, die dort unterrichten. Wir wissen auch die Fachrichtungen, doch wie eigentlich Betrieb und Schule ineinander wirken, ein Problem jeder Berufsbildung heute, wie Praktikum und Schule aufeinander zu beziehen sind, was das Praktikum liefern soll, worin sich Deutschunterricht in der Fachoberschule unterscheidet vom Deutschunterricht anderswo, warum es Wahnsinn ist, die Uraltrichtlinien Deutsch bestimmter Fachschulen, die mit Walter von der Vogelweide anfangen (den ich liebe), auf die Fachoberschule zu übertragen, das sind offene Fragen! Konsequenz: Die Einführung einer Bildungseinrichtung dispensiert nicht von ihrer Weiterentwicklung. So wie der differenzierte Unterricht der Hauptschule im Organisationsangebot da ist, aber pädagogisch-didaktisch nachvollzogen werden muß, so gilt allgemein, daß es nicht genügt, wenn nun die Einrichtung da ist, der Stand muß festgestellt und ausgewertet werden. D. h. also: Betrieb und Schule zu beziehen, ist eine Aufgabe für die Fachoberschule, Differenzierung ist eine Aufgabe für die Hauptschule. Die Hülse muß auf die Dauer gefüllt werden. Letztlich stellt sich auch schon hier die Frage, wie der Lehrer in einem solchen Prozeß beteiligt ist. Und ich erlaube mir, ehe ich dann auf den Schlußpunkt der gesamten Darstellung komme, hier doch zu sagen, daß ja zutiefst auch das Berufsverständnis des Lehrers zur Debatte steht. Mit Verbandsfragen nicht unvertraut und mir durchaus bewußt, welche Bedeutung Pflichtstundensetzungen haben, sage ich dennoch, daß Fortbildung zur Berufspflicht des Lehrers gehört. Aber Fortbildung nur dann bejahen, wenn sie mir als Fertiggericht einer Institution geliefert wird, das ist zu wenig. Bücher sind auch für den Lehrer zum Lesen da. Für uns dürfen wir wohl nicht die redliche Bestandsaufnahme auslassen, daß Öffnung zum Neuen hin noch verbreitert werden kann. Wenn Stundenverkürzung nur als Stundenverkürzung gesehen wird, nicht aber Begrenzung der Unterrichtsaufgabe als Ermöglichen von Fortbildung, Vertiefung, dann ist es schlecht. Wenn also, und das sage ich etwas provokatorisch, die Damen nur deshalb Hauptschullehrerin werden, weil sie meinen, das sei der richtige Nebenbeiberuf für Ehefrauen, dann steht es schlecht um unser Verständnis von Schule, von Bildung. Die Freiheit der zeitlichen Einteilung gehört zu diesem Beruf. Wenn die Möglichkeit einer zeitlichen Disposition gegeben ist, dann darf aber der geistige Anspruch in unserem Beruf um so weniger ausgelassen werden. Mitwirkung hängt auch von Qualität ab. Doch wozu sich mühen? Damit sind wir bei dem letzten Punkt der Betrachtung, was soll dies ganze Reden von Bildung eigentlich?

Was soll Bildung?

Wir haben von der Forderung der Bildungspolitik gesprochen, von dem Umsetzen dieser Forderung durch Bildungsplanung, von der Bejahung dieser Forderung aus der Sicht moderner Pädagogik und nun müssen wir ja wohl fragen, wieso denn das eigentlich? Wozu der Schweißtropfen? Was soll die neue Generation miterhalten? Schule, so sagt man manchmal, sei Brücke zwischen den Generationen, zum Teil ist sie es ja doch, selbst in allem Protest. Das ist ja das Interessante und Aufregende zugleich: Selbst da, wo sie scheinbar trennt, auch wirklich trennt, ermöglicht sie überhaupt Weiterbildung. Aber das ist zu kompliziert, um es hier im einzelnen vertiefend aufzunehmen. Zugleich soll Schule ja immer zu zweierlei befähigen, Vorangegangenes fortzusetzen und in Frage zu stellen und hier gehe ich noch einmal auf den Ansatz des Buches »Zur Pathologie des Unterrichts« ein, daß Erziehung dialektisch ist. Dieses dialektische Gesicht jeder Erziehung und Mündigkeit, daß ich nämlich begreifen muß, daß Mündigkeit nur erreichbar ist einschließlich jener Formen der Anpassung, die aber reflektiert werden müssen (ohne den Nachsatz wird der Satz falsch) und einschließlich jener Formen der Entfremdung. Wer Schule ahistorisch fordert, wer die Dimension der Geschichte ausläßt, verkürzt die Möglichkeit, jene Distanz zu gewinnen, die überhaupt erst Stellungnahme vollbringen läßt. Man hat der Pädagogik lange vorgeworfen, sie sei zu wertgebunden; man wirft ihr heute Beliebigkeit vor, und ich möchte aufmerksam machen auf das Heft 1/71 der »Zeitschrift für Pädagogik« (in Heft 2 sind die Dinge fortgesetzt worden), in dem im Zusammenhang der Curriculum-Forschung berichtet ist über die Wertdiskussion der amerikanischen Soziologen, die einen nicht derart emotionalisierten Ansatz haben, sondern die Werte als System nehmen, das die Impulse des Individuums begrenzt und ihnen eine Richtung gibt, die zugleich Werte nehmen als Ermöglichen geordneter Beziehungen zwischen Gruppen und Individuen und die zugleich klarmacht, wie überlieferte und neue Werte immer wieder in Spannungen kommen. Denn die Veränderung der Lebensumstände geht schneller als der Wandel der Wertvorstellungen. Jeder könnte das nachdrücklich erfahren in der Bewertung des Frauenstudiums, daß die Veränderung der Lebensumstände rascher geht als der Wandel der Wertvorstellungen und daß, was dann im Jargon der »cultural lag« genannt wird, für die sittliche Handlungsbasis entscheidend ist. Indem mein Handeln nicht mit meinen Wertungen verbunden ist, fällt, wenn ich das einmal so altmodisch sagen darf, persönliche und gesellschaftliche Sittlichkeit aus, wenn ich Sittlichkeit nicht als enges, nach Moralin duftendes Konzept verstehe, sondern verstehe als verantwortliches menschliches Handeln. Nun sind diese Wertstellungen Schicht für Schicht verschieden. Jetzt kommen verschiedene Kinder aus verschiedenen Schichten in eine Schule, und in dieser Schule wird ein bestimmtes System naiv oder bewußt gesetzt, wenn naiv, dann ist es noch schlimmer, dann empfindet das Unterschichtenkind die Wertung der Schule als Angriff auf sich selbst und seine Welt. Man kann auch die Front wechseln; worum es mir hier nur geht, ist das Problem, daß die Frage nach den Wertungen, die die Schule vermittelt, nicht die Frage von freischaffenden Künstlern, genannt Lehrern, sein darf. Das fordert, die politische und gesellschaftliche Diskussion mehr als das bisher der Fall ist, einzuführen. Ich zitiere aus einem amerikanischen Artikel und bin Ihrer Überraschung sicher: »Die Schule muß sich absichtlich, bewußt und gewissenhaft nach den Werten ausrichten, die dem allgemeinen Konsens nach als Kriterien humanen Verhaltens gelehrt werden.« Ich glaube, wir hören dies mit Überraschung und mit dem Aufschrei »Wo bleibt meine Freiheit«. Doch muß wohl gesagt werden, daß die Freiheit des Lehrers dort ihre Begrenzung hat, wo sie in die Freiheit der Eltern, der anderen Gruppen, der Kinder hineinreicht. Und daß ich hier keine Lösung bieten kann, entspricht der Kompliziertheit der Sache. Es bleibt zu fragen, wie könnte der Freiheitsraum des Lehrers und jene Einbindung in einen humanen Konsens erreicht werden? Sie mögen dem Gedanken zustimmen oder nicht, ein recht verstandenes Beamtentum wäre eine Chance. Das Beamtentum hat ja seine Begründung darin, die Rechte anderer zu ermöglichen. Aber ob das heute noch möglich ist, ist eine andere Frage. In diesem Punkt kommt die Organisationsform der großen Schule abermals ins Spiel. In ihr wird die kleine Norm des Dorfes gesprengt, in ihr wird die Norm der Konfessionsschule gesprengt. In der großen Schule kommen noch einmal die verschiedensten Wertsysteme zusammen. Was soll man machen? Der Staat, wenn wir das noch einmal aufnehmen, soll Gerechtigkeit verwirklichen, soll Freiheit ermöglichen und ist dem Gemeinwohl verpflichtet. Also Herrschaft im Sinne des »trust«. Lassen Sie mich an dieser Stelle Hennis zitieren, der in die Diskussion immer wieder eingebracht hat, daß Politik etwas mit dieser Frage zu tun hat, und formuliert: welche Bedingungen müssen erfüllt sein, damit der Mensch so leben kann, wie er leben soll. Es wäre dann auch Aufgabe von Bildungspolitik und Bildungsplanung, nachzudenken, welche Bedingungen erfüllt sein müßten, damit der Mensch so leben kann, wie er leben soll. Die Pädagogik also hätte zu erörtern — und ich bringe es in der Sprache des antiken Tugendstils — wie tugendhaftes Leben gewährleistet werden kann und was tugendhaftes Leben ist. Damit bekäme Bildungsrecht die Dimension der Verpflichtung. Wenn Sie ein noch nicht so altes und damals heißumstrittenes Buch wie das von Dahrendorf über »Demokratie und Gesellschaft in der Bundesrepublik« nehmen, so lesen Sie heute mit Überraschung, daß dort von sekundären Tugenden, von öffentlichen Tugenden die Rede ist. Zwar redet man nicht mehr von den Primärtugenden des Vertrauens und der menschlichen Nähe, sondern von Verläßlichkeit und Loyalität, aber immerhin, dort ist noch mit Selbstverständlichkeit von einem Tugendkatalog die Rede. Wenn Sie dann beobachten, wie der Gedanke des Gemeinwohls heute schwerformulierbar und noch schwerer zugänglich zu machen ist, dann meine ich, sei der Punkt bezeichnet, der letztlich über unserer Diskussion steht und von dem wir nicht dispensiert sind. Wir können uns über Curriculum bis morgen früh unterhalten, über die verschiedenen Strategien, ob mit Robinsohn unsere Enkel vielleicht etwas ernten oder ob mit Blankertz Modelle dargestellt werden usw. Wir kommen nicht an der Frage vorbei, was denn der verpflichtende Sinn sein soll und was eigentlich Erziehung zu diesem das Dasein verpflichtenden Sinn leisten kann. Wenn ein hoher Amtsträger dieses Staates öffentlich die Schüler auffordert: reißt die Seiten aus euren Lesebüchern, die euch mißfallen, und wenn darüber keine Diskussion ausbricht, in der gesagt wird, die Forderung dürfte heißen, lernt soviel, daß Ihr die Qualität eurer Lesebuchseiten unterscheiden könnt, aber nicht herausreißen, wenn darüber keine Diskussion ausbricht, bezeichnet das die leere Stelle. Wenn bei uns Professoren, die lange Zeit Revolution säten, nach dem Büttel Staat riefen, als sie Revolution ernteten und sich darüber wunderten, bezeichnet das abermals die Stelle der ausgelassenen Diskussion. Wenn, drittes Beispiel, Religionsunterricht heute in der Schule erneut in die Diskussion geraten ist, und wenn Ihnen eine Lachsalve entgegenschlägt, wenn Sie sagen, Religionsunterricht, richtig verstanden, habe eine entideologisierende Funktion innerhalb der Schule, dann heißt das abermals: hier ist eine Diskussion nicht geführt. Es geht mir um das Führen dieser Diskussion. Sie muß politisch werden, damit die Konsequenzen deutlich werden, sie muß die Lehrer, die Wissenschaftler mit einbeziehen und d. h., daß der Lehrer sein Tun auch als politischen Auftrag verstehen und daß er in den Gremien, die ihm zugänglich sind, und in den, ich bitte den Plural zu beachten, demokratischen Parteien dieser Bundesrepublik sich einlassen muß in diese Diskussion, sonst können Sie Curricula handstricken, und daraus wird ehrenwerte Heimarbeit, oder Sie ernten die Diktatur einer Zentralstelle. Eines ist so gefährlich wie das andere.

Im letzten heißt das allerdings, wenn wir so über die demokratischen Werte, über Freiheit und was alles dazu gehört, reden, daß Schule und Bildung nur dann in diesem Ansatz des »Mehr« vertretbar sind, wenn sie auch einschließen die Erfahrungen des Scheiterns, die Fragwürdigkeit menschlichen Tuns, die Dimension der Transzendenz und letztlich, gerade wenn sie intensiv Emanzipation betreiben, diese Emanzipation auch wieder in Frage stellen, sonst, ich zitiere ein letztes Mal Adorno, wird die »Autorität der Bibel abgelöst durch die Autorität des Sportplatzes«. Das kann nicht der Sinn sein, sondern es muß möglich sein, Engagement zu verstärken, Bildung zu verstärken, aber das Bewußtsein nicht verdinglichen zu lassen, wie es durch Halbbildung geschieht, sondern geistigen Zugriff zu ermöglichen. Das geschieht nur, wenn über diese Dimension im politischen Bereich gesprochen wird, und letztlich, so schließt sich der Bogen, könnte dann daraus auch die Motivation wachsen, von der ganz am Anfang die Rede war. Hier gibt es letztlich nur einen Feind, nämlich uns selbst, wenn wir meinen, die Schlacht sei verloren, und wenn wir nicht wissen, daß im Geistigen Niederlage und Sieg falsche Vokabeln sind, daß im Geistigen aushalten und immer wieder sich hineingeben zählt. Tatsächlich ist das in einem ganz anderen Zusammenhang und sehr aggressiv gemeinte Wort von Hartmut von Hentig über den Defaitismus der Schule aufzunehmen, nämlich so, daß, wenn wir das geistige Konzept preisgeben, im Grunde die gesamte Bildungsplanung, die gesamte pädagogische Forschung nur noch zu beerdigen sind. Dann sind sie die Förderer einer Konsumentenhaltung, gegen die an ihrem Ort nichts einzuwenden ist, aber sie sind dann nicht Diener des Konzepts, das Politik und Pädagogik verbindet, nämlich: Menschliches Leben in Fülle und Tiefe und Breite möglich zu machen.

Aktuelle Schule

Julius Klinkhardt
Bad Heilbrunn

KLINKHARDTS PÄDAGO-
GISCHE QUELLENTEXTE

Aktuelle Schulprobleme

Herausgegeben von Theo Dietrich
und Franz-Josef Kaiser
247 Seiten, kartoniert DM 10,80,
ab 20 Exemplare DM 9,40

Autorität und Freiheit

Herausgegeben von Erich E. Geißler
3., neubearbeitete u. erweiterte Auflage
164 Seiten, kartoniert DM 8,40,
ab 20 Exemplare DM 7,40

**Das Problem
der gymnasialen Oberstufe**

Herausgegeben von Rudolf Lennert
190 Seiten, kartoniert DM 12,80,
ab 20 Exemplare DM 11,—

**Schulleistung
und Leistungsschule**

Herausgegeben von Ilse Lichtenstein-
Rother
210 Seiten, kartoniert DM 12,80,
ab 20 Exemplare DM 11,—

KONRAD ECKES

**Schule zwischen Auslese
und Fördern**

Das Problem des Übergangs zu den
weiterführenden Schulen in pädagogischer Sicht.

128 Seiten, kartoniert DM 9,80

GERHARD STEINDORF

**Einführung
in die Schulpädagogik**

312 Seiten, kartoniert DM 19,80

Mit dieser Neuerscheinung soll ein
Überblick über dieses relativ neue Ge-
biet vermittelt werden, nachdem wohl
jetzt die Zeit für eine systematische
Darstellung dieser erziehungswissen-
schaftlichen Teildisziplin gekommen
ist.
Dabei spannt sich der Bogen der
Ausführungen von den theoretischen
Grundfragen über Interpretationen von
Schule bis hin zu praxisbezogenen
Themen.
Weiterhin sieht das Werk seine Auf-
gabe auch in der Information und als
Grundlage für das pädagogische Stu-
dium.